U0058960

作者
張偉

談影小集

——中國現代影壇的塵封一隅

談影小集
中國現代影壇的塵封一隅

目次

民國影壇的第一代「專業海歸」——程樹仁其人其事

電影是外來藝術，中國的電影，特別是早期，受外國影響很大，這當中，留學生起了積極的作用。他們在國外專門進修，得風氣之先，又精通外語，能看懂外國影片和國外的電影出版物，對外國的先進技術能夠很快引進並模仿推廣。當時在國外專門研究電影或從事過電影學習的留學生為數不少，在英、法、德、日等國都有，尤其以留美的居多，僅據1927年1月出版的《中華影業年鑒》統計，為影壇服務的留學生就有34人之多，而實際上還遠遠不止這些。中國電影在最初發展之際，就有留學生參與其間工作，拿「商務」來說，1917年，商務印書館開始經營電影業務，這是我國近代自資攝製影片較有規模的開始，當時的攝影師就由留美學生葉向榮擔任，《盛杏蓀大出喪》、《上海焚毀存土》等最初的一批紀錄影片就出自他之手；以後「商務」調整機構，成立影戲部，主持業務的是從美國伊利諾電影專科學校畢業歸來的沈誥。其他如「明星」的洪深、「震旦」的徐琥、「百合」的周克、「大中華」的陳壽蔭、「國光」的張非凡、「聯華」的孫瑜等，都是學有專長的留學生；至於「長城」、「神州」等影片公司，更主要是由留學生發起創辦的。在影壇服務的留學生主要擔任導演、攝影、化妝、美工、翻譯等技術性較強的工作，他們為使中國電影趕上世界潮流做了不少有益的事，受到了廣大觀眾和知識階層的關注和好評。洪深和孫瑜等是大家比較熟悉的，筆者在這裏想介紹的是鮮為人知的中國第一代電影專業留學生程樹仁。

一、學生時代：八年「清華」，四年留美

程樹仁（1895-？），福建閩侯人。字杏村，英文名S. J. Benjamin Cheng。他出身貧寒，從小學習刻苦，1911年16歲時以優異成績考入清華學堂。該校即清華大學前身，其建立有著特殊的歷史背景。1900年，德、英、法、美、俄、日、意、奧等國組成「八國聯軍」，對中國發動侵略戰爭，鎮壓了中國的義和團運動。清政府腐敗無能而戰敗，於1901年9月被迫簽訂喪權辱國的《辛丑合約》，並向西方列強支付賠款4.5億兩，分39年還清，加上利息共達9.8億兩，史稱「庚子賠款」。美國作為「八國聯軍」參戰國之一，也分得了巨額賠款，後經有識之士多次呼籲，美國決定退還部分賠款，將之用於派遣中國學生留學美國之用。1907年12月3日，羅斯福總統在美國國會上正式宣佈：「我國宜實際援助中國力行教育，使此繁眾之國能漸漸融洽於近世之文化。援助之法，宜將庚子賠款退贈一半，俾中國政府得遣學生來美留學。」[註1]清華學堂即清政府使用美國的退款在北京西郊的清華園興建的學校，1911年2月，清華學堂建成並首次招生（1912年更名清華學校，1918年改稱國立清華大學）。根據學校章程：「本校參酌中美學科制度，分設高等、中等兩科，各以四年畢業。」[註2]學生在校期間，學校不但完全免收學費、膳費和宿舍費用，而且免費供應學習書籍。當時清華每名學生每年享用官費大約在720元左右，八年讀下來約共耗費5760元之巨[註3]，是一筆不小的開支，因當時一名白領的月薪也不過幾十元之

數，條件可謂非常優渥，故吸引了大批家庭貧寒但學習成績優秀的少年才俊，報名人數多達3千餘名。經過多場考試，層層篩選，最後只錄取了460人，於4月29日開學。

程樹仁正是清華首批錄取的學生之一。他在清華八年有半，刻苦學習，認真做人，課餘積極參加各種活動，努力把自己培養成一個對國家有用的人。清華管理嚴格，淘汰率很高，如在1911-1921年這十年間，學校共招收1500多名學生，除在校學習的383人之外，畢業的只有636人，淘汰率高達32%。程樹仁能苦讀八年，順利畢業，正驗證了他學習態度的認真。但他又絕不是一個死讀書、讀死書的人，他認為：「在學校中，除讀書能及格外，當盡力從事演説、辯論、演戲、幹事、作文投稿、運動、打球、滑冰、奏樂、攝影、唱歌、打字、泅水、研究、討論、聚會、旅行、調查、擇交、立志，多問、多見、多聞、多想，然後方能為有用生趣之人，然後方可稱為有用之人才。」[註4]他在清華讀書的八年裏也正是朝著這個方向去努力的。程樹仁曾自詡：在學校裏對於各門功課各項活動，「均抱不偏不倚，平均訓練之決心，是以畢業之後於德、智、體三育均深自滿意」[註5]。清華提倡學生全面發展，課外活動非常活躍，以此訓練學生的辦事能力，而程樹仁參加學生活動是出了名的積極分子。1919年北京爆發五四運動，他勇敢上街參加遊行，是衝在最前面的清華學生之一。他還擔任校刊的記者，在同級學生中是撰稿最多的，甚至在畢業離校多年以

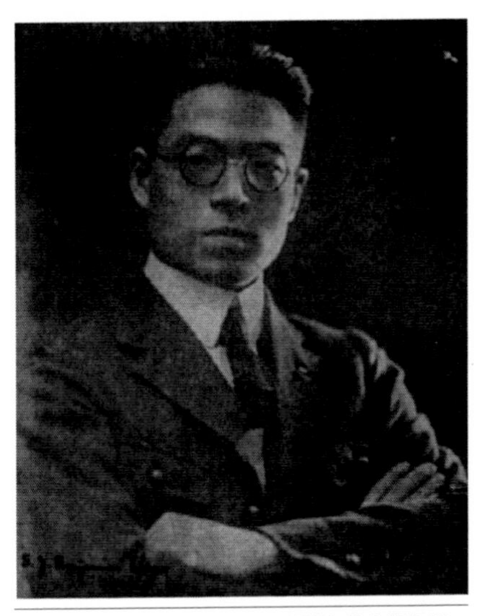

程樹仁英文簽名照。

後，他仍積極為校刊寫稿。1921年程樹仁留美期間，曾寫了一篇萬言長文〈對於清華辛酉級今夏來美留學的感言〉發表在校刊上，文中從為何要赴美留學、留學應學些什麼到留學應該注意的住宿、著裝、參觀遊覽等等大事小事，都一一為學弟學妹們做了誠懇細心的提示，娓娓行文中流露出的古道熱腸，讀來令人感動。1917年暑假，清華組織學生赴北京西山進行考察，程樹仁被同學們推舉擔任考察團團長，他除積極組織活動外，還創辦了一份報紙，全程記錄考察活動。90年後的2006年，他主編的這份《消夏日報》作為反映清華早期學生生活的珍貴文獻出現在中國書店主辦的報刊拍賣會上。清華還經常請名人來校作演講，內容豐富，涵蓋各門學科。程樹仁是這些講座的積極聽講者，並認真記錄，以此強化聽講效果。1914年11月，梁啟超在清華作了一場以〈君子〉為題的著名演講，他引用《周易》中「天行健，君子以自強不息」及「地勢坤，君子以厚德載物」的名言來勉勵同學們，清華以後遂將「自強不息、厚德載物」這兩句格言採為校訓，而這場演講稿就是由程樹仁記錄並發表的[註6]。

民國初年，輕視體育的社會風氣還很普遍，而清華則非常重視校園體育活動的開展及優秀體育人才的培養。體育被列入正式課程，在清華學校教育中佔據了突出的位置，學校甚至規定體育不及格者不准出國留學。在學校的積極倡導與鼓勵下，清華學生身體素質不斷提高，體育鍛煉蔚然成風，並在多次國內、國際比賽中取得不俗成績。在這方面，程樹仁絕對稱得上是清華學生中的佼佼者。他能跑善游，是標槍高手，也是學校足球隊的成員，曾在北京三校（清華、北京高等師範、北京匯文大學）聯合運動會和中國華北運動會上屢創佳績並多次榮獲獎牌。難得的是，程樹仁並不僅僅只是把體育當作鍛煉身體的一種手段，他同時還將此視作為國爭光的良好機會。他曾撰文向全校同學建議：「每人各擇一項運動而力習之，……不特將來為我清華爭榮，權操必勝，即代表吾中華東渡日本，南下菲律賓，亦可不負吾國父老喁喁之望也。」[註7]1917年5月，程樹仁代表中國赴日本參加了第三屆遠東運動會，並在標槍項目中獲得了季軍的佳績，實踐了自己的願望。在日本期間，程樹仁抽空考察了日本的教育、文藝等領域，並處處與中國國內的情況作比較。回國後，他還特地寫了一篇考察報告在校刊上發表，他認為：「晚近國人皆以出洋為榮。出洋固為樂事，然當知出洋留學非欲僅享受外國之便利也，必當考察外人進步之狀況，以告國人，以資觀摩，免落人後也。」[註8]

如果說程樹仁對各項課外活動均抱平均用功，不偏不倚之態度的話，那麼，其中有一項活動從1915年起就開始享受特殊待遇了，那就是電影。正是從1915年起，程樹仁開始對電影藝術情有獨鍾，產生了濃厚興趣。那是程樹仁在清華中等學科畢業之際，一次，他和好友董大酉、陳繼善一起去看一部以橋樑工程師愛情故事為內容的好萊塢電影，當時誰也沒有想到，這是一部將會改變三人未來命運的影片。觀影之後，董、陳、程三人均大受感動，一齊立下了職業志向。十二年後，程樹仁在撰文回憶此事時還清晰地記得當時的情景：「大酉為壯麗佈景所吸引，乃立志為土木工程師；繼善為如此偉大之鐵橋所動，乃立志為機械工程師；余醉心電影之魔力，乃立志以電影為職業。」[註9]從此之後，程樹仁即開始沉醉在電影迷夢之中，「除每星期必看電影外，在校中無時無刻不考慮、計畫、搜尋劇本之材料，舉凡吾國有名之詩詞歌賦以至筆記小說，無不涉及」[註10]。1917年他赴日參加第三屆遠東運動會時，曾特地抽空看了大量日本影片，特別是改編自日本傳統名著的古裝片，發出「電影亦為日本之一種教育機關，斷不似吾國」的感慨，他還特別注意到了，日本影院在放映外國電影時，「旁立一人，用極敏捷之言語說明電影之情景」[註11]，這其實就是早期的電影翻譯。這種種一切都給年輕好學的程樹仁留下了深刻印象，也許，他以後改編拍攝中國古典文學名著《紅樓夢》和在中國開創電影華文字幕的想法就在此時萌發了種子。

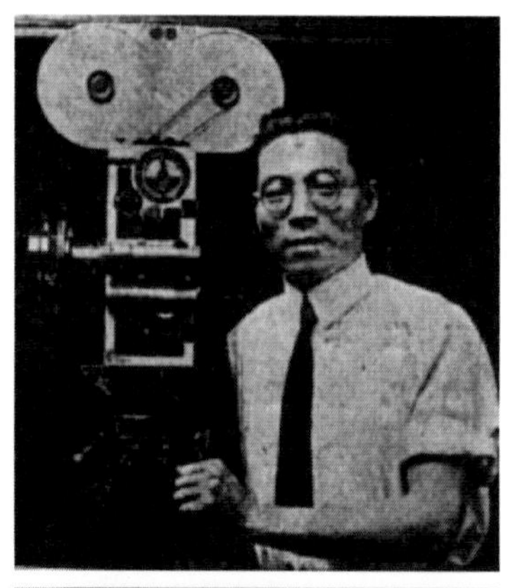

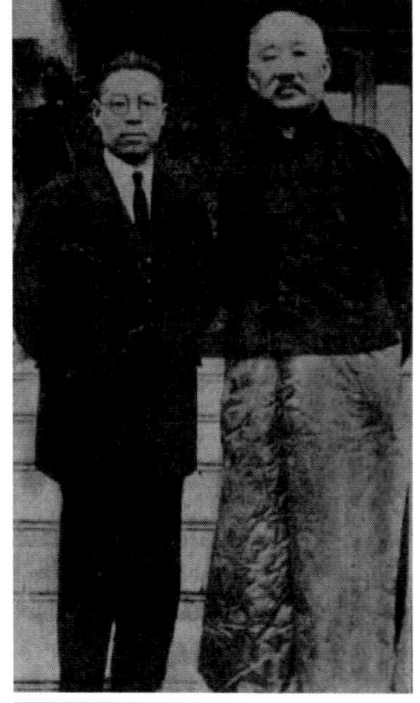

圖上：1922年程樹仁在美國紐約電影專科學校實習留影。

圖下：1923年程樹仁與周自齊合影。

1919年夏，程樹仁順利地從清華高等學科畢業，並以優異成績獲得了官費留美的資格。當時他就想實踐自己一直以來的願望赴美研究電影，為此曾屢次與學校當局商量。但根據清華當時的制度規定，只能在獲得某一學科的碩士學位之後始能選修電影。於是，再三權衡之後程樹仁決定先學教育，因畢竟兩者關係比較密切一些。1919年9月，程樹仁赴美入威斯康辛之勞倫士大學教育學院學習。依照清華的教育制度，學生在校學習八年，高等科的三、四年級實際是大學的一、二年級，大約相當於美國大學的初級大學（Junior College），學生畢業後赴美留學，一般都插入美國大學的二、三年級。故一年之後的1920年6月，程樹仁即從勞倫士大學畢業，獲得了教育學士的學位。同年，他考入芝加哥大學續讀碩士。當時即使在美國，電影也屬於新興產業，全美僅伊立諾洲和紐約州兩所電影專科學校，尤以後者條件為佳。程樹仁迷戀電影，為方便就學，他毅然放棄芝大，至紐約考入哥倫比亞大學，一方面學習教育及編劇課程，同時又自費考入紐約電影專科學校，開始學習電影專業的課程。1922年5月，程樹仁從哥倫比亞大學畢業，獲得教育碩士的學位，至此，他才得以正式以電影作為副科選修，能以清華的官費支付紐約電影專科學校的學費，而此時他已經自掏腰包在該校學了兩年之久。1922年10月，程樹仁從紐約電影專科學校畢業，拿到了電影攝影師的執照，並進入紐約名伶影片公司的長島攝影場實習。就在此時，一個重要人物闖入了程樹仁的生活，並由此改變了他的生活軌跡。這個人就是前國務總理周自齊。周為廣州同文館出身，曾留學美國哥倫比亞大學，後任清政府駐美使館參贊和駐三藩市總領事。1908年回國後他受命籌辦清華，是清華學堂的首任監督（校長）。1922年，周自齊在徐世昌內閣中署理內閣總理兼任教育部

程樹仁和美國第一國家影片公司總經理R.C.Patterson.Jr.合影。

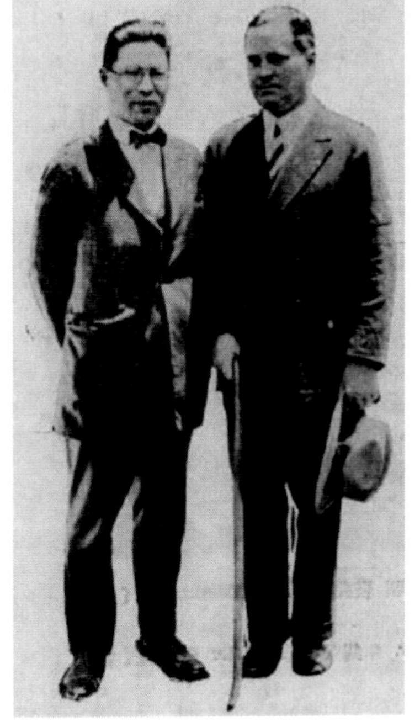

長，但不久即宣告下野。周在政壇幾度沉浮，對政治心灰意冷，遂萌生經辦實業之念，擬創辦一家以進口好萊塢影片為主要業務的電影公司。1922年秋，周自齊趁在美開會之際遍尋熟稔電影業務的中國留學生，約談數十人卻無一中意者，正惆悵失意之時，恰程樹仁前來拜訪。程是清華出身，和周本有師生舊誼，且專業學的又是電影，自然談得十分投機。兩人朝夕相處，徹夜長談，還到美國各電影公司接洽租片事宜，並乘熱打鐵，於紐約西44街第36號正式創辦孔雀電影公司，一方面選購美國影片運華，準備譯配華文字幕租給各影院開映；另一方面積極籌備，一俟時機成熟即準備自攝影片。1923年1月31日，周自齊滿意地從美回國，一天後，程樹仁也踏上了返國之旅。沉迷於《紅樓夢》之中的程樹仁，將自己所乘坐的S. S. President Grant號海輪戲稱為「寶玉所見來接林妹妹之西洋船也」，躊躇滿志地揭開了其電影生活的第一頁。

二、牛刀初試：首創外片譯配中文字幕

程樹仁自美返滬後，首先即從事為好萊塢影片譯配中文字幕的工作。這裏，似乎先有必要對好萊塢影片在華放映及譯製的歷史略作一番回顧。早期上映的外國影片，都是默片，雖然沒有聲音，但在情節曲折，內容複雜這一點上卻絲毫不遜於以後的有聲影片；而且默片都有外文字幕，一部普通故事長片的字幕，通常都在百條以上，關鍵時刻看不懂字幕難免著急上火，於是就有了翻譯的需求。在這方面，我們已知早期比較慣用，且現在還大量存世的是影片說明書，上面登載有劇情說明和演職員表，非常實用。但在1920年前，這種外國影片的中文說明書還較少流行，我們現在還能看到的1920年左右的電影說明書，大量都是外文排印，顯然是為洋人觀眾服務的，而中文劇情一般都是另外印在一種極薄的紙張上，然後再

粘貼到相應的外文説明書上，有著非常明顯的「臨時」性質；筆者甚至還收集到一些粘貼在外文版説明書上的中文手抄電影説明書，這就更帶有強烈的個人行為了。

很顯然，這種形式的「中文説明書」的數量不可能很多，對龐大的中國觀眾群來説，「遠水不解近渴」，解決不了大家的需求。於是，一種簡便易行的翻譯方法應運而生，這就是被稱之為「活的説明書」的當場口譯。這種方法大約產生在1910年以後，如1914年9月開設在上海英租界江西路上的大陸活動影戲院，在其開幕廣告上就這樣寫道：「本院不惜鉅資，特向外洋購運五彩活動新奇、偵探、戰爭、歷史、滑稽、愛情、風景等影片數千種，現已到申。至於房屋寬敞，座位清潔，電扇涼爽，空氣流通，無不有美必備，且戲中情，譯成中文説明，尤為特色。」[註12]1915年9月，位於上海華界南市的海蜃樓電光活動影戲園開幕，在其開幕廣告上，該院也強調了「演説劇情」這一特色：「本公司於九畝地建設影戲園，開演各種最新活動影戲，逐日更換戲片，推陳出新，並佐以演説劇情，足使觀眾易於明瞭。」[註13]這些廣告當是有關外片譯製的最早記載。我們也由此可知，這是當時比較普遍也較受觀眾歡迎的一種譯製外片的方法，大致流行於1910-1920年間（個別地區一直使用到30年代中晚期）。

1921年以後，中國國產電影事業漸趨發展，對外片經理商形成了不小的衝擊，而且，這時期由於一次大戰結束，外片進口也愈來愈多，如再採取當場口譯的辦法，不但工作量很大，且勢必會影響競爭力。正是在這一背景下，一種新穎的譯配外片的方法取代原有的當場口譯法應運而生，這就是中文字幕的應用與推廣。借助字幕來解釋劇情在歐美影壇是一種常用方法，而將這種方法首先借鑒到中國來的正是曾在好萊塢學習過電影的程樹仁。1923年春，程樹仁學習借鑒美國的經驗，首創在外國影片上列印中文字幕的先例，第

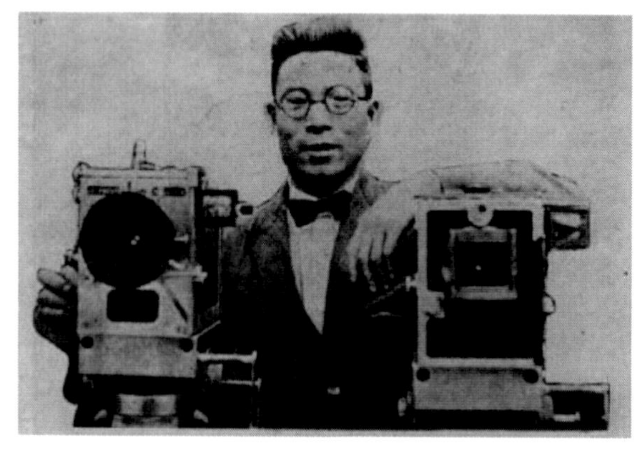

1926年擔任孔雀電影公司製片部主任的程樹仁。

一部譯製的影片是《蓮花女》。這是外國影片譯配中文字幕之始，具有開創意義，也很受歡迎。程樹仁曾自述：「是為洋片加入華文說明之創新，更為促進吾國自行攝製國產影片之一最大原動力也。是種中英合璧說明之洋片，開映於上海、天津、北京、香港、廣州、漢口、哈爾濱、蘇州、寧波、長沙、成都、澳門各處，備受各屆人士之稱譽。」[註14]譯配中文字幕的方法簡便易行，效果也不錯，「孔雀」先例一開，不少影院紛紛仿效此法，聘請懂外文的華人擔任譯片。1927年出版的《中華影業年鑒》上專門列有「譯片者及其作品」一欄，記載當時有作品問世的譯片者共四人：陳壽蔭、程樹仁、潘毅華和顧肯夫。陳、顧各譯有一部影片，潘毅華譯有《歌場魅影》等五部，程樹仁翻譯最多，共計21部，除《蓮花女》外，還有《熱血鴛鴦》、《赴湯蹈火》、《難兄難弟》和《街上英雄》等。也即從1923-1926年間，共有四人翻譯了28部影片。另據《孔雀特刊》載，程樹仁還翻譯有喜劇短片《總統夢》等34部[註15]，毫無爭議地成為當時譯片第一人。

為外國影片譯配中文字幕，除了外語人材外，還需要幻燈字幕機等相應設備，也即要有人力、物力的投入。經過一段時間的觀望和準備，大約到20年代的後期，譯配中文字幕的方法基本成為風尚，我們從當時的報導和影院發行的說明書上，都可以看到中文字幕的大量使用：如1927年中央大戲院放映美國笑星羅克主演的《球大王》，說明書上特地強調：「片內逐幕加中文說明，由潘毅華君撰述。」註16 1928年，共和大戲院放映美國武俠明星范朋克主演的《綠林翹楚》，也特地申明：「配奏泰西音樂，加譯中文字幕。」註17 1928年，上海的影院業托辣斯組織中央影戲公司聲明：其下管轄的中央、新中央、恩派亞、卡德、萬國等影院，在放映外國影片時，「片中加印華文說明」註18。當時甚至已有人專門撰文探討這一問題，如有一位觀眾在1928年接連看了《羅賓漢》、《亂世孤雛》、《戰地之花》、《孤星淚》等好幾部影片，片上都加印有中文字幕，他「承認中文字幕對於不懂得西文的觀眾得到很多便利」，但他也認為還存在很多問題，如翻譯不夠準確，書法不甚妥當，中文字幕和原有的西文字幕時有衝突等等，需要研究改進註19。這些都說明，當時已有大量影院在放映外片時加印中文字幕，隨之產生的問題已成為較為普遍的現象，以至引起觀眾的注意。1935年，上海的麗都大戲院開幕之際，在宣傳上還特地突出了其「中文字幕設備」的先進：「完善的麗都，不惜犧牲特別聘請專門人材，

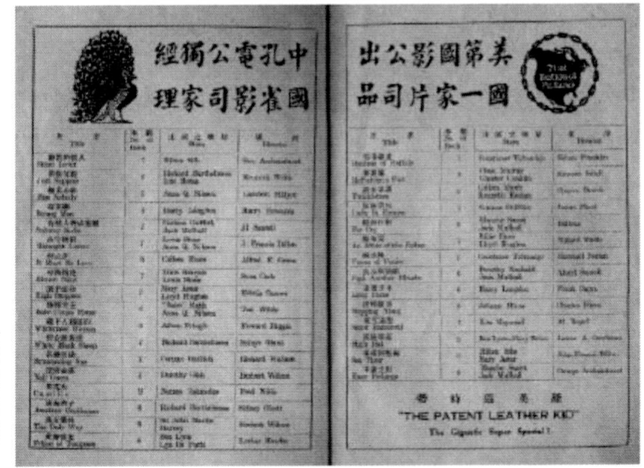

孔雀電影公司獨家代理美國第一國家影片公司出品影片目錄，其中很多即由程樹仁譯配中文字幕後發行給中國各影院放映。

譯述片中的說明和對白，用幻燈映射出來，使觀眾不大明瞭英文的亦能深切地明白。這種中文字幕所佔有的地位不多，對於銀幕的映出，用科學的方法使它沒有絲毫的影響。」[註20]實際上，在1933年春，國民政府電影檢查委員會已下文上海市政府，以「外片放映，應加譯中文字幕以重國體」為由，命上海社會局監督，「令各影業知照遵行」[註21]。因此，到20世紀30年代中期，上海各影院放映外片時已基本配置了中文字幕的設備，程樹仁首創的外片譯配中文字幕的方法，在經過長期實踐推廣後，終於達到了基本普及的程度，這一戰役整整打了十年。譯配中文字幕的方法簡便易行，受到觀眾的歡迎，即使在幾十年後的今天，也仍廣泛沿用此法，飲水思源，我們不能忘記程樹仁的開創之功。

三、三載辛勞：主編中國第一部電影年鑒

1925年是中國影壇走向繁榮的起始之年，也就在這一年，明星影片公司通過自己的宣傳渠道向外界透露：由「明星」董事兼經理周劍雲主編的《電影年鑑》正在緊鑼密鼓地籌備之中，該書共設有中國電影史、中國製片公司之調查、中國影片統計等十四個欄目，內容豐富，即時將成為中國電影年鑑之嚆矢。這條消息以後被很多人引用過，似乎成了事實；權威的《上海電影志》也言之鑿鑿地寫道：「1925年，周劍雲編纂的《中國電影年鑑》出版，這是中國第一部電影年鑑。」[註22]這其實並不確實，因為到目前為止，誰也沒有看見過這樣一本《電影年鑑》，更沒有任何一家圖書館有此收藏。周劍雲當年確實有意編這樣一部年鑑，也收集了一些資料，但最終卻並沒有能將這一美好設想化成為書稿。事實上，中國第一部電影年鑑是由程樹仁主編，於1927年1月出版的《中華影業年鑑》。

從1924年開始，程樹仁就起意編纂一部中國自己的電影年鑒。他辛勤收集著一切能夠收集到的中外報刊，並充分利用自己也是影壇中人的便利條件，請各電影公司、電影院、電影界人提供資料。經過三年的不倦工作，1927年1月30日，由程樹仁個人投資並主編，甘亞子、陳定秀編輯的《中華影業年鑒》終於在上海問世了。程樹仁在闡述年鑒的編纂宗旨時寫道：「影戲事業，為吾中華民國當今第一偉大之新實業。……然數載以還，在此茫茫大地之上，各自為戰，對於全局未嘗一度登高作一飛鳥之下瞰，對於此業未嘗有一冊瞭若指掌之著作，以致吾輩新事業之先鋒隊，缺乏統籌全局之精神，缺乏高瞻遠矚之氣概，然則此編《中華影業年鑒》之作，誠不可少矣。」接著，他在敘述編輯工作的辛勞時又坦承：「年來各公司時開時閉，關於影戲事業之出版物，亦隨之上下，即有出版，亦語焉不詳。同人等竭其綿力，收集各種材料，以實是編者，已三載於茲。所有一切材料，悉根據中外各報紙各雜誌各

1927年1月出版的《中華影業年鑒》書影。

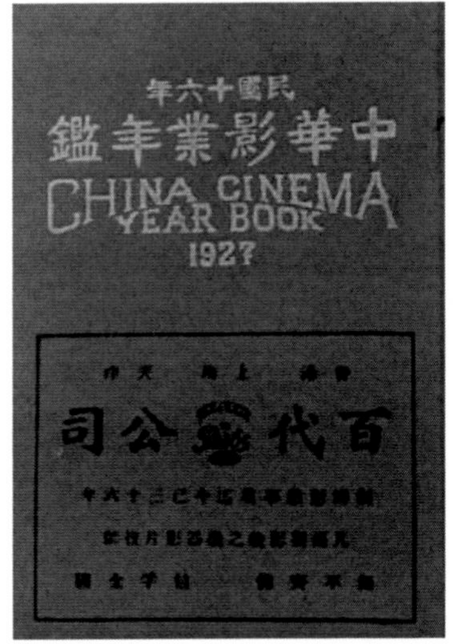

特刊，精細分晰，絕非面壁虛造。」[註23]程樹仁所言非虛，這本《中華影業年鑒》內中設置了中華影業史、國人所經營之影片公司、影業界之留學生、國產影片總表、影戲院總表、各公司職員表、影業界之組織、影戲學校、影戲出版物、影戲審查會、關於影戲之官廳佈告、各公司出品一覽表等四十七個欄目，與1925年周劍雲設想的《電影年鑒》的十四個欄目相比，內容大為豐富。今天很多電影專著所使用的一些材料，不少都源於此書。如我們在形容當年影壇繁榮時經常引用這樣一些資料：二十年代中期，中國大地上出現的電影公司總數達179家（其中上海142家），電影院有156家（上海39家）；當時僅上海一地就有各類電影學校18所，電影團體13個，為影壇服務的留學生有34人之多等等，這些資料均由《中華影業年鑒》所搜集統計。1921年，中國誕生了《閻瑞生》、《紅粉骷髏》和《海誓》這最初三部故事長片的提法，也源於此書。書中有些欄目的設置，則顯示了程樹仁的眼光。如今天大行於市的動畫影片，當年在中國尚處於摸索實驗階段，但《中華影業年鑒》卻特設了「活動滑稽畫家」一欄，程樹仁並為此特撰按語，他寫道：「活動滑稽畫片，吾國影業界尚未見有此種出品也，間有一二能作活動廣告畫片者，亦與活動滑稽畫片相差太遠。……茲特闢專欄記載此項人材，蓋深寓鼓勵提倡之意也，幸國人注意及之。」專欄列出的「秦立凡、黃文農、楊左匋、萬古蟾」等四人，以後都為中國的動畫影片事業作出了自己的貢獻。萬古蟾及其萬氏兄弟在中國動畫片界的影響自不必說；黃文農是中國最早繪製動畫影片的畫家之一，創作有《狗請客》等動畫片；楊左匋也很早開始繪製動畫片，以後到美國加盟迪士尼公司，參與創作了《白雪公主》等著名影片。

豐富的圖片資料是《中華影業年鑒》的另一特色，如果不算廣告圖片，該書收錄的電影圖片達193幅之多，且都是銅版印刷，圖像逼真清晰，堪稱反映二十年代早中期中國影壇實況的一座豐富的圖片庫。可以說，中國早期的很多電影史料正是依賴《中華影業年鑒》才得以保留至今，僅憑此一書，程樹仁的名字就應在中國電影史上寫上一筆。由於種種原因，《中華影業年鑒》出版以後未曾再版，以至到抗戰期間就已成為難以尋覓的珍貴文獻，有人甚至在報刊上高價徵求此書[註24]。2005年，在中國嘉德舉辦的春季拍賣會上，有一冊《中華影業年鑒》以3800元的底價現身，在民國書中列入高價位行列。今天，無論在電影史學界還是在圖書館界，此書已被公認為民國電影史籍的珍本。

四、五易寒暑：拍攝文學名著《紅樓夢》

中國文人中很多都有「紅樓夢情結」，女作家張愛玲曾寫過一本考據研究的《紅樓夢魘》，一個「魘」字就足以說明其對《紅樓夢》的癡迷。程樹仁的心中也有這樣一個「魘」字。

早在清華期間，程樹仁就迷戀上了《紅樓夢》，中國古代眾多的詩詞歌賦、筆記小說，他最愛的就是《紅樓夢》，讀得最多的也是這本《紅樓夢》。1919年他赴美留學，行李中也隨身帶著一部《紅樓夢》。他曾自述：「課餘之暇輒流覽焉。在美看電影尤其便宜便當，美國電影亦有時裝及古裝者，每一見及美國古裝電影，我行篋中之寶玉又躍躍頑皮於吾胸中矣。」他在哥倫比亞大學選修電影編劇課程時，也常常手持《紅樓夢》一冊，「研究以其改編為電影專門之種種辦法」，並每與同學「指天畫地，津津有味地討論《紅樓夢》之電影化」[註25]。1923年春，程樹仁應周自齊之邀返回國內，主持孔雀電影公司外片譯配中文字幕的工作。由於吻合國人心理，譯配字幕的舉措大受歡迎，「孔雀」的業務開展一路順風，利潤豐厚，周自齊甚為滿意，決定自行攝片，開拍《紅樓夢》。當時程樹仁新婚不久，又得貴人相助，馬上就能實現其攝製《紅樓夢》的夙願，一切似乎順風順水，用程樹仁自己的話說就是「在此生氣勃勃，前程萬里之境遇中」[註26]。但天有不測風雲，1923年10月，周自齊突然病故，隨之公司人事日非，拍攝《紅樓夢》一事實際已無法進行。這對懷抱滿腔熱情的程樹仁無疑是一大打擊。但程樹仁是一個達觀之人，並未因此而心灰意冷，輕言放棄，他曾多方活動，創辦天漢影劇公司，擬自攝《紅樓夢》。但畢竟人單力薄，美夢再次落空。直到1926年夏，孔雀電影公司改組，朱錫年出任總經理一職，聘任程樹仁擔任製片部主任，攝製《紅樓夢》一事始得以重續舊夢。程樹仁此番可謂小心翼翼，抱定只許成功不許失敗之決心。他先拍了一部《孔雀東南飛》作為練手，同時也體驗一下古裝片的攝製。1926年10月，《孔雀東南飛》一片殺青，10月17日，程樹仁就馬上在《申報》和《新聞報》上同時刊登廣告，宣佈「孔雀」將由程樹仁擔任導演，「開攝全部《紅樓夢》」[註27]，於此也可見其壓抑太久的心情宣洩。1926年12月3日，《孔雀東南飛》首映，1927年1月1日，「孔雀」租賃的孔雀東華戲院開幕，程樹仁兩次都借機在《申》、《新》兩報上大登廣告，再次重申「孔雀」將攝製影片《紅樓夢》[註28]，從中流露出其對此事高度重視的心態。

程樹仁對《紅樓夢》可謂情有獨鍾，對將其搬上銀幕一事也是慎之又慎，竭盡了其全部能量。1923年他返國後即與陳定秀女士合作，醞釀改編《紅樓夢》事宜，以後又有胡韻琴、甘亞子等人加入，大家一起對新、舊各派紅學專家的學說進行討論，特別是仔細研讀了胡適的有關考證文章，最後決定以胡適「曹雪芹自傳說」的觀點作為改編拍攝《紅樓夢》的指導思想，「如是者五易寒暑，易稿凡七十餘次」，方將劇本寫定。全劇結構的起承轉合，程樹仁敘述得異常清楚：

自賈元妃奉旨省親起，藉此機會將《紅樓夢》中之重要人物一一在此盛會之中介紹與觀眾相見，然後描寫一段寶玉與林黛玉之交情，如是再描寫一段寶玉與薛寶釵之來往，使此一番可歌可泣之故事起得清楚。自是之後，寶玉對黛玉、寶釵兩方面之情事用夾敘方法推陳出來：時而相親相愛，如膠似漆，無以復加；時而不即不離，若續若斷，莫可言宣。務使看客不能斷定寶玉果真愛黛玉乎？果真愛寶釵乎？使劇情至此作一度暫懸不決之狀態，使看客至此心中滿懷疑慮，為古人擔憂，興味驟增而欲繼續看其究竟。同時藉此機會將劇中人之個性，赤裸裸的流露出來，如是全劇情節遂由此漸漸趨於複雜，各方面之利益逐步的衝突起來。言語乖巧而兼身體強壯的薛寶釵與性情怪僻而兼多愁多病之林黛玉比較起來，自然賈母對於寶玉婚姻問題是會趨重於寶釵方面的；寶釵看見寶玉既富且貴而又漂亮，自然是巴不得要嫁給他呵；在寶玉的眼中看起來，寶釵是姐姐，黛玉是妹妹，自然是要愛嬌小玲瓏的妹妹了；但在此家長主婚之文化中，祖母當然是要干涉孫子婚姻的問題。小孫子不敢公言其心之所愛而為名教罪人，是以吞吞吐吐，敢憂而不敢言，不特當局者迷，即旁觀若紫鵑之近且切者亦不能於心無疑。人事之難，難如上青天，林黛玉感秋聲撫琴悲往事者良有以也。驚弦斷寶玉急赴瀟湘館，紫鵑聰明過人，乃承此良機，試探寶哥哥果真有情也無？聞妹妹將返蘇州，寶玉便昏將過去也病了。這一病便生出來沖喜重要事件，因沖喜於是以寶釵沖歟用黛玉沖歟之問題須有一個正式的解決。惟其須從賈母心中之所欲也，王鳳姐如是乃時勢造英雄，英雄造時勢，獻千古流芳之掉包奇計，欲瞞消息，一手遮盡天下人之耳目也。反使傻丫頭立刻將此寶貴之消息清清楚楚的傳入黛玉之耳鼓中，如是黛玉亦病。如此的情節，是複雜的有條理，複雜的有自然趨勢也。及至沖喜之日，薛寶釵居然出閨成大禮，是何等的欣幸？賈母、王熙鳳於入洞房之前，是何等的憂懼？寶玉力疾成親，卿卿我我即在目前，是何等的賞心適意？可憐林黛玉正在此等辰光中撕斤焚稿，椎心泣血，是何等的淒慘？鹹酸苦辣四景，互相連環的穿插，使此劇情至此達於最高的一點！然後將新娘頭蓋揭起：包兒掉了！寶玉瘋了！黛玉死了！寶釵也得不到快樂，賈母全家以下更不必說了！劇情至此方告了結。

對這樣一部劇本，程樹仁自己很為滿意，他認為：「起得清楚，複雜得有理，了結得痛快，此一劇成功之三大要素也，……今也我《紅樓夢》之腳本是用這種三要素的手段將全部《紅樓夢》之精華擷採出來」[註29]。可以説，自「孔雀」所攝《紅樓夢》一出，以後影、劇界改編這部中國古典名著大致都沿襲了這一框架，即從元妃省親寫起，引出寶玉，描寫他與黛玉和寶釵的矛盾衝突，一一展示黛玉葬花、紫鵑試探、寶玉生病、娶親沖喜、黛玉焚稿、寶玉發瘋、黛玉歸天等重要情節，最後以悲劇收束全劇。這種現象也反襯出程樹仁等人對《紅樓夢》這部巨著研讀理解的深刻及其改編的功力。

《紅樓夢》劇本完成後，程樹仁仍不放心，他請來十餘位新、舊紅學家審核把關，徵求意見後「方敢製為電影」。拍攝時，美術、置景繪製了大量佈景參考圖，反覆比較增刪，以切合劇情；人物服裝則出大錢請來製衣名店瑞昌按照演員身材一一特製。然而，就在孔雀電影公司有條不紊、一步步按計劃拍攝時，有一家公司則搶先將《紅樓夢》搬上了銀幕，於1927年7月公映，占了商機的先著。這家公司就是復旦影片公司，它拍攝的《紅樓夢》以劉姥姥一角貫徹始終，闡述了「翰內昔日富貴，等於一場春夢」的虛無思想。由於影片中人物穿的都是時裝，顯得不倫不類，故在當時及以後都遭到很大爭議。「復旦」的搶先拍攝對「孔雀」是一大打擊，但程樹仁他們並未氣餒，仍以嚴肅的態度實行著自己的拍攝計畫。影片於1927年10月完成後，發行商因「復旦」的時裝《紅樓夢》已放映在前，要求「孔雀」將影片改名為《石頭記》。程樹仁堅決拒絕，毅然表示：「實不能與投機分子、魚目混珠之徒爭一日之長短。欲講藝術，便顧不到營業；欲談營業，是不必講藝術。」註30程的書生意氣讓他付出了慘痛代價，「孔雀」千辛萬苦拍出來的《紅樓夢》果然如發行商所擔心的那樣在營業上吃了大虧，最終以賠本而告結束，並直接導致了「孔雀」的關門倒閉，其中冤曲，令人唏噓。

五、黯別影壇：投身實業，難捨電影

1927年發生的兩件事對程樹仁打擊頗大，也使他萌生了退出影壇的意念：1927年1月，程樹仁個人投資5千元，主編出版《中華影業年鑒》，誰知僅過三月即有徐恥痕者編輯的《中國影戲大觀》現身書肆，內有不少內容襲自年鑒；這

圖上：《孔雀特刊》第二期《紅樓夢專號》書影，1927年12月10日出版。
圖下：影片《紅樓夢》劇照：賈寶玉聽琴感淒涼

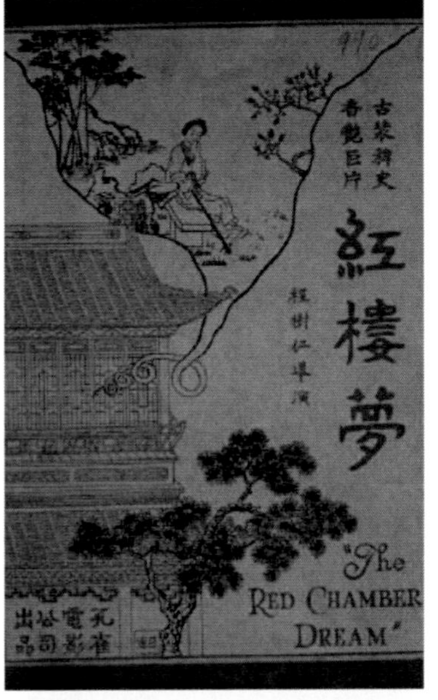

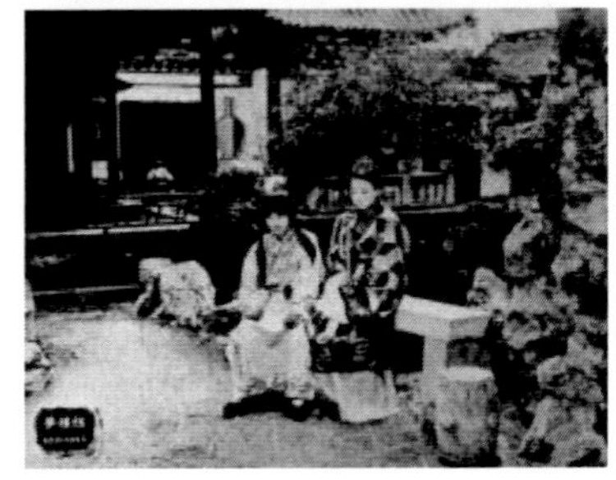

年5月，程樹仁在籌備多年之後開機拍攝《紅樓夢》，豈料行將攝竣之際，忽有復旦影片公司的俞伯嚴草率拍出《紅樓夢》，搶先一步公映。種種一切，使平素喜抱不平且又書生氣十足的程樹仁悲憤交集，他譏諷這些行為不光彩者為「鵠立南京路、浙江路交叉之點，張目四顧，見有足仿者，便趨之若蟻之赴鮮」，並憤然表示：「仁不敏，愧不能並肩齊立。《紅樓夢》片成，即暫停年鑒之續編，拋棄製片之決心，此後當另闢蹊徑，為社會盡力，庶可不背吾國父老十年教育樹仁之恩，不背吾友朋二十年來喁喁之望也。」[註31]

從1928年開始，程樹仁離開傷心之地，棄影經商，在電影院從事經理工作，算是還和電影保持著一些關係。在積累了一些錢財之後，他和朋友合夥投資，自己蓋起了影院：1929年2月1日，東海大戲院在海門路144號揭幕；1932年9月9日，位於新閘路701號上的西海大戲院宣佈開業。兩家影院均走底層路線，放映二、三輪影片，營業狀況很好。此時的程樹仁似乎又迎來了春天，用他自己的話説就是：「左顧右盼，大有東海茫茫，西山蒼蒼之概。」[註32]程樹仁很快又增加投資，擴大再生產，開了兩家飯店，一間百貨商店，儼然一位事業成功人士。然而好景不長，程樹仁乃書生氣極重之人，並不善於在商海中游泳，再加上很快又遭遇到世界性的經濟大蕭條，至1933年底，他投資的產業均宣告失敗，不但損失達5萬元之巨，而且還負債1萬元，「十年心血，俱付東流」。程樹仁是一個拿得起放得下的人士，人生道路上的挫折並不能打垮他，鼓起勇氣，他從頭再做起，「做第二次的白手起家」[註33]。1934年，程樹仁應《大美晚報》之聘，出任報社主筆一職，其間經歷了「胡漢民通電八項意見」、「蔡廷鍇人民政府之興亡」、「塘沽協定之簽訂」、「杜重遠『閒話皇帝』引來獄災」等等大小事件，「聊為人民之喉舌，倒也幹得有興味，……替國家替人民盡了一點報人的責任」[註34]。抗戰爆發後，程樹仁告別大上海，隨國民政府遠赴西南。期間，他任職於交通部，不辭辛勞，深入崇山峻嶺，對抗戰大後方交通運輸的建設，如敘昆（四川敘府至雲南昆明）驛運幹線等的開通都作出了貢獻[註35]。就是在這樣艱苦的抗戰環境中，程樹仁依舊關注著國內影壇的發展以及世界各國的電影概況，他在內心深處其實還是把自己視作為一個電影人。這裏有一個很好的例證：1944年2月23日，國內開展電影教育最出色的金陵大學電教會邀請程樹仁去做學術講座，而這個學會的主持人正是中國電影教育的開創者孫明經。程樹仁欣然赴邀，在「金大」作了題為〈中國之電影事業〉的演講。據當時報導，程樹仁在演講中歷述「中國電影事業初期之發展及所遭遇之障礙，與近年來之進步，並述電影教育之功用與戰後自給問題，末述英美各國電影界與教育界之合作聯繫與創辦及其發展之經過等」[註36]。不難想像，能作這樣一場時間跨度達幾十年，內容廣泛涉及當時中、外影壇發展概況的演講，其演講人在平時該對電影界有著怎樣的關注和研究？

1949年，程樹仁去了臺灣。從有限的一些記載中，我們可以依略知曉，在那裏他仍然是位活躍人物，不管是參加社團活動，還是組織校友會，他都是當仁不讓的領導者。60、70年代，他已入晚境，但仍經常參加體育活動，精神、體魄均絲毫不減當年之勇。梁實秋晚年曾回憶自己的這位清華校友：「現在臺灣的程樹仁先生也是清華的運動健將，他繼曹懋德為足球守門，舉臂擊球，比用腳打得遠些。他現在年近七十而強健猶昔，是清華體育精神的代表。」[註37]遺憾的是，我們已無法知曉，在他不老的心中那朵美麗神奇的電影之花是否還依然綻放？

20世紀初電影尚屬新興藝術，即使在歐美專授電影的學校也為數很少，早期服務於中國影壇的留學生大都學的是其他專業，由於在歐美旁涉電影的機會較多，回國以後往往就被視之為「專業人士」，如果學的是戲劇、表演等課程，其「專業性」自然就更為權威。程樹仁和沈誥、徐琥、汪煦昌等人是中國最早學習電影專業的留學生（程是其中回國最早的一位），他們將國外正規嚴謹的電影專業知識及其有關電影生產流程等實踐經驗帶回國內，對規範中國早期電影的發展起著他人難以替代的作用，在中國電影史冊上理應佔有一席之地。由於種種原因，這批中國影壇的第一代「專業海歸」長期以來一直被湮沒於歷史之中，成為默默無聞的失憶人物，像程樹仁這樣對中國早期電影發展作出獨特貢獻的人物，竟然在《中國電影大辭典》這樣的大型專業工具書中都不見蹤影，實在令人遺憾！謹以此文向程樹仁等電影前輩致以敬意！

2009.3.3晚

>>> 注釋

註1：美國總統羅斯福1907年12月3日在國會的演說〈關於1908年的施政方針〉，轉引自程樹仁〈對於清華辛酉級今夏來美留學的感言〉，載1921年6月《清華週刊》第7次增刊

註2：〈清華學校的辦校宗旨及範圍〉，見《清華大學史料選編》第一卷，清華大學出版社1991年出版

註3：見程樹仁〈對於清華辛酉級今夏來美留學的感言〉

註4：程樹仁〈對於清華辛酉級今夏來美留學的感言〉

註5：程樹仁〈導演《紅樓夢》之一番用心〉，載1927年12月10日《孔雀特刊》第2期

註6：見1917年2月8日《清華週刊》第95期程樹仁整理〈梁任公演講辭〉

註7：程樹仁〈運動凱旋記〉，載1918年夏《清華週刊》臨時增刊第4期

註8：程樹仁〈赴日與第三次遠東運動會記〉，載1917年6月6日《清華週刊》臨時增刊第3期

註9：程樹仁〈導演《紅樓夢》之一番用心〉

註10：程樹仁〈導演《紅樓夢》之一番用心〉

註11：程樹仁〈赴日與第三次遠東運動會〉

註12：載1914年9月4日《申報》第3張第9版

註13：載1915年9月10日《申報》第3張第9版

註14：〈導演《紅樓夢》之一番用心〉，載1927年12月10日《孔雀特刊》第2期

註15：〈孔雀公司職員小傳〉，載1926年9月26日《孔雀特刊》第2期

註16：見《球大王》說明書

註17：見《綠林翹楚》說明書

註18：見中央影戲公司說明書

註19：勃靈〈中文字幕問題〉，載1928年9月1日《中國電影雜誌》第14期

註20：1935年《麗都開幕特刊》

註21：參見〈影片添加華文字幕〉，載1939年7月18日《青青電影》第4年第16期

註22：上海社會科學院出版社1999年10月初版

註23：程樹仁〈創刊辭〉

註24：區永祥〈徵購民國十六年《中華電影年鑒》〉，載1943年2月《電影與播音》第2卷第2期

註25：程樹仁〈導演《紅樓夢》之一番用心〉

註26：程樹仁〈導演《紅樓夢》之一番用心〉

註27：〈孔雀電影公司開攝全部《紅樓夢》，程樹仁導演〉，載1926年10月17日《申報》第1張第2版

註28：〈孔雀電影公司啟事〉，載1926年12月3日《申報》第1張第1版；〈孔雀東華戲院開幕露布〉，載1927年1月1日《申報》第1張第1版

註29：程樹仁〈導演《紅樓夢》之一番用心〉

註30：程樹仁〈導演《紅樓夢》之一番用心〉

註31：程樹仁〈導演《紅樓夢》之一番用心〉

註32：程樹仁〈校友通信〉，載1935年10月1日《清華校友通訊》第2卷第9期

註33：程樹仁〈校友通信〉

註34：程樹仁〈校友通信〉

註35：程樹仁〈馱運是怎樣推動的〉，載1940年4月1日《抗戰與交通》第36、37期合刊

註36：〈金陵大學電教學會請程樹仁作學術講演〉，載1944年3月《電影與播音》第3卷第2期

註37：〈水木清華與「飛將軍」〉，轉引自王曉華、張慶軍：《百年中國奧運》，河南文藝出版社，2007年版

1926年田漢發起的三次藝壇聚會

1926年，上海文藝界曾舉行過3次盛大的聚會，依次是1月的消寒會、2月的梅花會和7月的文酒會，3次聚會都和南國社有關，主要發起人是田漢。

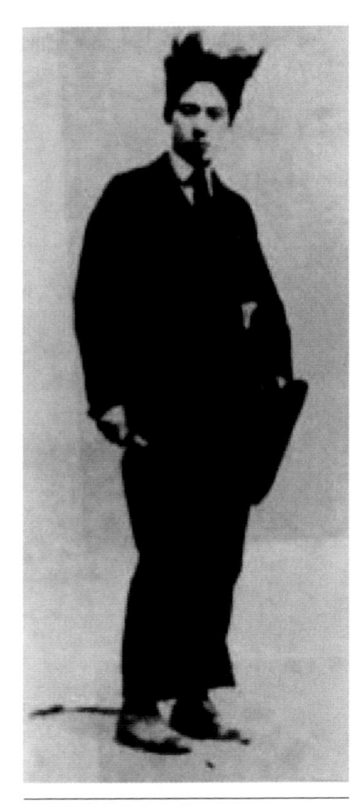

20世紀20年代的田漢。

在消寒會舉辦之前，上海的報紙曾刊出過這樣一條預告：「本埠文藝界同人，發起藝術界消寒會，定於本月28日（後改為29日）下午2時，假斜橋徐家匯10號新少年影片公司舉行聚餐、藉聯情誼，公宴畫家、大鼓家、京戲家、崑劇家、電影家等，特請之客，則為德菱女士及谷崎潤一郎君，並有劍舞、京戲、崑曲、大鼓等餘興。」（〈上海文藝界發起消寒會〉，載1926年1月27日《申報》）在刊出

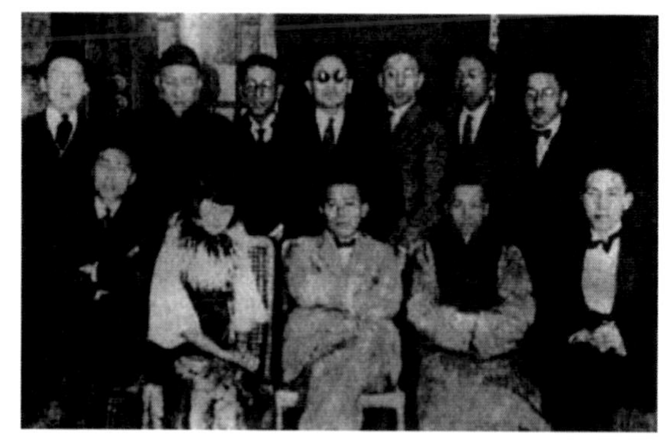

「文藝消寒會」紀念照（1926年1月於上海）。左起，前排：田漢、楊耐梅、谷崎潤一郎、任矜蘋、唐琳。後排：陳壽蔭（左二）、菅原英（左三）、歐陽予倩（左四）。

的總共17位發起人中，有郭沫若、歐陽予倩、周佛海、左舜生、謝六逸、葉鼎洛、黎錦暉、關良、方光燾等，名列首位的則是田漢。當時田漢正應新少年影片公司之邀創作他的第一部電影劇本《翠豔親王》，接著他創辦南國電影劇社，拍攝《到民間去》，主要活動場所也在新少年公司，消寒會選在那裏舉行，當和田漢有關。出席消寒會的，除發起人外尚有鄭振鐸、王獨清、陳抱一、魯少飛、汪仲賢、俞振飛、史東山等文藝界人士60餘人，濟濟一堂，歡談暢飲，聚會「直至下午十二時，始盡歡而散。」（〈上海文藝界消寒會盛況〉，載1926年1月30日《申報》）這次消寒會從表面看似乎是為了聯絡同人情誼，其實主要目的卻是為了歡迎谷崎潤一郎。谷崎是日本著名的唯美派作家，著有《麒麟》、《春琴抄》等作品，中國的不少作家和其相識，並深受其作品影響。谷崎潤一郎1918年曾遊歷過中國，這次是他第2次訪華。他出席了為他舉行的消寒會，和中國同行合了影，並在會上作了專題發言，為他翻譯的是郭沫若。會後，田漢、郭沫若和他繼續有來往，有一次晚上還跑到他住宿的一品香旅館，3人促膝交談直至夜深。谷崎潤一郎在〈上海交遊記〉裏記下了這次交談的情景：「兩人又同到我住的一品香旅館來，喝著紹興酒，又談了一陣。兩君都很直率地吐露現代中國青年的苦惱。……兩君的話，直到夜深還縷縷不盡。我都覺得不錯。

即算兩君的觀察有錯誤的地方，兩君胸中所鬱積壅塞的苦惱是應該尊重的。談後兩君辭歸時已經十二點鐘了。」（谷崎潤一郎〈上海交遊記〉，轉摘自《田漢在日本》，人民文學出版社1997年版）谷崎在文章中提到的「現代中國青年的苦惱」，正是田漢、郭沫若以及郁達夫等不少作家在當時作品中所著力反映的重要內容，而在寫作時，他們所喜愛的一些外國作家的文學觀點和寫作技巧又往往會若隱若現地左右影響他們，像谷崎潤一郎這樣他們景慕又相識的作家的影響更不可低估。在這一點上，田漢的早期電影觀就是明顯的一例，而在這方面，由於原始史料的缺乏或其他的原因，我們的研究做得還遠遠不夠，如上述的一些史實，在諸本《郭沫若年譜》、《田漢研究專集》、《田漢評傳》等有關著作中都是失記的。

消寒會後半個月，田漢又發起舉辦了一個更大規模的梅花會，時間是2月18日，會場設在大東旅社。這次聚會有150餘人出席，其中有郭沫若、郁達夫、葉聖陶、鄭振鐸、宗白華、林風眠、豐子愷、李金髮、洪深、歐陽予倩等，中心人物則是文壇元老蔡元培和畫壇新秀徐悲鴻。徐悲鴻時正從歐洲留學回國，他將帶回的大量油畫和素描都拿了出來陳列於會場，實際上等於是一個小型的個人畫展（這也可能是徐悲鴻最早的一次畫展）。這些畫受到了與會者的很高評價，認為：「徐君之畫，沈著深刻，人物為多，尤愛所臨古畫及人體畫數幅。雖不以色彩鮮豔取勝，而氣韻蓬勃，筆力深沉，線條雖無顯著之跡，而含蘊於內，所謂便辟入裏者，真高手也。」徐悲鴻含辛茹苦購買的幾幅歐洲畫家作品，也陳列會中。大家對他為藝術節衣縮食的精神也深表讚賞，譽其「購畫嗜好甚篤，有時寧可忍饑終日，而對於名畫之購置，決不肯放棄機會。篤學如此，宜乎其成功也。」（ 配鏘〈梅花會紀盛——上海文藝界未有之盛會〉，載1926年2月20日《申報》）這些早期的真實記載，自然是研究畫家生平的第一手珍貴材料。德高望重的蔡元培是此次聚會的

「特請之客」，當然免不了要應邀演說。蔡氏以花為題，即興發表了他對中國國花問題的見解，他說：「花為一種象徵，如日本以櫻花為象徵，中國或以桃花，或以牡丹。惟愚意此二種尚不十分確切，惟梅花可以代表中國。因桃及牡丹，各國均有，梅則中國所獨有，觀西人稱梅花即梨花可證，因西人無此梅字也。且梅有耐寒之精神，色香俱全，梅花之供鑒賞者，多不結果，頗與文藝相彷彿，因文藝亦超越於實利也。」（配鏘〈梅花會紀盛——上海文藝界未有之盛會〉）蔡氏將話題與「梅花會」之名巧相印證，博得滿堂喝彩。這大概也是有關中國國花評選的一段有意義的史料。

田漢繼之而發起的文酒會，則主要是為訪華的蘇聯作家皮涅克（現通譯皮利尼亞克）舉行的。皮涅克是當時在蘇聯相當知名的作家，但上海文壇對他的來訪則相當冷淡。皮涅克是1926年6月中旬到達上海的，出面招待的主要是蔣光慈，文學研究會也曾以文學週報社的名義在東亞酒樓設宴歡迎過他。引起的反響大概也僅止於這些了。為此蔣光慈曾在6月27日寫了一篇〈介紹來華遊歷之蘇俄文學家皮涅克〉，發表在《文學週報》第232期上，批評了上海文壇

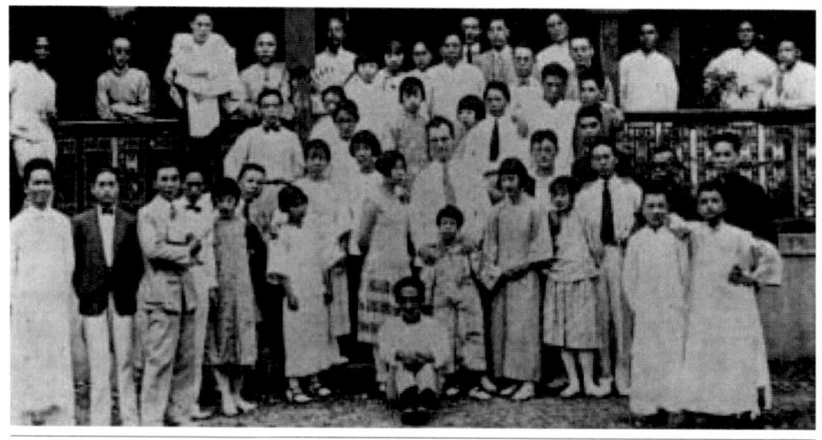

1926年7月10日田漢設宴款待蘇聯作家皮涅克時合影留念。
中立者為皮涅克，皮氏旁右二為蔣光慈，皮氏後排右三為田漢，最末一排左三為唐槐秋。

對皮涅克的冷淡。田漢的文酒會正是在這一背景下舉行的。酒會的請柬是田漢親擬的，當不失為作家的一則有意義的佚文，茲全文錄下：「敬啟者：海上文藝同人，自消寒、梅花兩會以來，久無盛大文酒之會。今者江南春盡，霉雨連綿，不有盛會，難消積悶；況同時有俄國青年小説家皮涅克氏漂流至此，當筵對酒，共話人生，亦未嘗非夏夜之一樂。爰定於本禮拜六（7月10日）下午2時起，藉南國舞廳，舉行茶話與聚餐兩會，會費兩元（女賓免收）。此約。」（〈文藝界之文酒會〉，載1926年7月10日《申報》）這次酒會的規模似乎比消寒、梅花兩會還來得盛大，文學研究會、創造社、晨光藝術會、上海音樂會、支那劇研究會等文藝團體，以及神州、民新、國光、新人等電影公司和東南、上海、暨南、大夏、南方、上海藝大等大學都有人參加，南國電影劇社還將酒會的熱鬧場面「各攝成影片，以留紀念」（〈昨日南國劇社之茶酒會〉，載1926年7月11日《申報》）。順便提一句，這部紀錄影片在文學史和電影史上還從未有人提起過，如還倖存，確實稱得上是一部珍貴的、值得「紀念」的影片。在酒會上，田漢和蔣光慈、皮涅克談得相當融洽，這有一個細節可以作證：田漢編導的那部著名的影片《到民間去》，根據近年發現的資料證明，至遲在1926年5月22日已經開拍（參見陳瑞林的〈陳抱一和中國早期的油畫運動〉），當時，田漢顯然不會知道有皮涅克這樣一個蘇俄小説家來訪問上海，但在以後完成的影片中，皮涅克飾演的俄國小説家和蔣光慈飾演的陪客兼翻譯卻是影片中相當重要的人物，這顯然可以證實他們之間的友誼，同時也使筆者懷疑，影片中的有關情節當是7月10日酒會以後增補的。此外，蘇聯故事片的得以在中國首映，也得益於這次酒會：正是由於皮涅克的介紹，田漢認識了蘇聯駐上海領事林德，並通過他的關係，於7、8月間，在上海共和影戲院放映了愛森斯坦的傑作《戰艦波將金號》。這是蘇聯影片第一次和中國觀眾見面，在中國電影史上有著特殊意義。

田漢主持這3次盛大的文藝聚會期間，正是他深受外國文藝思潮影響，在戲劇、電影創作上非常活躍之際，而且這3次聚會的有酒、有食、有演説、有節目，各自掏錢支付費用，自由組合暢飲歡談等形式，也明顯具有國外的文人沙龍特點，從中頗可窺見當時田漢的心態；而以後南國社的「魚龍會」等演出形式，大概也不無其影響所在。此外，這3次聚會和很多著名人士有關，反映了當時上海文藝界的動態，其中且蘊藏了一些值得重視的史料，對研究文學史和中外文化交流都不無意義。

洪深1926年的北京之行

洪深自1920年春留美回國到1937年抗戰爆發，一直主要在上海從事影劇事業，其中1926年春他有過一次北京之行，並和丁玲有過一次接觸，此事至今還鮮為人知，頗值一記。當時洪深已加入明星影片公司，編導了《馮大少爺》等影片，成為頗受「明星」當局器重的電影專家。1925年，「明星」由張石川執導，花費鉅資拍攝了一部《空谷蘭》，這是由著名言情作家包天笑根據日本黑岩淚香譯本小説《野之花》改編的，故事情節哀怨曲折，很受市民階層的歡迎，「明星」的營業收入達到13萬2千多元，創中國無聲影片的最高賣座紀錄。「明星」受此鼓舞，決定進一步向京、津一帶擴展，於是派洪深等人帶了《空谷蘭》的拷貝，到

20世紀20年代的洪深。

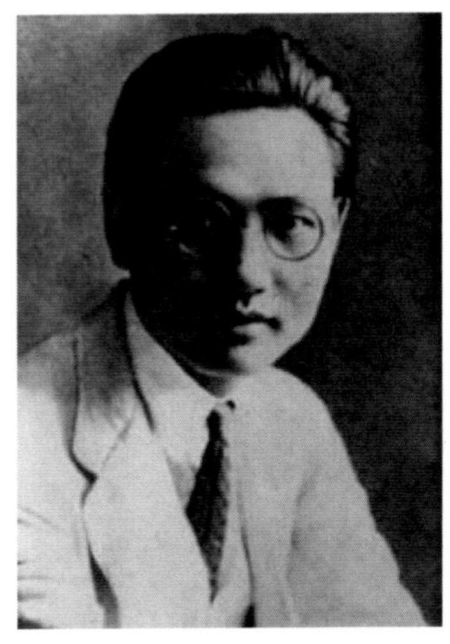

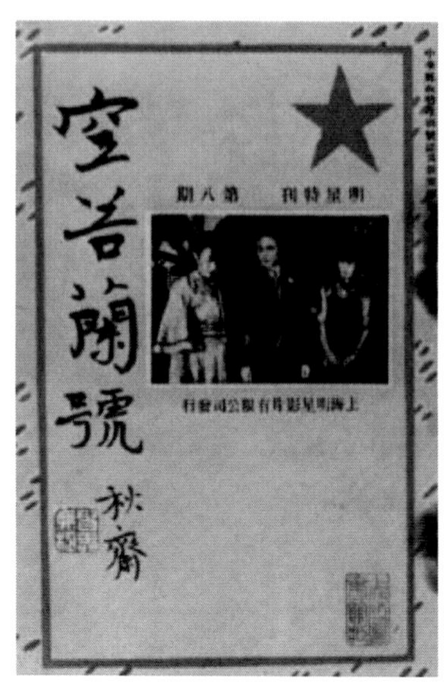

明星影片公司出品的影片《空谷蘭》號特刊封面。

北京舉行獻映活動。1926年2月下旬洪深離滬，到達北京後，影片安排在平安電影院放映。這期間，洪深登臺舉行了多次講演，他說：「許多外國電影院都拒絕映演中國片，就是一些中國人自己開的電影院也拒絕。這我決不怪他們，因為中國片的藝術實在不夠格。」洪深舉了很多例子，如：「馬上摔下來時傷的是左手，一到醫院傷卻在右手了；一個女子在門外是穿裙的，一進門卻不見了裙子；一件很漂亮的背心，甲演員剛穿著，一會兒又穿到了乙演員的身上。如此等等，不一而足。」洪深表示：中國的電影要發展，首先就要靠電影從業人員自己的努力。他認為：「明星」這次拍攝的《空谷蘭》，「的確比從前有研究了，希望這是一個良好的開端。」洪深還從自己「開刀」，談到了如何適應觀眾的問題。他拍的《馮大少爺》，使用字幕太少，情節也剪裁得太厲害，因此有不少觀眾看不懂，所以他在拍《早生貴子》時就注意到了這個問題，一共使用了220片字幕，每幕平均用10個字，反響就不錯。洪深認為：「待中國觀眾的審美眼光逐漸提高了，剪裁功夫也可以逐漸增進。」（伏園〈《空谷蘭》與洪深先生〉，載1926年3月11日《京報副刊》第435期）

洪深在北京除了舉行影片獻映外，還參加了一系列活動，他拜訪了蒲伯英、孫伏園、余上沅等同行，和他們商談了京、滬兩地聯合舉行話劇公演的問題，還應邀到北京藝專等處舉行了演講，其中，他和丁玲會晤，鼓勵支持她投身電影界一事，因兩個當事人從未撰文披露過，尤其值得引起重視。丁玲那時還是一個年輕的學生，因為胡也頻的關係，她經常參加一些文人的聚會，和沈從文、凌叔華、廬隱等都有來往，圍繞文學和人生的話題，經常進行天馬行空、無拘無束的暢談。那些當時已頗有一些文名的朋友都勸丁玲：「你該寫小說。」而丁玲卻總是回答：「寫小說，那是你們作家的事。我想去當演員，電影演員。」就在這時，她觀看了洪深帶去的《空谷蘭》，也聆聽了洪深激情的演講，這更加強了她的信念。於是，她給素昧平生的洪深寫了一封信，傾吐了自己的心願；而洪深也在忙碌之中回了信，並約在北海公園和丁玲見了面。洪深和丁玲究竟談了些什麼，由於沒有任何文字資料留下來，今天已無從查考，但有一點是可以確證的，即洪深對於丁玲想投身電影界的想法是支持的，並予以了熱情鼓勵。因為三月中旬洪深回滬以後，緊接著丁玲與胡也頻也籌資於四月到了上海，丁玲並由洪深介紹，到明星影片公司報了到。但稍一涉足影壇，天真純潔、喜歡自由幻想的丁玲便發現，在銀幕的背後，藝術與現實的反差實在太大，複雜的電影圈與自己的志趣格格不入，日後她在一篇小說中真實描述了自己當時的心情：「她所飽領的，便是那男女演員或導演間的粗鄙的俏皮話，或是當那大腿上被扭後發出的細小的叫聲，以及種種互相傳遞的眼光。誰也都是那樣自如的嬉笑，快樂地談著、玩著，只有她，只有她驚詫、懷疑，像自己也變成妓女似地在這兒任那些毫不尊重的眼光去觀覽。」（〈夢珂〉，載1927年12月《小說月報》18卷12期）年輕的丁玲只能滿懷歉意地向對自己寄予了希望的洪深告別，沒有簽訂合同就離開了「明星」。以後，丁玲又到南國劇社找過田漢，但她同樣不習慣舞臺背後那種充滿浪漫情調的演劇生活。丁玲的影、劇明星之夢，就如肥皂泡似地瞬間便宣告了破滅。洪深的熱情鼓勵和舉薦沒有造就一顆影壇明星，這可能使這位為人忠厚的老夫子滿懷抱憾之情。但世間萬物充滿了陰差陽錯的偶然性，飛離影壇的流星卻在文壇冉冉升起，1927年，丁玲的小說處女作〈夢珂〉在權威的《小說月報》上發表。這篇作品融進了丁玲在電影公司內的種種經歷，其中悲酸苦辣完全是出自內心的真切感受，因此受到廣泛好評。丁玲從此一發不可收，正式走上文壇之路，日後成為中外矚目的著名作家，而這和洪深當年的北京之行又何嘗沒有一點關係呢？

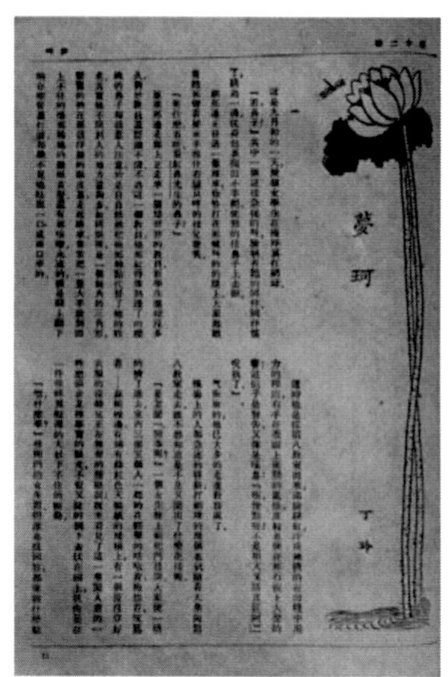

夢珂

丁玲

1927年，丁玲的小說處女作《夢珂》在《小說月報》18卷12期上發表。在這篇作品中丁玲回顧了自己從影的種種經歷。

電影史上的三個失蹤者

一部中國電影史，風雲人物不過百多人，而實際從事過電影工作的，何止千萬！這當中，有的偶一涉足，即轉行他業；有的英年早逝，壯志未酬；也有的因操行有虧，長期乏人提及。總之，種種原因，使這千萬影人默默無聞於影史之外，事蹟不傳，史籍失載，而其中不少人物對中國電影產生過相當影響。本文不想評説史實，臧否人物，只願於浩淼如海的典籍之中，爬羅剔抉，作一番忠實於歷史的勾稽工作。倘能給研究者留下一點有用的材料，則足以欣慰。

一、最早提出「導演中心說」的谷劍塵

谷劍塵這個名字今天已很少有人知曉了，但在20世紀20年代的影劇界，他卻是一個稱得上有影響的人物。前幾年還有人在《人民日報》（海外版）上發表題為〈不要忘記谷劍塵〉的文章，可見他還活在人們的記憶之中。

谷劍塵（1897-1976年），浙江上虞人，原名谷斯江。他的成就主要在戲劇領域，是與田漢、洪深、歐陽予倩等人同時代的一位著名戲劇家。1921年，他和應雲衛等創立戲劇協社，該社活動歷史長達十餘年，為中國早期話劇團體之冠。這期間他創作的四幕劇

《孤軍》，是我國第一部有臺詞的話劇劇本，產生過較大影響。他的主要作品有劇本《岳飛之死》、《逃亡者之歌》、《谷劍塵獨幕劇集》、《谷劍塵抗日戲劇集》，論著《劇本的登場》、《現代戲劇作法》、《民眾戲劇概論》，以及長篇小說《死屍》等。

大約在1924年左右，谷劍塵就和電影界有了聯繫，先後加盟於「明星」、「華劇」、「中華第一」、「東亞」等電影公司，一度還擔任過明星影戲學校校長一職，為培養影壇新人盡過不少力。1925年洪深的進入影壇，也是谷劍塵牽的線。當時他受鄭正秋之託，約洪在笑舞臺後臺見面，經過一番推心置腹的交談，洪深才決定加入「明星」。影壇於是闖進了一匹黑馬，並因此而吹進了陣陣清風，銀幕上也開始出現了《愛情與黃金》、《四月裏底薔薇處處開》等一批名片。遺憾的是，這件影壇軼事，今天幾乎已無人知曉，故治影史者，屢屢提及洪深的加盟影壇，而對谷劍塵在其中所起的作用則從無人提起，使人感歎歷史的不公。谷劍塵還寫過〈電影化裝術〉、〈藝術上的仿效與創造〉、〈動作之研究與練習〉等大量電影論文，其中最重要的是〈電影中之絕對導演中心說〉一文。他認為：在電影中，以劇本、演員和導演三者最為重要，故有「鼎足而三」之說，而在這三者之中，卻因各派側重不同，產生了劇本中心主義、導演中心主義和演員中心主義等不同的理論。谷劍塵在權衡了這三種不同觀點的利弊之後，明確表示：在電影界，「就現狀言之，似以導演中心主義為重適宜」，並指出：導演作為「影片的中心人物」，應該知道編劇、表演、攝影、美術、化裝、洗印等電影生產的基本程式知識，還須瞭解光學、機械學、心理學、社會學等多種科學知識，這樣才能「集於一身，超邁一切」。此文發表於1926年8月，當是我國電影界明確提出導演中心說的首篇論文，具有不容忽視的重要意義。谷劍塵還是比較系統地研究中國電影史的先驅之一。在他之前，雖然徐恥痕已寫出〈中國影戲之溯源〉、〈滬上各製片公司之創立史及經過情形〉等文，但篇幅都不長，僅數千字，且只記敘到1926年為止。對比之下，谷劍塵的〈中國電影發達史〉要完整得多。此文發表於1934年，比較詳細地評述了中國電影自萌芽及至當時的發展概況，並介紹了外國電影輸入中國的情況。全文分7個章節，分別是：1、電影發明的原理和歷程。2、電影輸入中國的情形和外片市場的三個時期。3、自攝影片的發端與續起。4、空前的國產電影運動與英美煙草公司托辣斯政策的開端與滅落。5、中國電影事業之動亂時期。6、有聲影片發明史和輸入中國的情形。7、中國電影的復興運動意識的轉變與今後的趨勢。文長共約4萬字，在建國前研究中國電影史的文章中，這是材料最為豐富的一篇。

除進行理論探討外，谷劍塵還創作了不少電影劇本，現已知搬上銀幕的有4部，分別是「中華第一」出品的《花國大總統》（1927年）、「華劇」出品的《白玫瑰》（1929年）、《英雄與美人》（1929年）和「東亞」出品的《婚約》（1933年），其中尤以《花國大總統》一片影響最大。所謂「花國」，是當時幾乎人人知曉的娼界的代名詞，而「總統」一詞，也是騷人墨客對「花界魁首」的吹捧戲謔而已。因此單就片名而言，此名明顯具有濃厚的商業氣味，有人就曾經以為這「不過是一出窯子戲」而已。實際上，此片卻是一部比較嚴肅的現實主義作品，主人公周妙英從良家婦女淪為娼妓，又被捧為「花界魁首」，最後被逼出逃的過程，寫的還是比較令人信服的。當時就有人在報上撰文評論：「周妙英所作之種種罪惡，實社會組織不良所產生之罪惡也，欲責周妙英，應先責社會，先攻擊社會制度之不良。破壞社會之惡劣組織，而建設健全之社會，斯則攝製《花國大總統》之本意也」（廖養雲〈評《花國大總統》〉，載1927年8月31日《申報》）。此片在藝術上也有一定可取之處，如周妙英在偷聽到趙子雲有賣妻之意後，以當時的影片水平，接下去必定描寫周妙英的如何逃走，而該片的處理卻頗具匠心：趙子雲回家，呼妻不見，鏡頭緩緩推出的是妙英放在桌上的辭別字條，子雲於是大愕。鏡頭處理可稱簡潔明瞭。再加上影片主演楊耐梅一身而兼兩職，將周妙英的賢淑文靜和小月紅的熱情放蕩刻畫得栩栩如生，入木三分；公映時又隨片登臺，演唱影片插曲，故《花園大總統》大獲歡迎，創下了當時罕見的上座記錄，報上稱之為「半年以來未有之盛況」。谷劍塵自己也比較中意這部影片，自告奮勇在片中扮演了窮書生楊友一角，他也因此和洪深、歐陽予倩一起，成為最早現身銀幕的現代作家之一。1998年，谷劍塵的孫子、留美著名畫家谷文達特地從美國回到上海，搜尋有關《花園大總統》的資料，醞釀拍一部現代版的《花園大總統》，可見這部影片還是有其現實意義的。

二、最早涉足影壇的漫畫家——黃文農

黃文農（？-1934年），上海松江縣人。他出身貧寒，小學畢業後即不得不停學做工以幫助父母維持全家的生活。16歲時進上海中華書局，當一名石印描樣學徒工。在勞動實踐中逐漸掌握了繪畫技術，不久就調至《小朋友》雜誌社任美術編輯。1925年年初，他開始創作漫畫，十年中發表了一大批反帝反封建的作品，開創了新時代的政治諷刺畫畫派，成為一名具有廣泛影響的著名漫畫家。權威的《中國漫畫史》這樣評價他：黃文農「在政治諷刺畫方面所起的先鋒模範作用以及對後來漫畫界的影響是不能忽視的。在第一次國內革命戰爭時期，政治諷刺畫的出現，是美術這一藝術形式參加反帝反封建偉大鬥爭的主要標誌，而黃文農是美術界在這一方面最為突出的，也是最具有代表性的美術家。」黃文農的美術成就已得到公正的評價，而在中國電影史上，他的名字還從未被人提起過。實

際上，黃文農在走上專業創作漫畫之前，曾和電影界有過一段淵源關係，他為中國電影，尤其是為早期的動畫影片發展做出過一定的貢獻，我們在修電影史志時，是不應遺忘這位默默的先行者的。

動畫影片的最初傳入中國大約是在「五四」前後，當時又叫卡通影片、活動影畫等。這種新穎奇特的電影品種引起不少人的濃厚興趣，他們曾反復研究實驗，想拍攝出中國自己的動畫片，黃文農就是這些最初的拓荒者中比較突出的一位。從現有資料看，大約在1924年春，黃文農就已開始正式繪製動畫影片，並已有成品問世，在這年6月4日的《申報·本埠增刊》版上，有這樣一條新聞：「畫家黃文農，近受中華影片公司之聘，製活動鋼筆畫影片三本，長約千尺，情節甚滑稽，片名《狗請客》，中秋後即可映云。」這條消息有時間、有廠家、有片名，連影片長度都很確切，其真實性是可靠的。如果拍攝完成，那麼從時間上來說，這應當是中國最早的一部動畫影片。可惜當時這類動畫短片大都加映在故事片之前，並不單獨放映，因此，我們不易找到它的正式上映廣告。

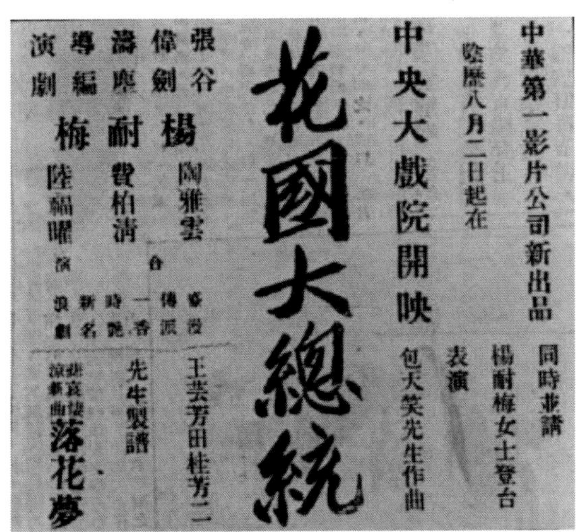

1927年8月，谷劍塵編劇的《花國大總統》公映廣告。

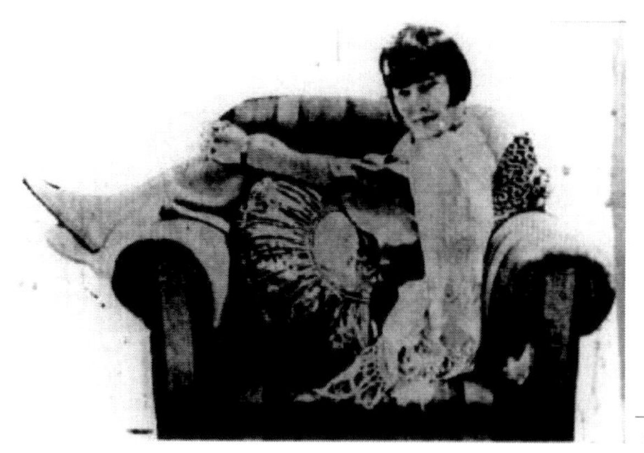

《花國大總統》劇照。

黃文農對動畫片的研究絕非一時興趣，而是矢志不移的，有時甚至到了廢寢忘食的地步，這從當時的一些報導中可以證實，如1925年3月出版的《影戲春秋》第4期載：「黃文農日夜研究活動廣告，特賃屋於戈登路九十號，非至親好友不得其門而入。」該刊第11期又載：「黃文農近來大畫《西遊記》（活動影畫也）。」這些報導都明白無疑地說明了當時黃文農確實以很大精力從事於動畫影片的研製，並受到了電影界和新聞界的注意。1927年1月出版的《中華影業年鑒》中專門闢有「活動滑稽畫家」一節，列出了當時從事動畫片繪製的四位專業人員名單，其中第二位赫然映入眼簾的就是黃文農的名字。關於黃文農早期致力動畫影片研究的資料，雖然目前只能找到這樣幾條簡單的記載，且尚無影片實物發現，但這已足可以證實黃文農是我國動畫片研製的先驅者之一這一事實。

除了進行動畫片研究外，黃文農當時還參加了其他一些電影活動。他曾擔任過一些影片的美術工作，如三星公司1925年出品的《覺悟》一片，就是由他設計置景的。當時很有影響的《電影雜誌》曾以「《覺悟》之繪題者」為名列出過他的照片。該片上映後，黃文農的工作也受到了影評界的好評，認為：《覺悟》的「行雲、雪地、夜月等幕及繪題，具有美術價值。」他還擔任過一些電影雜誌的特約撰稿人，如1925年3月，何味辛、湯筆花、程步高等創刊《影戲春秋》週刊，黃文農和丁悚、張光宇等漫畫家應聘為「特約繪圖者」，在刊物上發表了不少漫畫，都是以當時電影界的種種現象為題材的，如《新片試映日之導演者》，生動地捕捉了導演在影片試映之日膽顫心驚、等待判決的焦慮神情；《姿態好表示他的本領大》，則諷刺了影界中某些人故作姿態的現象。

1926年5月，民新影片公司的刊物《民新特刊》創刊時，他應主編之一魯少飛的邀請，擔任特約美術編輯，負責刊物的總體編排。但實際上，這時的黃文農已對從影產生了悲觀失望的看法，他在這年12月出版的第3期《民新特刊》上，發表了一篇題為〈藝術家和電影界〉的文章，認為電影不僅僅是商品，更是藝術，而藝術家在電影界卻無地位，受股東無理干涉，「呼之來就來，喚之去就去」；有的藝術家只得遷就股東，受制經濟，使影片「去藝術太遠矣」。黃文農表示，自己的態度是：「寧可窮到底，不可窮沒志氣，自暴自棄。」他寫此文時已決定脫離電影界，另尋藝術之路，原因就是他文中所說的：不能施展抱負。

從1927年起，黃文農將整個身心投入到了漫畫創作之中，但他沒能完全忘卻曾經給他帶來過美好幻想的電影藝術，因此仍對電影

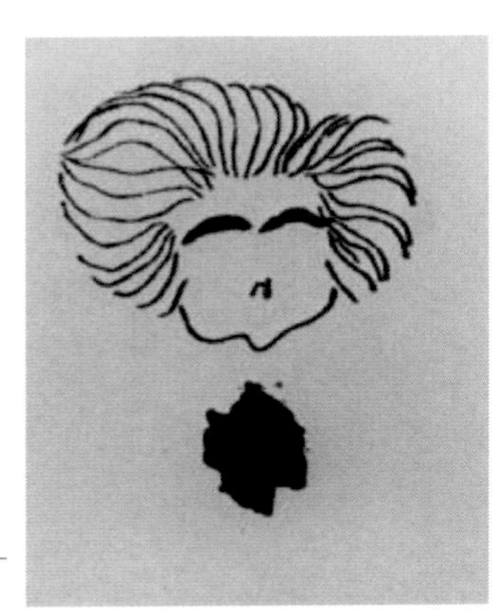

黃文農自畫像。

界表示著關注，有時還忙中偷閒，給電影刊物畫幾幅漫畫，或直言不諱地寫出自己對影壇一些事物的看法。他編《上海生活》時，有感於不少明星熱衷於虛榮捧場和物質享受，特寫了一篇題為〈一個重要問題〉的文章，對此提出批評，並表示「我們決計除了對於有價值的片子說幾句話外，其餘明星的生活暫時取冷淡態度。我們奉勸一般所謂電影明星者，趕快顧到心的一方面罷」。言辭雖然刺耳些，但卻蘊含了黃文農對電影事業的一顆殷切熱望之心。

1934年6月21日，黃文農在風華正茂之年，因貧困和勞累過度而溘然長逝。他孤獨一人，無依無靠，喪事還是由他的朋友張光宇、葉淺予、邵洵美等人資助操辦的。

三、影響最大的「觸電」鴛鴦派作家——包天笑

20世紀20年代中期，在中國電影界內，舊派文人是很活躍的一支力量，尤其在編劇方面；而包天笑是其中最早與影壇接觸者之一，也是寫得較多的一個，影響也可以說最大。

包天笑（1870-1973年），江蘇吳縣人。他原名清柱，後改名公毅，字郎孫，筆名有拈花、天笑、釧影樓主等。26歲時，他創辦《勵學譯編》雜誌，並發表翻譯小說《迦因小傳》（與蟠溪子合譯），從此步入文壇，發表了大量著譯，並主編有《時報·餘興》、《小說時報》等大量文學報刊，成為當時舊派文人的主要代表作家之一。他之所以與影壇發生關係，是有其歷史淵源的。早在1914年，鄭正秋在主持新民社排演新劇時，就看中了包天笑在《時報》上連載翻譯的《空谷蘭》，便請他改編成新劇，由新民社搬上舞臺，受到觀眾的歡迎。後來，雖然他們各自忙於創作，沒有功夫經常往來，但在彼此的心中，都深深地印上了對方的印象——有良心的藝術家和有良心的小說家。從1923年起，鄭正秋以《孤兒救祖

記》為契端，開始拍攝以社會問題或家庭倫理關係為題材的「長片正劇」，包天笑的作品再次納入他關注的視野。1925年3月，鄭正秋邀包天笑見面，正式向他提出了明星影片公司準備改編他的作品的建議。基於彼此的瞭解，也由於「明星」給予的豐厚報酬，包天笑很爽快地答應了。從此，包的作品被源源不斷地推上銀幕。

據統計，根據包天笑的作品改編的影片大約有12部，其中包天笑自己執筆改編的有9部之多，另外鄭正秋改編的有2部，張石川改編的有1部。這些作品的母本，有的是包天笑的創作小說，有的是他的翻譯作品，如《小朋友》譯自法國作家馬婁的《苦兒流浪記》，《良心復活》譯自俄國作家托爾斯泰的《復活》，《空谷蘭》譯自日本作家黑岩淚香的譯本《野之花》（原作者為英國女作家亨荷特），《可憐的閨女》改編自他的小說《誘惑》，《多情的女伶》改編自他的小說《恩與仇》，《掛名的夫妻》改編自他的小說《一縷麻》等。這些影片往往從市民階層比較關心的某個問題入手，選

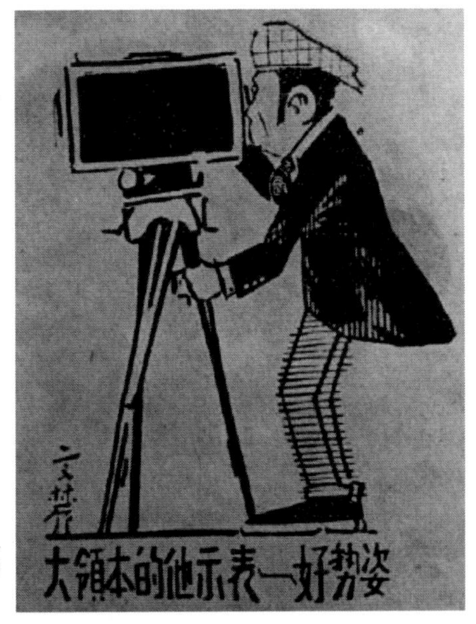

黃文農1925年創作發表的電影漫畫：《姿勢好——表示他的本領大》。

取原作的某一部分，加以精心剪裁、鋪墊，使影片從主題思想、故事情節到演員服裝、佈景擺設等都具有濃厚的民族特色；即使是翻譯作品，也加以較大改動，將劇中人物和故事背景都移到中國，使其充分民族化。如《小朋友》，寫一個有錢人家寡婦的兒子，因叔父企圖霸佔家產，謀害未遂，小孩被迫淪為流浪兒，最後母子團圓，害人者終落得害己的下場。《多情的女伶》，寫一個民間女藝人，因為失戀而嫉妒，當她覺察到情敵是救母的恩人時，毅然犧牲自己，成全他人。《掛名的夫妻》寫少女史妙文與表哥相戀，但在家庭包辦下，嫁了一個遲鈍愚笨的富家子方少鏈。史與方毫無感情，但方心地善良，感動了妻子。方死後，史立志守寡，拒絕了表哥的愛情。這些題材，如遺產繼承、包辦婚姻、知恩圖報等，都是市民階層普遍感興趣的問題。包天笑很注重對電影觀眾情趣的研究，他精心組織這些題材，將故事編得有聲有色，曲折動人，有懸念、有鋪墊、有高潮，還有一個大團圓的結局；在電影表現形式上，他也充分考慮到觀眾的承受力，如字幕編寫得是否通俗易懂，是當時影片能否獲得成功的關鍵因素之一，包天笑為此不惜打破自己的生活習慣，經常晚上趕到明星公司，和洪深等人一起商量如何編寫字幕。他自己對這個問題也進行過比較仔細的研究，為此還專門寫了一篇〈說字幕〉的論文，闡述自己的觀點。他認為字幕須從觀眾角度出發，考慮到中國觀眾的學識程度，不能只從導演角度自賞。他批評有些導演「以惡俗之畫，怪異之字，塗飾於字幕，以取厭於觀眾。大抵彼之影片，僅攝成為自賞計，而非欲貢獻於觀眾者，不然，何其不顧觀眾之心理，徒徇一己之弄筆耶？」包於笑自己編寫的字幕，則較多考慮到這樣幾個問題：一是繁簡得當，每部影片的字幕條數，盡可能既不過多也不過少。二是用白話，不用或少用文言。三是用短句、口語，不用或少用長句和文藝腔。正因為具有以上這些特點，包天笑編劇的幾部影片，上座率都很高，在營業上獲得很大的成功。如《良心復活》於1926年12月22日首映，本準備映至25日結束，後因日夜滿座，只能一再延期；《空谷蘭》公映後更是盛況空前，營業收入高達13萬2千3百餘元，創下默片時代的最高紀錄。

包天笑編劇的以社會問題或家庭倫理關係為題材的社會倫理片，可以說代表了當時影壇的主流，他的《良心復活》、《空谷蘭》等片，無論從內容和藝術上，都堪稱最能體現當時中國影片特色的代表作。包天笑的影片多少觸及到了所提問題的根源——社會制度和封建倫理道德觀念，這是它們的難能可貴之處，也是其價值所在。當然，即使是拍得較好的成功之作，其對封建制度的批判，也是與社會改良主義交織在一起的，與當時大革命時代的反帝反封建民主革命的主流相距甚遠。這一點，在根據他的小說《一縷麻》改編的影片《掛名的夫妻》上，表現得非常充分。《一縷麻》是包天笑1909年創作的一篇短篇小說，全文僅4千字，發表在同年10月出版的《小說時報》創刊號上。據作者自述：「這一故事的來源，是一個梳頭女傭，到我們家裏來講起的……『有兩家鄉紳人家，指腹為婚，後果生一男一女，但男的是一個傻子，不悔婚，女的嫁過去了，卻患了白喉重症。傻新郎重於情，日夕侍疾，亦傳染而死。女則無恙，在昏迷中，家人為之服喪，以一縷麻約其髻。』我覺得這故事，帶點傳奇性，而足以針砭習俗的盲婚，可以感人，於是演成一篇短篇小說」（《釧影樓回憶錄》）。如其所述，這篇作品的主題是揭露封建包辦婚姻的殘酷野蠻，作者也的確為此下了不少功夫，如用重彩渲染「某女士史妙文」的聰穎麗質，又用濃墨寫盡「某氏子方少鏈」的醜陋癡呆，以此來加重兩人的反差。但這條控訴盲婚罪惡的線索卻未能貫穿始終，到作品結尾，男為女而死，女為男而守節，完全超越了揭露封建婚姻的界線，包辦的一對成為先結婚後相知相愛的「患難知己」，而那位「傻新郎」也成了「貌醜情深」的公子哥兒。這樣就從控訴包辦婚姻一變而為宣揚「從一而終」的封建倫理了，前後轉了180度的大彎子。1927年，鄭正秋拍攝《掛名的夫妻》時，原封不動地繼承了小說的格局。這似乎是一種時代的倒退，但卻並不奇怪。這既與當時影壇的整個大環境及電影生產特殊的商業性有關，也符合當時一般市民階層的倫理道德觀念和審美情趣，同時也反映了包天笑和鄭正秋的思想認識水平。他們當時一方面有一種對封建婚姻不滿的「朦朧的覺醒」，一方面頭腦中又築有一道「保守舊道德」的堤壩，兩相衝突，於是在小說和電影中留下了這樣尷尬的格局。

包天笑除擔任電影編劇外，還發表有〈歷史影片之討論〉等電影論文，出任過中華國民拒毒會電影教育委員會的劇本評判委員，並在「明星」1925年出品的《新人的家庭》一片中上過一次銀幕，晚年還寫有〈我與電影〉的文章，回憶早年涉足影壇的經過。

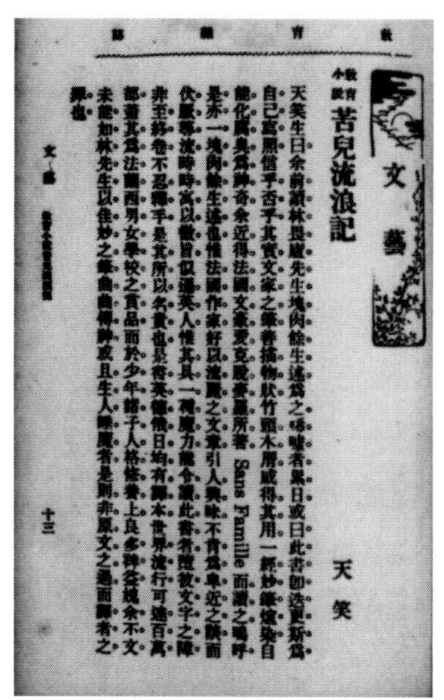

教育雜誌

文藝

教育小說 苦兒流浪記 天笑

天笑生曰余前讀林畏廬先生塊肉餘生述爲之唏噓者累日或曰此書即迭更斯爲自己寫照信乎否乎其實文家之筆善描物狀竹頭木屑咸得其用一經妙筆渲染自能化腐臭爲神奇余近得法國文家麥克默來所著 Sans Famille 而讀之嗚呼是亦一塊肉餘生述也惟法國作家好以流麗之文章引人異味不肯爲卑近之談而伏脈導流時時寓以微旨似遜英人惟其具一種魔力能令讀此書者覺文字之障非至終卷不忍釋手是其所以名貴也是書英德俄日均有譯本世界流行可達百萬部蓋其爲法國西男女學校之賞品而於少年諸子人格修養上良多裨益余不文未能如林先生以佳妙之筆曲曲傳神兼且生人歷履者是則非原文之過而譯者之罪也

文藝 十三

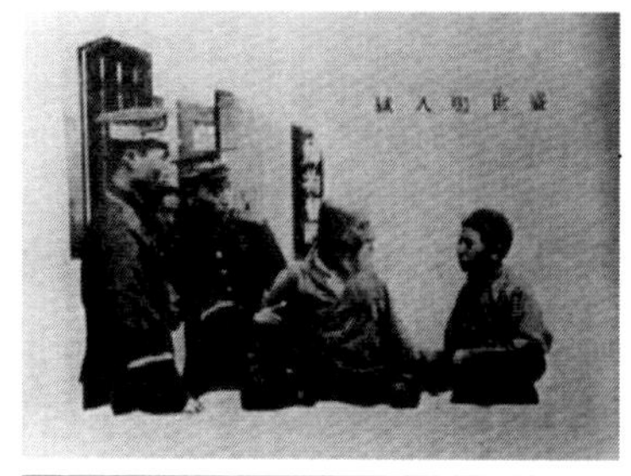

圖上：包天笑翻譯的法國作家馬婁的小說《苦兒流浪記》在當時曾風靡一時，1925年被明星影片公司改編成影片《小朋友》。

圖下：影片《小朋友》劇照。

說不盡的費穆——和《電影新作》編輯所作的訪談

張偉先生在上海圖書館工作了二十餘年，閱讀了無數第一手的資料，其中很多還是外面幾乎不得見的珍貴史料。他說，電影是他的愛好，因此帶著幾個同樣愛好的學生做著中國早期電影刊物、中國早期電影演員兩個專案的研究，從最原始的資料收集、整理工作開始做起，至今已有兩年。根據記載，建國前拍攝過的影片共有三千多部，現在留存可見的僅三百餘部，而普通愛好者通過極大努力可以購得的碟片又只有八、九十部，直接資料的缺乏給研究工作造成了很大困難。很多時候，研究者從當時人們直接間接的言論中拼湊起大概的樣貌；有些問題僅有孤證，很難求證得明白；更有些地方，只能憑想像來推論了。這些斷片、以及縫合這些斷片的努力構成了中國早期電影史的樣貌。斷片的魅力正在於它的殘缺，在於它能夠喚起的沉寂於久遠年代的記憶，更在於那些能夠感知、卻無法被召喚出來的記憶。

這一次的話題關於費穆，大家都十分喜歡的導演。他的人生和他的作品，都值得我們一再回顧，而每次回顧又都能有新的發現和感悟。跟著張偉先生一起回顧費穆僅度過了45個年頭的一生，發現每一段歷程都包含著許多值得深入討論、大書特書的題目，比方：他對電影的認識以及個人藝術風格的形成、他身上表現出來的中國知識份子的氣質、他對自己人生和藝術道路的堅持、他在各種因素的錯綜之間所作的各種抉擇等等。像費穆這樣的藝術家如同冰山，當我們看到露出水面的山尖在陽光下閃爍的光芒時，沈默於水面下的山體早已為我們備下了無盡的寶藏。——《電影新作》編輯金天逸、實習生袁堅（復旦大學中文系在讀博士）

引子：出生（1906，上海）

費穆1906年生於上海。他的人生道路，大致可以劃分為三個階段。

上篇：啟蒙（1916-1931，北京）

1916年到1931年，是費穆的學生時代。 1916年，費穆全家由滬遷京，他入北京師大附小，一年後轉學，就讀於市立第五小學，畢業後升學，在法文高等學堂就讀。他的法文等基礎是在那時候打下的，此後又開始對電影最早的接觸和嘗試。1924年離開學校後，先後任臨城礦物局會計主任、天津中法儲蓄會文書主任。由於對電影的興趣越來越濃，業餘常為朱石麟主編的《真光影報》撰寫影評，並於1930年接替朱擔任《真光影報》的編譯主任。此外他還在華北電影公司做了兩年英文字幕翻譯和編寫說明書的工作，並曾做過導演侯曜的助手。他對電影的認識、電影的基礎就是在那時候奠定的。通過看電影、寫影評、編刊物、做副導演，他不斷吸收、不斷嘗試。可以說，這是他一生藝術道路的「啟蒙階段」。他並不是專業做電影的，電影對於他，最初只是一種個人愛好，先有了興趣作為內在的動力，後來是一種工作，於是又增加了外在的壓力。他看過很多中外電影，所寫的也都是很嚴謹的影評文章，從觀看到消化，此後如何再表現出來，所剩下的就只是時間問題了。事實上，早年的這些經歷，塑造了費穆的性格，也造就了他所具備的素質。

費穆「自幼就愛看書，每天晚上讀到深夜，等床頭的油燈燒乾為止」；他的「法文非常流利，此外他也懂英、德、意、俄等多種外國文字」，同時「對於中國的詩詞、古典文學作品特別喜愛，並且深有研究」[註1]。憑藉超強的外語能力，費穆得以直接觀看大量國外的電影，據說他看過上千部電影，最喜歡歐洲電影的藝術風格。天賦的才氣加上後天的努力，費穆逐漸形成了對電影的基本認識，並很快掌握了電影導演必備的技能。由於他學貫中西、喜歡讀書、喜歡思考，因此成為少有的學者型導演。

中篇：創作（1932-1949）

1932年，費穆到上海拍攝了他的第一部影片《城市之夜》，電影界同行和影評界對這部影片的評價都很高，這充分證明了他的藝術天賦。此後一直到1949年建國前，他在電影、話劇和文章方面的創作都留下了許多優秀的作品。這是他藝術創作的主體階段，也是研究者研究的主體。這個主要創作階段，又可以劃分為一個三部曲。

第一部：電影——轉向獨立執導的人生之路（1932-1935）

1932年，費穆的人生歷程發生了一次重要的轉向：他終於突破各種阻礙，正式進入電影界，離開北京前往上海，進入「聯華」公司，同當時的大明星阮玲玉、金焰合作，執導拍攝了自己的第一部影片《城市之夜》。影片於1933年3月8日上映，受到觀眾的熱烈歡迎，也受到左、右翼同時的好評，這充分說明了導演及其作品的成就。當時的影評說：「在第一次的作品中，得到了這樣的成績，這是我們不能不對他表示極大的敬意的」[註2]。費穆工作作風踏實、勤奮，同時又富有藝術修養、才華橫溢，因此不僅贏得了演員的理解，也獲得了公司老闆的尊重和信賴。此後，他又接連拍攝了《人生》、《香雪海》、《天倫》三部曲，同樣獲得了很大的成功，並在一系列影片的創作實踐中逐步探索，漸漸開始形成自己獨特的藝術風格。這是費穆開始獨立執導電影的階段。在這個階段內，他拍攝了不少電影，並逐漸形成了自己的風格。但是非常遺憾，他早期拍攝的這些電影現在絕大部分已經都看不到了，對這個階段的研究在資料上存在著困難。我們現在對費穆此時期創作的研究基本上只能依靠紙媒文獻，就是僅存的一部《天倫》，也是美國電影界同行當年的剪輯本，只能算是費穆的半部創作，這是我們必須面對的苦澀。

第二部：話劇——選擇知識份子的愛國良知（1936-1945）

1936年，費穆拍攝了電影《狼山喋血記》。這是一部寓言性質的影片，以打狼喻指抗日，被譽為「國防電影」的代表之作；1937年拍攝的短片《春閨斷夢》（聯華交響曲之二）寓意、手法相似，而更具表現主義特質。1937年他還拍攝了中國第一部有聲京劇戲曲片《斬經堂》，以及《前臺與後臺》、《鍍金的城》、《北戰場精忠錄》等幾部影片。1940年，他在民華影業公司拍攝了自己這一時期的代表作《孔夫子》，1941年又拍攝了《世界兒女》（編劇）、戲曲集錦片《古中國之歌》以及《洪宣嬌》、《國色天香》等影片。

日軍進佔上海「孤島」後，費穆不願與日軍合作，退出電影界，轉向話劇，先後加入或組建過「天風」、「上藝」、「新藝」、「國風」等劇團，導演了《清宮怨》、《紅塵》、《日出》、《楊貴妃》、《秋海棠》、《孤島男女》、《浮生六記》

《蔡松坡》、《王昭君》、《梅花夢》、《小鳳仙》、《鐘樓怪人》等多部話劇。

抗戰爆發後，費穆主要的活動基地仍在上海，其間去過香港，但時間不長。他的創作環境是「孤島」、是淪陷區。當時創作的幾部影片現在絕大部分已經看不到了，這個階段內他主要的活動是話劇，話劇作品則更不可能留存下來。事實上，費穆對話劇有獨到的見解，在排戲、音樂、佈景、調度等各方面都表現出鮮明的個人風格，完全可以自成一派，但這一方面的研究卻長期被忽略了，成為費穆研究中最差的一段——電影研究往往掠過而已，話劇研究又少有涉及。究其原因，主要有兩個方面。一方面是資料的缺失，由於話劇的特殊性，現在已無法看到當時上演的任何一部，當然如果進行挖掘的話，應該還可以還原一部分，只是現在整個環境有些過分浮躁，很少有人能夠沉下心來收集史料。

費穆排過多部舞臺劇，留下的劇本卻幾乎沒有，因他自己說這些都只是「過眼雲煙」。其實費穆拍電影也是這樣，他幾乎不按照本子拍戲，本子的作用對他而言，其一是給投資的老闆看的，其二是給演員知道基本的故事和人物關係。實際拍攝的時候，他有很多即興的發揮，善於捕捉臨時的靈感，最後他還有導演的功夫——剪輯。因此他不出版劇本。

費穆對自己想做的事情非常明確，話劇對於他而言，只是在日偽環境下，要活下去、卻又不想做漢奸的權宜之計，因此並不是最佳的藝術作品。 資料的短缺，固然由於話劇藝術本身的現場性、即時性特點，而相關文字資料尤其是劇本的缺乏，卻又與費穆作為一名知識份子、同時又是一位藝術家的選擇有關。他對所作的選擇堅持著自己的原則，又對所做的事情保持著難得的清醒。正所謂「慷慨易，從容難」，對自己所追求目標的堅守、以及對當下所選擇道途的清醒的隱忍，使費穆顯出一種睿智的成熟。

對費穆這一段話劇創作研究的忽略，另一方面的原因是淪陷區研究至今仍存有隱性的禁忌，至少一般認為那是日偽的、灰色的、頹廢的，評價都是負面的，因此整個這一段的研究都非常差。事實上，費穆不肯加入受日本人控制的電影公司，退出了電影界，之後參加的第一個劇團「天風」與國民黨週邊地下組織有密切的關係。這個劇團的後臺人物是趙志游，而趙志遊又是由國民黨當時在上海的地下組織負責人平祖仁直接聯繫的。當時國民黨地下組織分為「軍統」、「中統」兩個派系，他們屬於「軍統」這一系，任務就是盡可能地勸説人家不要做漢奸，如果有人做了漢奸，則對之實行暗殺。這樣看來，其實當時國民黨從事的工作與共產黨在很多方面是一致的。「天風」解散後，費穆又先後組建了「上藝」、「新藝」、「國風」等劇團，往往是被封掉一個，又另建一個。其間他還從話劇界退出過一次，因為不想為汪偽慶功而解散了自己的劇團，等風頭過後再成立一個。如此種種，可以看到他在特殊時期沉重壓力之下既堅持自己原則、又要維持劇團眾人生計的苦心。費穆曾經説過，自己「大道理要講，骨氣要講，不會含糊」，但自己又是藝術家，是「不會喊口號」的。他並不表現為大義凜然的那種樣子，而是一個有節氣的知識份子；他在那個時代所作的選擇，也不是意識形態的問題，而是民族性的問題。在當時的歷史環境下，民族性上升到了最高層次，對那段歷史的評價也不能從意識形態出發來作出。

第三部：電影——形成導演藝術的個人風格（1946-1949）

抗戰勝利後，費穆被推舉為國民黨電影界的接受大員，當時舉薦他的是國民黨上海地下活動的負責人。但重慶方面認為他們一直在淪陷區，身份不夠清楚明瞭，隨即又派了別的人，因此費穆很快被架空，不過是擔了一個虛名而已。但他卻因此不僅受到國民黨方面（「中電」）的排擠，同時還受到左翼方面的懷疑，兩邊都不討好。有一個細節可以看出費穆當時的尷尬處境：當年電影界在拍攝完成一部影片後一般都有內部試映，有一個時期，各方面都沒有人給費穆發請柬，有一次他等在劇院門口，一直到開映都沒有拿到入場券。[註3]

費穆在抗戰勝利後的第一部電影創作，是始終沒有完成的影片《錦繡江山》，這部片子是由他主持的上海實驗電影工廠拍攝的。1947年，費穆加入了吳性栽的「文華」電影公司，開始拍攝影片《小城之春》。當時老闆本來就在拍一部影片（《好夫妻》），覺得租用了攝影場只拍一部片子有些浪費，同時套拍一部可以攤平成本，但又不願意作大投資，只想拍一部小成本的片子。而《小城之春》這部電影的劇本出來以後，輾轉幾個公司、幾個導演之手，都沒有人要拍，於是費穆表示，「別人不拍那麼我拍」。由於經濟拮据，「就這麼點錢」，他只能用幾個演員、幾個場景，演員當中也沒有一線的紅明星，都只是些「中不溜秋的」，其中李緯還是費穆的同鄉。這部電影就是在這種情形之下拍起來的。然而在這樣的心態、這樣的氛圍下，大家反而能夠放得開，因此電影拍得很好。在比較輕鬆、隨意的狀態下，往往容易出精品，當然，這要有深厚的積淀作支撐。古今中外都有這方面的佳話。

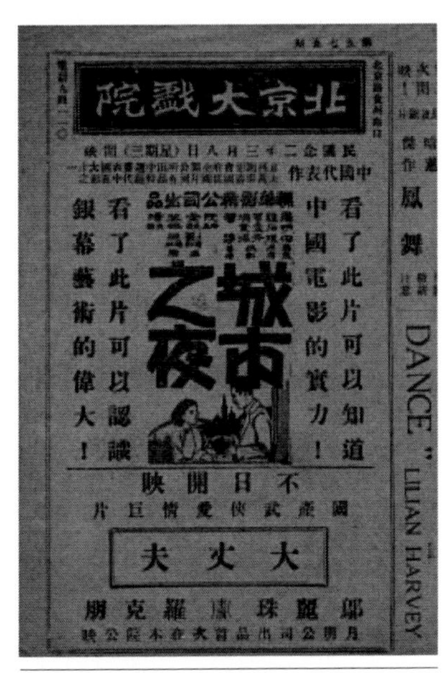

費穆導演的處女作《城市之夜》說明書，1933年3月8日首映。

該片劇本是李天濟的電影處女作，完成之後先由吳祖光送到

「國泰」，但「國泰」及「大同」的導演看了，都不要，又託曹禺推薦到「文華」。費穆從中看出了蘇軾〈蝶戀花〉的意境：「笑漸不聞聲漸悄，多情卻被無情惱」，並幾次對劇本進行修改，刪減、壓縮了場次、場景和人物，改動了開頭和結尾。他把劇中人物刪減為五人，但這五個人之間卻幾乎包括了所有的人倫關係，如夫妻、情人、朋友、兄妹、主僕……這些關係交錯糾結，又埋下了濃重的戲劇衝突，這就有很多東西可以挖掘。其中，他將「醫生」這個角色併入主角之一。這有一個背景：費家祖上行醫，他自己也懂醫術，在這個角色的把握上由於家庭背景以及個人因素的融入，刻畫起人物來更加得心應手，如果換一種職業，或許把握得還沒有那麼到位。 李天濟後來回憶，費穆「幾乎沒有增加什麼，但是經過他的刪削凝練，可以說是點石成金，我們追求的那種意境全都出來了」。[註4]

那麼影片中人物的關係與費穆本身的情感是否有關呢？費穆的感情生活很特殊：他接受了父母的包辦婚姻。關於他是否有婚姻之外的感情，他的女兒說：「不知道有」。費穆在這方面所奉行的準則，大概就是他對女主角韋偉所說的：「發乎情，止乎禮」。他曾經有一篇寫話劇的文章，說「本能是船，感情是帆，理智是舵」[註5]，

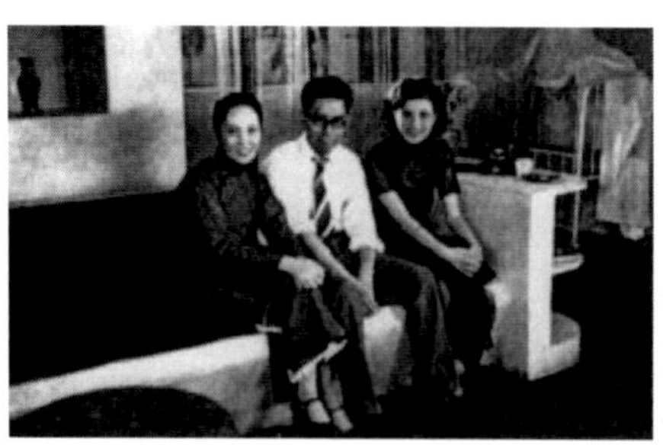

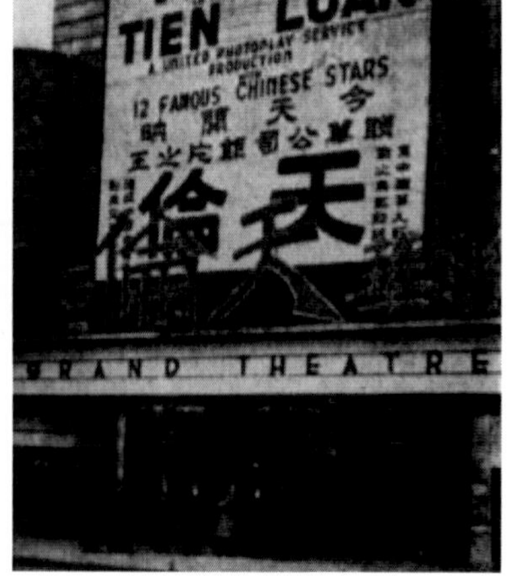

圖上：1934年拍《人生》時林楚楚、費穆、阮玲玉合影。

圖右：1935年12月《天倫》在大光明放映，這是國產影片首次在大光明正式公映。

也可以視作是他的「夫子自道」。他的意思大概是說，本能是混亂的，就像沒有方向的船，飄到哪裡是哪裡；而有了感情的帆，完全有可能變成加速運動；只有用理智的舵才能把握方向：哪些地方應該走，哪些地方不應該走，哪些地方應該往這裏走，哪些地方應該往那裏走。如此看來，費穆很有可能也有過情感的波瀾，但他自己卻能把握得很好。在他身上、以及在他的影片中體現出來的都是一種內斂的中國傳統做派。另外，費穆是家中的長子，要為兄弟姐妹樹立榜樣，就好像巴金小說《家》裏面的覺新一樣。中國的長子其實也是非常值得研究的題目。

《小城之春》可以說是費穆這個階段的總結性作品。在這部作品中，他以電影為手段探討了許多深層的矛盾和困惑，可以視作是對自己人生和藝術創作歷程的一個象徵性的總結；同時，在電影詩學方面，經過長期探索，糅合各種因素，也終於形成了成熟的個人風格。有學者認為：「他處在特定時代，卻也同時強烈地感受到了傳統與現代、個人與歷史之間的複雜矛盾關係。」[註6]這種複雜性體現在他與西方文化、「五四」新文化以及中國傳統文化的關係上，還體現在他與中國傳統戲劇之間的關係上。而在《小城之春》中，

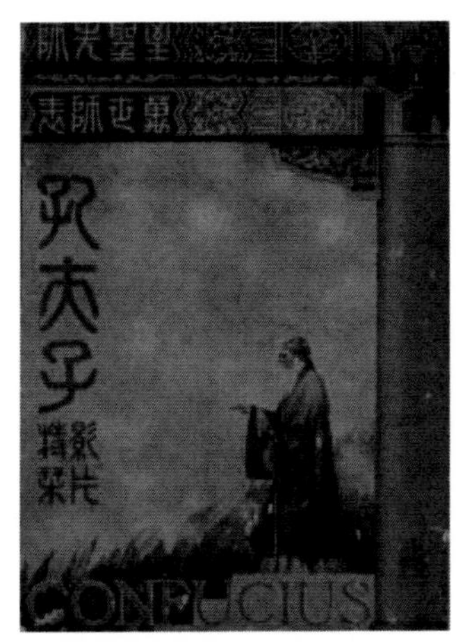

費穆編導的影片《孔夫子》特刊封面。

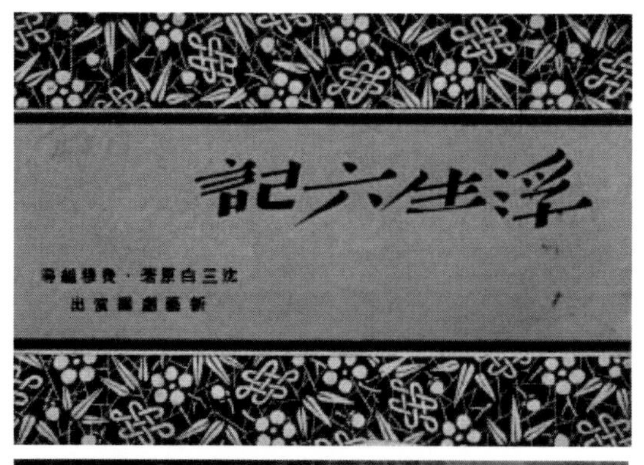

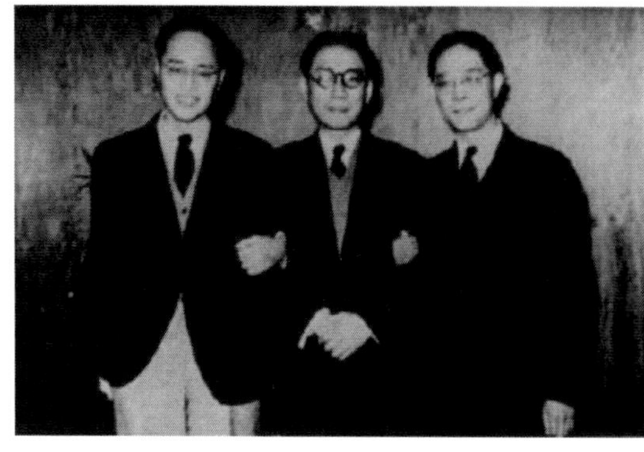

圖上：費穆導演的話劇《浮生六記》特刊封面。

圖下：上海淪陷後拒絕與敵偽合作而退出電影界的費穆（中）與黃佐臨（左）、吳紉之合影。

則更多地表現出一種渾然一體的融合，費穆終於找到了一種屬於自己、屬於自己的文化背景的電影詩學。

費穆一生與戲劇的關係密不可分，在藝術風格上受戲劇的影響很大，他的電影手法，將許多戲劇性的東西都融入進去了。這又涉及到電影史上很重要的「影戲觀」。以鄭正秋、蔡楚生等人為代表的人文倫理派，是當時中國電影的主流，也是發展的主要線索，他們主張電影應當講故事，而且故事越生動、越感人越好，比方當時就出現了許多「苦情戲」。但費穆卻主張電影的重點不在「戲」而在「影」，要拍一點「影的電影」，增加抒情的成分、情感的成分，因此他被人稱為「詩人導演」。另一位被稱為「詩人導演」的是孫瑜，但孫瑜的「詩人」氣質主要體現在他奔放的浪漫性上，如影片《大路》中群男的裸戲，從現在來看都是非常大膽的表現；而費穆則講究對電影鏡頭的處理、戲劇場景的運用、人物眼神的開發等，主要從藝術手法角度加以拓展。

下篇：餘聲（1950-1951，香港）

《小城之春》可以説是費穆最後的輝煌，此後他再也沒有重要的作品問世。1949年5月，費穆來到香港，創辦了龍馬影業公司。1950年他曾回過一次北京，卻被江青勒令先寫檢查，鬱鬱而返。赴港後第一部影片《江湖兒女》尚未拍竣，他便於1951年早早地過世了。

這一階段可以説是費穆藝術創作的空白期，值得研究的是：他為什麼赴港、又為什麼會有這樣的命運？

此後費穆由於種種原因，長期遭受冷落，直到20世紀80年代，才由香港電影界重新發掘出來，並漸漸地受到越來越多的重視和讚譽。人們認為他把中國傳統美學和電影語言進行完美的嫁接，開創了具有東方神韻的銀幕詩學。

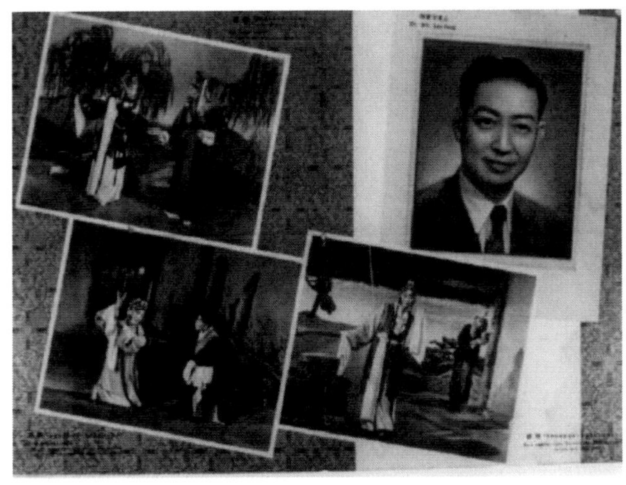

費穆導演的彩色影片《生死恨》劇照。

後記：點滴拼湊起來的費穆

我們現在說的，都是一點一滴拼湊起來的費穆。事實上對於費穆的研究，最重要的是有幾件基礎性的工作要先做，所謂「兵馬未動，糧草先行」。第一就是完整的文集，尤其是對他早期文章的收集和整理。這些文章很難找，不僅散落各處、而且當時他還用過許多筆名。第二是研究資料集，不僅要全文收錄主要的研究文章，而且要整理出所有研究文章的目錄索引。第三是詳盡的年譜，詳細到某年某月某日，他的發文、拍片、言論、參加活動、與人交往……等所有的生命歷程，一個完整的人生軌跡。這幾點如果都能做到了，對於費穆的研究和理解就能上一個臺階，同時也能夠給電影研究樹立一個標杆。事實上，這些基礎性的工作是所有學科進行研究不可或缺的，比如魯迅研究、茅盾研究、巴金研究……都有作家個人的文集、研究資料集和年譜，但在電影界卻一個都沒有。最起碼大師級的人物應該有吧，這裏面包括導演，包括演員，還有電影企業家（對他們的研究幾乎是空白），還有電影企業、電影流派等等。做研究都應當有基礎積累，不然無法深入下去。現在電影研究界有一種「枯竭」的趨勢，就著原有的這麼些材料翻來覆去地「炒冷飯」，這可以稱為是一種「乾做」。真正需要的是沉下心來，做好史料工作，在更多更豐富的材料的滋潤下才可能有更大的突破。

2007年1月26日

>>> 注釋

註1：費明儀〈懷念父親〉，香港《大公報》，1983年8月13日。

註2：阿龍等〈《城市之夜》彙評〉，《時事新報》，1933年3月10日。

註3：舒湮〈費穆的時代和時代的費穆〉，《費穆電影新論》，中國廣播電視出版社，2006年11月版

註4：李天濟〈為了飯碗幹上電影〉，《電影藝術》，1992年第4期。

註5：費穆〈舞臺劇《戀歌》序〉，載《戀歌特刊》1943年

註6：丁亞平〈一位大導演的精神肖像〉，《費穆電影新論》，中國廣播電視出版社，2006年11月版

飄逝風中的女星傳奇——答《第一財經日報》記者問

阮玲玉、胡蝶、周璇、王人美、楊耐梅……這些響亮的名字在某種程度上代表了中國早期電影的輝煌，她們通過何種途徑走上影壇？她們怎樣成為明星？她們的命運最終如何？

一、早期電影學校目的：培養女明星

記者：你在《滬瀆舊影》一書中談到，1922年明星影片公司所創辦的影戲學校是中國第一個培養電影演員的學校。他們當時創辦這個學校是基於什麼樣的考慮呢？

張偉：在上世紀20年代早中期，有很多電影學校出現，明星影戲學校是其中創辦時間最早、相對比較正規的一個學校。他們創辦這個學校，確實有他們自己的考慮。

在當時，搞電影的人主要是從新劇界轉過來的。新劇和話劇差不多，以說和表演為主，有時候有一些戲曲唱腔和身段表演。他們很自然地認為「影戲」就是用攝影機把戲拍下來，在銀幕上放映。但是舞臺表演和電影表演實際上是完全不同的演出體系。舞臺劇要誇張，形體動作和人物表情都要誇張。新劇的表演通過攝影機拍攝

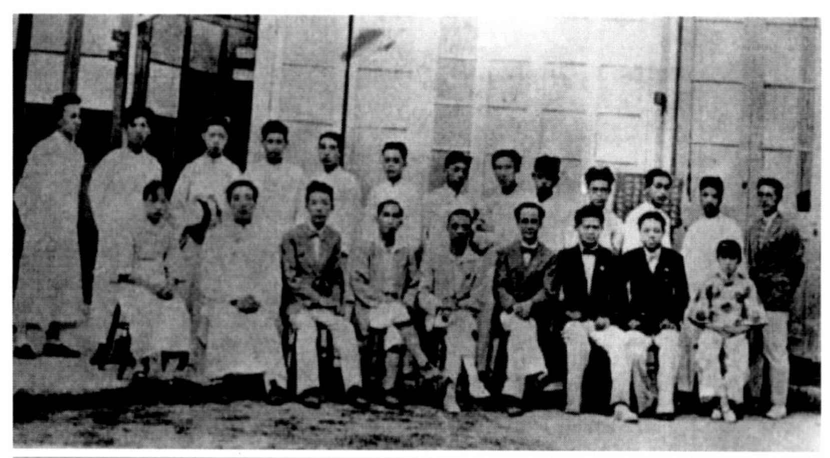

20世紀20年代中期開辦的民新影戲專門學校師生合影。
左四為民新影片公司負責人黎民偉，左六為導演侯曜。

下來放映，就讓人覺得非常做作。逐漸地，他們自己也意識到了這一問題。

1922年，哥倫比亞大學電影系教授葛雷谷率領佛拿羅影片公司的一個攝製組到中國拍攝外景。劇組主要在上海活動，由明星影片公司負責接待。明星影片公司的人就表演問題提出了自己的困惑，葛雷谷向他們詳細解釋了舞臺劇和電影表演的分別。於是他們就開始未雨綢繆培養新人，培養不受新劇束縛的新人。他們辦影戲學校的目的很明確，就是培養新人，特別是女明星。

記者：當時學校的規模有多大？主要上些什麼課程？

張偉：明星影戲學校每一屆大約有二三十個學生。學生以男性為主，女性很少，因為報名的女生就很少。但也培養了一些女星，如在《勞工的愛情》中演出的余瑛，就是影戲學校的第一屆畢業生。

學校開設的課程以表演為主。我見到過一張1926年明星影戲學校的試卷，上面的題目是這樣的：眼睛、嘴、手、腳和身體，哪一點對於演劇最重要？眼睛的表情有幾種？在表演時什麼叫單調、什麼叫過火？從這張試卷就可以看出當時電影學校的授課內容。

記者：在明星影片公司開辦影戲學校後，是否有其他一些公司仿效這種做法，也開始開辦電影學校培養新人？

張偉：在上世紀20年代早期，和明星影戲學校幾乎同時開辦的電影學校很多。1924年，上海大戲院老闆曾煥堂創辦中華電影學校，專門請了一些名人負責招生上課，其中有劇作家洪深、導演陳壽蔭等；作家茅盾也曾應邀給學生開過戲劇、文藝常識等課。他們每週觀摩幾部影片，主要是國外影片，從中具體學習電影表演，並由老師進行講解

中華電影學校培養出的最著名的演員，就是胡蝶。據胡蝶自己回憶説，當時學校登出招生廣告後，她是最早報考者之一，和她同學的還有徐琴芳。當然，在1949年以前，還沒有像現在的上戲、中戲這樣很正規的電影學校。當時狀況比較好的電影學校最多也就上半年左右的課程，基本上屬於速成班性質。也就是説，學校把你領進門，讓學員知道一些電影基本常識和相關背景的知識，接下去就完全靠個人的天賦、努力和機遇了。

記者：你之前説，當時報考電影學校的女性非常少，是不是和當時的社會背景也有關係，當時有很多人認為，電影是罪惡的東西？

張偉：這是上世紀20年代早期的一種觀點。在中國電影發展初期，還沒有比較成熟的作品，很多人把電影演員當戲子看。戲子在男女關係上比較混亂，和一般的社會家庭倫理道德有隔閡。

劇作家洪深回國後開始搞電影，很多人説他「拿藝術去賣淫」。後來洪深也回憶説，他當時的處境非常困難，去找一些他認為非常優秀的、適合當演員的人，都遭到他們家庭的拒絕。怎麼能把正經人家的女兒送到這種地方去呢？這是當時相當普遍的一種觀點。所以一開始，報考電影學校的學生絕大部分是男性，女性很少。後來，有的電影學校打出女性報考免交學費的招牌，有些學校甚至把女生的膳食費都免掉了。這在很大程度上是由於生源不足。

但到上世紀20年代中後期、特別是30年代以後，這一情況就慢慢改變了。電影界出現了比較成熟的作品，出現了一些優秀的演員，很多大明星的工資非常高，每個月可以拿到幾百元錢，相當於一般公司職員的10倍到20倍。拍電影也容易出名。這對當時的年輕人有很大吸引力。這時開始有一些女性託人開後門報考電影學校，甚至有些人通過和導演、老闆發生曖昧關係走上影壇。人們的觀念漸漸發生轉變。

記者：除了報考電影學校外，還有什麼進入電影界的途徑？

張偉：除了電影學校，當時踏入影壇很重要的一種方式是「演而優則影」、「唱而優則影」。所謂演，是指演話劇、演歌舞、演戲曲。中國流行歌舞的開山鼻祖黎錦暉所創辦的「明月歌舞團」培養了很多專演歌舞的女孩子，如王人美、黎莉莉、周璇、徐來等等，在出名以後都被電影公司挖去拍電影。王人美拍了《漁光曲》，徐來拍了《船家女》，黎莉莉拍了《大路》、《體育皇后》，在當時都很轟動。還有一些是被導演看中，或者星探偶然發現的。中國電影第一代電影女演員，像王漢倫、殷明珠、宣景琳等，都是非常偶然地被導演看中的。

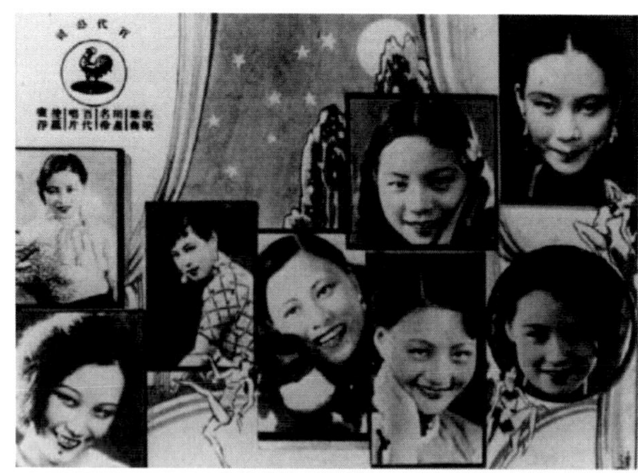

20世紀30年代最有影響的電影女明星，被當時規模最大的百代唱片公司「一網打盡」。

記者：這些明星踏入電影圈後，她們所在的電影公司是怎樣包裝她們的？當時對明星的一整套包裝是否已經非常成熟了？

張偉：應當說上世紀30年代對明星的包裝已經比較成熟了。可能在規模和成熟度上不及現在，但已經有了非常成功的操作範例。

最成功的一次操作要數明星影片公司推出的、由楊耐梅主演的電影《良心復活》（根據托爾斯泰的名著《復活》改編）。楊耐梅早胡蝶和阮玲玉一輩，是無聲片時期最紅的女明星，以演風流角色出名。靠首映式吸引觀眾的做法在當時不算新鮮，但是明星影片公司仍然煞費苦心地搞了一個非常新穎的儀式。

當時還是默片時期，沒有電影音樂和電影插曲一說，明星公司卻請了名家為電影創作了插曲《乳娘曲》。首映式上，電影播放到最煽情的一段，楊耐梅所扮演的女主角回到家裏，要給自己的孩子餵奶。她唱著《乳娘曲》，卻突然發現她的孩子已經死了。這時候，放映突然中斷，觀眾莫名其妙，以為發生了什麼事故。突然燈光大亮，幕布升起，觀眾看到舞臺佈景和剛才影片中的情景一模一樣，楊耐梅坐在舞臺上唱起了《乳娘曲》——無聲片一下子變成了有聲片。這是很煽情的一首歌，很長。歌唱完以後，幕布放下來，燈光暗掉，電影又接著放下去。

這種做法在當時尚屬首次，許多女觀眾淚流滿面，男觀眾都鼓掌叫好。此後報紙進行了連篇累牘的報導，放映《良心復活》的影院也接連幾天觀眾爆滿。

記者：應該說，當時的電影廣告也已經很發達了，而這種廣告最主要突出的就是明星。

張偉：上世紀二、三十年代的電影廣告，其宣傳規模已經非常大，當時報紙上四分之一版面，甚至半版、整版的電影廣告比比皆是，而明星的名字往往被放在最顯眼的位置。

1938年，新華影業公司老闆張善琨把陳雲裳從香港挖到上海，為了隆重推出這位新人，在她到來之前就鋪天蓋地地撰文宣傳她在香港拍的影片，登她的照片，稱她為「當今第一美女」，甚至傳出消息，說好萊塢也要請她去拍片。在陳雲裳主演的首部影片《木蘭從軍》推出之際，他們又做了立體廣告。這是一個幾層樓高的廣告，晚上用燈光打亮，當時很多人都用這個廣告做背景拍照留念，效果非常好。

廣告多了，也有不少明星為了排位順序而引發爭執。男明星金焰主演影片《武松和潘金蓮》，顧蘭君演潘金蓮，照道理順序應該是金焰、顧蘭君。但老闆認為女明星賣座，所以把顧蘭君的名字放得很大，金焰的名字比較小。金焰非常不滿，在一次喝醉之後怒撕海報。這件事情在當時也很轟動。

二、胡蝶、阮玲玉——兩位「電影皇后」的不同人生

記者：1933年，《明星日報》舉辦過一次「電影皇后」評選，在當時非常有名。最後胡蝶獲得了「皇后」的稱號，阮玲玉名列第三。

張偉：上世紀二、三十年代，中國至少選過幾十次「電影皇后」，不僅上海選，其他地方也選。每次選「皇后」，基本上獲得第一名的不是胡蝶就是阮玲玉——可以說，這是人們當時的普遍共識。

1933年，《明星日報》在創刊號上登出評選「電影皇后」的啟事，之後每天登出最新的票選統計結果，引起了廣大市民的關注。從同年1月1日開始到2月28日截止，胡蝶獲得21334票，名列第一，陳玉梅、阮玲玉分列第二和第三位。

這次評選是有很多貓膩的。當時就有報導說，明星影片公司在投票截止前的那晚，包了中國旅館的一間房，買了幾千份《明星日報》，把票統一投給胡蝶。所以胡蝶的票數是在最後一兩天一下子

躥上去的。儘管如此，大家對胡蝶在影壇的地位還是比較認可的。

阮玲玉所在的聯華影業公司是比較新派的。老闆是一個基督教徒，受過高等教育，對此類選舉不屑一顧，所以沒有人以公司的名義去幫阮玲玉投票。

評選結果揭曉以後，胡蝶的反應非常得體，以「國難嚴重」的原因再三推辭加冕。後來明星影片公司把「電影皇后」的加冕典禮搞成「航空救國遊藝茶舞大會」，將門票收入用來購買飛機支援抗日，胡蝶在大會上唱《最後一曲》，「莫待明朝國破恨永存」的歌聲打動了許多人。

記者：阮玲玉和胡蝶是當時影壇最著名的兩位女明星，然而她們的人生軌跡卻截然不同。

張偉：對。阮玲玉的身世非常悲慘。她的父親很早過世，母親在富人張家做女傭。阮玲玉從16歲開始就和張家四少爺張達民保持著情人不像情人、丫環不像丫環的關係，這種關係一直糾纏到她自殺。她在張家的地位很尷尬，張家老太爺死後，她想以媳婦的身份去祭

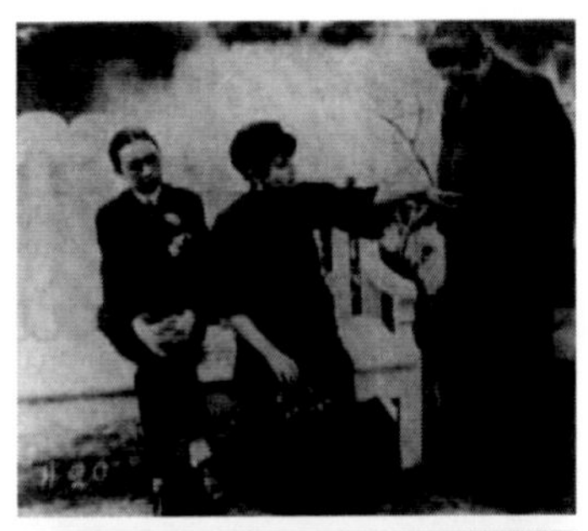

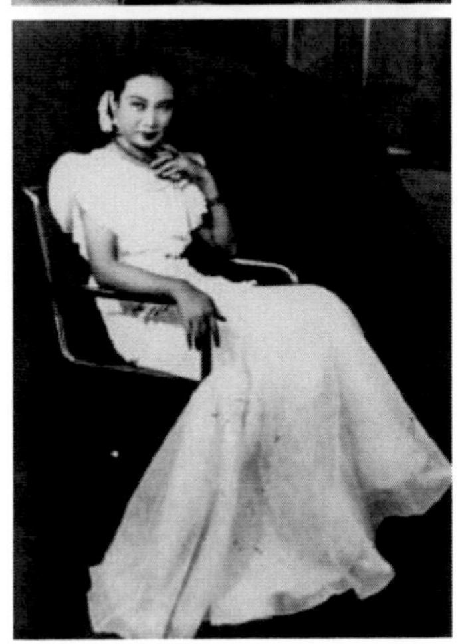

圖上：在《白雲塔》（「明星」1928年出品）中，阮玲玉和胡蝶有過唯一的一次合作

圖下：1935年的胡蝶。

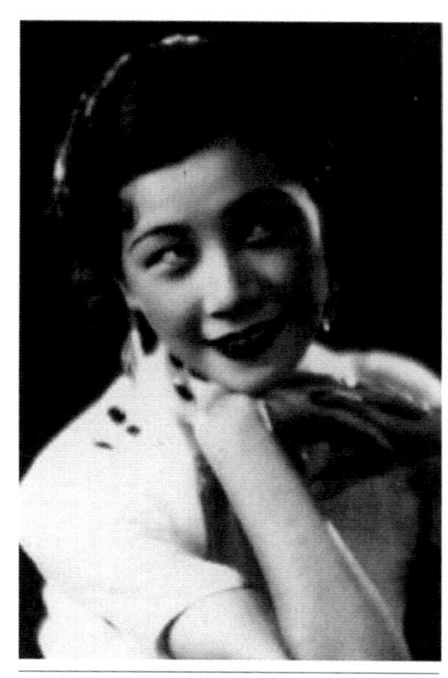

1934年的阮玲玉。

拜，卻被張家趕出門來。她的同居情人張達民很快就顯出公子哥兒的脾氣，整夜不回家，也不給她錢。當時她可能沒有勇氣脫離張達民，但她肯定有一種非常不安全的感覺。在這種情況下，她自立的願望是很強烈的。

阮玲玉是自己去投靠電影公司的。之前她沒有專門學過表演。但是她曾經在崇德女校學過一些諸如戲劇表演之類的課程，參加過一些彙報演出。她在報紙上看到了招演員的廣告，就去報考。阮玲玉的表演考試，開始的幾次都演得很糟，導演卜萬蒼也很沮喪。到最後一次，她演得正好是符合她身世的情節，一下子就發揮了出來。於是她就考取了，當了《掛名的夫妻》的主演。

但是阮玲玉在明星影片公司的確沒有很好的發展機會。據說「明星」的老闆張石川很嚴厲，看不慣阮玲玉和其他男明星拍戲時嘻嘻哈哈的作風。特別是後來胡蝶轉到明星影片公司以後，阮玲玉更不得志了。胡蝶是出了名的乖乖女，公司的人上上下下都很喜歡她。另外，阮玲玉雖然非常漂亮，但是她的美是有一點妖冶嫵媚、有一點野氣的。而胡蝶是當時中國最傳統的大家閨秀的樣子，比較富態，符合當時人的審美觀。

記者：似乎胡蝶的一生要比阮玲玉順利得多，也幸運得多。

張偉：胡蝶的出身比阮玲玉要好得多。她的父親是京漢鐵路的總稽查，胡蝶經常跟著他到處跑，接觸面也很廣，因此她的眼界比較寬。從她的回憶錄裏可以看到，她有一個非常開明的家庭，她的父親很尊重她的選擇，她的家裏人，她的親戚朋友，對她來說都沒有形成很大的壓力。所以1924年胡蝶報考中華電影學校的時候，沒有遇到很大的壓力和阻力。

在這點上，胡蝶很幸運。當時的很多女演員，像王漢倫、殷明珠等人，開始都遇到了很大阻力，為了演電影，她們有的瞞著家裏，有的甚至和家庭決裂。阮玲玉和她的情況也不同。阮玲玉要解決經濟問題，她的母親沒有更多的選擇。

記者：同時胡蝶也是很堅決的人，她和林雪懷的婚姻出現問題的時候，她很果斷地正式結束婚約；而阮玲玉卻是一個優柔寡斷的人，一直沒有處理好自己和張達民的關係，甚至最後由於張達民的關係，走上了不歸路。

張偉：阮玲玉的一生都很坎坷。1935年，她服用大量安眠藥自殺，當時她才26虛歲。在她死後，費穆寫過一篇文章，談到作為阮玲玉的同事和朋友，對阮玲玉的死都覺得很內疚，覺得自己有責任。阮玲玉是非常內向的人，她不願意把自己的悲喜和大家一起交流、共同承擔。當時，實際上大家都知道她碰到了很大困難，心裏很不高興。但是由於她的性格，大家都感覺不方便勸說，沒有跟她分擔。阮玲玉自殺以後，他們都質問自己為什麼不打破這種人之常有的想法，主動和她交流。

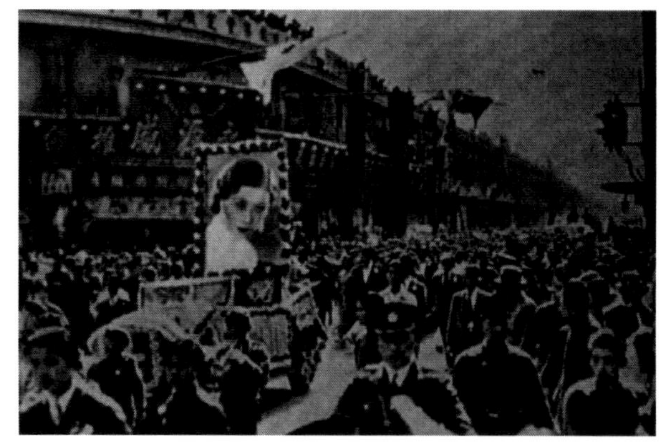

1935年3月14日下午13時，阮玲玉的銅棺被運往閘北聯義山莊安葬，送壽如潮，路為之塞。

阮玲玉的確是這樣的一個人。她始終沒有很知心的朋友，沒有很好的傾訴對象；而胡蝶就與她不同，她有一個相當完整的家庭可以分擔，她的人緣關係也很好，很多人理解她、幫助她。

記者：阮玲玉的命運似乎只是一個縮影，很多上世紀二、三十年代紅極一時的女明星，後來都像流星一樣隕落了。

張偉：實際上她們的藝術生命都很短，20年代往往紅不到30年代，30年代很難走到40年代——胡蝶是非常少見的常青樹。但她拍電影的黃金時期實際也不過10年左右。後來，很多人都靠拍電影認識了導演或政、經界要人，嫁人了。很多女明星的下場很慘，像楊耐梅、夏佩珍、袁美雲等，最後都走上了吸毒的道路。

記者：魯迅在《娜拉走後怎樣》裏，認為這是女性在爭取自我獨立的道路上遇到的挫折。你是否認為她們如此的結局，也是由於社會壓力所致？

張偉：我認為，阮玲玉自殺的一個很重要的原因緣自她的個性。當然我們現在更偏向於認為「人言可畏」，作為一個知名的年輕女性，阮玲玉肯定不希望自己的感情被別人交頭接耳地討論，何況要站到法庭上，她認為無法接受。這肯定是她自殺的一個很重要的原因。

其實，那時候的女性未必有自我覺醒的意識。上世紀二、三十年代的這些女明星，她們後來也寫過一些文章，也有人採訪過她們，問她們怎麼會淪落至此。她們都認為，是由於自己在紅的時候沒有好好把握，沒有做一個很好的理財規劃，以為自己會永遠紅下去。也有人重新振作起來，但她們的復出幾乎全部是失敗的。她們不願意走普通人走的路，不願意過那種平常刻苦的生活。要麼輝煌，要麼墮落，這似乎是她們唯一的選擇。很多人，有的最後不知所終，有的被迫強迫戒毒，也有的人，像楊耐梅，最後淪落街頭，結局很悲慘。

影片《黑籍冤魂》源流考

一部作品，要想分別在文學和電影、戲劇諸領域都獲得成功並不容易，而《黑籍冤魂》卻做到了。無論是在中國文學史、中國戲劇史，還是在中國電影史上，《黑籍冤魂》都堪稱是一部有影響的作品，如果分別按作品問世的時間先後排序的話，那麼應該依次是：小說、新劇和電影。晚清文壇有兩種題名《黑籍冤魂》的小說，一是彭養鷗著、二十四回的長篇，在此不贅；另一即吳趼人創作的短篇小說《黑籍冤魂》，該作品雖曾先後被改編成文明戲劇和故事影片，獲得很高評價，但卻長期被剝奪著作權，遭受不公待遇。對此，筆者想進行一番追根尋源的探索，披露這件湮沒了近百年來的文壇史實。

吳趼人的這個短篇，是在光緒三十二年十二月望日（1907年1月29日）發表於《月月小說》1卷4期上，署名「趼」，全文約6千餘字。小說寫「我」在晚上從張園開了戒煙會回家，路遇一名行將倒斃的煙客。煙客在將親手所寫的一冊本子交給「我」後即死去。「我」回家後一看，原來這冊殘破不全的本子是他一生的自傳。「我」就將其中的一些別字作了改正後公佈於世。整篇小說即是煙客的懺悔錄。用的是第一人稱。這種以「我」的所見所聞作為引子，說明小說內容的來源，然後引出他人故事的敘述方法，既有借鑒西洋小說表現技巧的痕跡，也受傳統小說和敘事詩的影響，形成

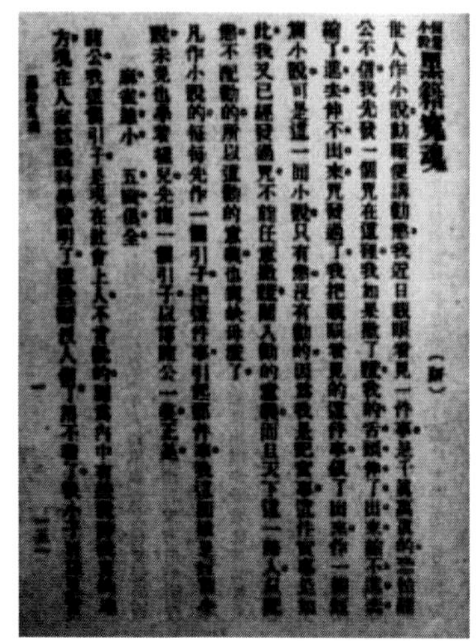

1907年1月，吳趼人的短篇小說《黑籍冤魂》發表在《月月小說》1卷4期上。

中西合璧的實錄體。這時期的不少小説，都採用這種倒敘和第一人稱的敘述方法，如蕭然鬱生的《烏托邦遊記》、誕叟（錢錫寶）的《檮杌萃編》、王濬卿的《冷眼觀》等。這種表現手法，對以後的「新小説家」也有較大影響，如徐卓呆的《溫泉路》、邵粹夫的《停車場》、包天笑的《牛棚絮語》、周瘦鵑的《雲影》等，因而可以説是具有比較廣泛的代表性，顯示了當時一批受到西方小説技巧的影響，欲圖革新，卻又身不由主，擺脱不了深受傳統文化束縛的小説家們創作的矛盾現象。

吳趼人的這篇《黑籍冤魂》，還有一段別具一格的楔子。這段楔子寫康熙年間年羹堯奉命平定西藏，路上兵餉用盡，乃令將廟中如來金像和五百羅漢銅像化汁鑄錢，並許願一俟得勝回朝，再照原樣鑄造。菩薩魂靈回到他們本國印度，一等再等，見年未踐其願，決定向所有中國人索討此債，於是化作罌粟花，製成鴉片，傾銷中國。此段文字將鴉片禍害納入了因果報應的圈子，自然有其消極處，但這是中國傳統小說的俗套，不足為怪；值得注意的倒有兩點：其一是點出了鴉片禍害的來源。人所共知，英國東印度公司是販運鴉片的大本營，僅在鴉片戰爭期間（1840～1842），該公司運到中國來的鴉片，每年就多達4萬多箱（約200多萬公斤）。小說含蓄地將東印度公司置於罪魁禍首的地位，矛頭直指英帝國主義。其二，菩薩本以超度眾生為業，而小說中的如來、羅漢則將一腔私憤泄向了芸芸眾生，這對當時沉浸於封建迷信的眾多善男信女來說，不啻是一貼清醒劑。這段楔子，很可能是流傳於民間或官場的一則笑話傳說。在吳趼人、李伯元等譴責小說大家的筆下，這類傳說、笑話大量登堂入室，和小說內容有機地融為一體，其中吳趼人猶善此道。他在《二十年目睹之怪現狀》等作品中，曾多次穿插運用過各類笑話，從他還曾用心收集編纂過《新笑史》、《新笑林廣記》、《俏皮話》、《滑稽談》等集子來看，他決不會僅僅將此作為招人一笑的文外之話來對待。他的很多笑話傳說，有的反映了當時民俗，將人民的心裏話形諸筆墨；有的則微言大義，隱寓了作者的創作動機。正因為如此，阿英才非常欣賞吳趼人這篇小說前的楔子，他曾指出：《黑籍冤魂》「篇前有一『入頭』，記當時流行之鴉片來源傳說，富有神話意味，其評價應較本義為高」（《中英鴉片戰爭書錄》）。

尤其值得重視的是，吳趼人的《黑籍冤魂》在當時所引發的廣泛社會反響。小說是實錄體，作者曾聲明寫的是「實事」，併發咒說是「親眼所見」；文中寫到的地名如張園，人名如曾少卿、沈仲禮等，都確有其地，確有其人。作品對鴉片危害的揭露也很有力，吻合當時市民的心理，因此給人以強烈的真實感和震動感。首先對此表示注意的是文明戲劇作家。清末民初期間，作為話劇萌芽的文明戲盛極一時，劇團眾多，調換劇目也非常頻繁。當時文明戲上演的劇目主要有三個來源：一是改編外國作品，如《空谷蘭》、《梅

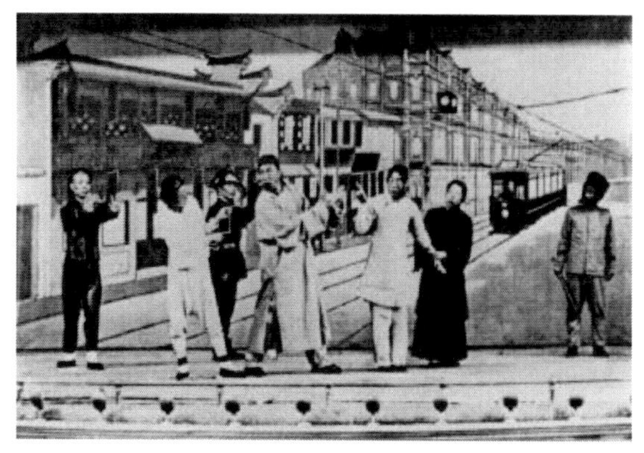

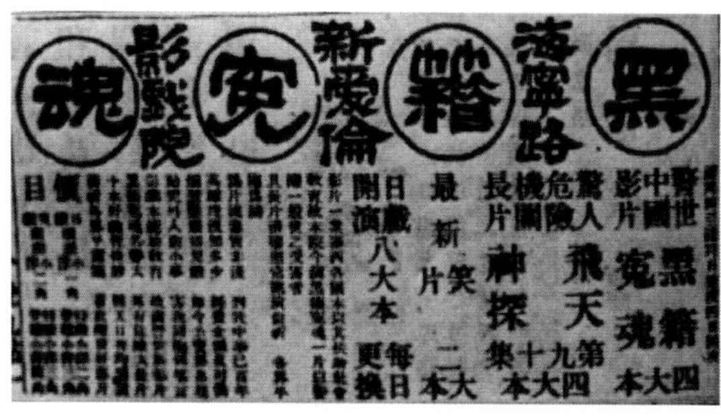

圖上：1910年新舞臺演出的文明戲《黑籍冤魂》劇照。
圖下：影片《黑籍冤魂》廣告。

花落》等；二是改編傳統戲曲，如《祝英臺》、《白蛇傳》等；三是改編當時的小說或時事記載，如《蔡鍔》、《中山被難》等。吳趼人的這篇《黑籍冤魂》於1913年被新民、民鳴等劇社改編成連臺本戲上演，編劇許復民，由夏月珊、潘月樵、七盞燈等著名演員扮演劇中主角。演出非常轟動，用當時報上的話說，是「連演數月而上座不衰」。但必須指出的是，《黑籍冤魂》在演出時並未說明原作是誰。由於當時缺乏版權觀念，即使翻譯作品，不寫明原作者的也比比皆是，更遑論改編工作了。也就在《黑籍冤魂》上演的同一年，由美國人依什爾等經營的亞細亞影戲公司恢復營業，第一部想改編拍攝的影片，就是正走紅的《黑籍冤魂》。後因夏月珊等索價太高，且考慮到劇本的內容與西人販運鴉片大有抵觸，於是才放棄，改拍了《難夫難妻》。1916年，張石川創辦幻仙影片公司，他也同樣選中了《黑籍冤魂》作為該公司改編拍攝的第一部影片。影片由張石川導演，於當年攝成，成為中國最初的幾部故事影片之一。原劇四幕，影片也拍成四本，一幕一本，類似現在的戲曲紀錄片。影片曾先後在上海及各地放映，產生了積極而廣泛的影響。直至1923年，這部影片還在上海作為反對鴉片公賣的宣傳武器，在新愛倫影院重新放映。權威的《中國電影發展史》對它的評價是：「影片《黑籍冤魂》通過這個封建大家庭因吸食鴉片而致家破人亡的悲劇，在一定程度上反映了當時鴉片流毒的社會罪惡。……它生動地揭示了鴉片的毒害，有發人深思的意義（中國電影出版社，1963年2月）。」我們如果將小說和戲劇、電影略作比較，可以發現，影、劇基本忠實於原作，在情節上沒有大的變動，但在某些方面還是作了一些改變的。其中比較重要的變動有：1. 敘述視角作了改變。小說是通過作者「我」的路遇，引出鴉片癮君子的自述，用的是第一人稱。在當時的條件下，影、劇很難表現這樣的視角，因此作了變動。2. 影、劇刪去了小說正文前的一段楔子。這樣一段富於神話色彩的內容，在當時確實很難將其再現於舞臺和銀幕。其他還有一些不同處，如小說中人物都是無名無姓的，影、劇則分別給每個人物取了富有諧音意味的名字等等。

必須強調的是，《黑籍冤魂》雖然名噪一時，但有關它的文獻保存和史實考證長期以來卻一直未受到重視。首先，由於當時文明戲和電影的改編者都沒有明確說明過他們的改編來源，因此，近百年來，作為中國近代文學史上唯一的一部被同時改編為戲劇和電影並因此而產生了廣泛社會影響的小說《黑籍冤魂》，未能受到應有的重視，這段史實也始終未被披露。現在是到了恢復歷史真相的時候了。其次，自二十世紀二十年代後，影片《黑籍冤魂》的拷貝就失去蹤影，下落不明，後人已無緣看到中國電影史上的這部早期重要作品，只能根據文字材料來儘量想像、復原當年的盛況。也正因為如此，我們現在所能看到的這本由新舞臺編演、發行，文明書局鑄版、印刷，宣統三年（1911年）九月出版的《〈黑籍冤魂〉圖說》就顯得格外珍貴難得。此書是以夏月珊為首的新民社演出《黑籍冤魂》的劇照集，卷首有〈凡例〉一篇，述其宗旨：「鴉片之害，盡人知之。夏氏月珊，尤視為己饑己溺，其志趣懷抱豈尋常伶人所能望其項背哉？記者與有同志，爰請其將所編《黑籍冤魂》一劇，擇其能發人深省者，映成照片，並附白話說明書，如禹鼎鑄奸，醜相畢露，俾閱者驚心觸目，及早回頭，庶茫茫苦海中不致沉溺無數冤魂也。」書中除刊有夏月珊、夏月潤、七盞燈、小連生諸演員照片外，主體部分是全劇四幕二十三場戲的劇照。每場戲選照片一張，劇情較多者加選一張，全部共收入四十三張劇照，每場並另附故事說明。劇照用五色銅版精印，層次豐富，畫面清晰，而且拍攝者抓拍極佳，人物神情生動畢肖，在九十年前的室內環境下，能拍攝出版水準如此之高的劇照集，堪稱十分不易。這本《〈黑籍冤魂〉圖說》對研究考察晚清時期新劇演出的舞臺背景、人物造型、服裝、道具等諸多方面皆有所俾益。此書印數不多，存世極少，但影響流傳卻很廣，現今出版物上凡有關《黑籍冤魂》的照片，均輒轉翻印自該書，甚至有將此作為電影劇照刊出的，識者不可不察。

中國最初的三部故事片

大凡熟悉一點電影史的人都知道，1921年及稍後問世的《閻瑞生》、《紅粉骷髏》和《海誓》是中國最早的三部長故事片，幾乎所有的中國電影史都是把這三部影片列為一章，作為中國電影正式走向市場的開端來敘述的。但令人遺憾的是，由於中國社會長期動盪，中國早期電影的文獻大都損毀嚴重，有關這三部影片的資料也出奇地少，不但影片的拷貝已無蹤影，就是影片的其他文獻史料也難以尋覓。而國外很多19世紀末、20世紀初的電影還能完整放映，至於影片的劇照、劇本、海報乃至電影票等等之類，更是完好無損地得到妥善保存。兩相對照，實在令人感慨。但筆者近來有重要收穫，在紀念中國電影誕生一百周年的前夕，我國最初三部長故事片的劇照，經過長期尋覓，最近都幸運地被先後發現，而且照片質量都不錯，堪稱中國影壇的一大快事。《閻瑞生》和《紅粉骷髏》的劇照雖然以前也有發現，但畫面都模糊不清，人物也幾乎已無法辨認；而這次發現的劇照畫面都很清晰，人物、情節一一可辨，對研究人員顯然很有幫助。

歷史往往因一些偶然的不經意之舉而添姿生色、搖曳多彩，一些「之最」、「第一」之類的創意更是如此。影片《閻瑞生》夠得上這樣的評價。1920年之前的中國，電影園地還非常荒蕪，只有零星幾部戲曲片和故事短片在支撐場面。從1920年開始，中國電影的

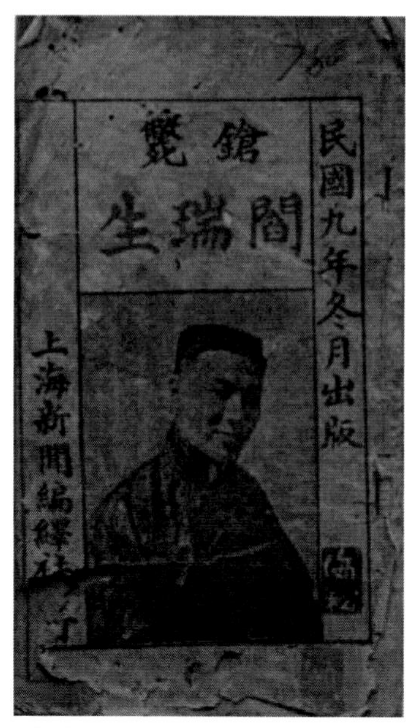

以閻瑞生事件為題材的書籍：《槍斃閻瑞生》，上海新聞編譯社1920年冬月出版。

拓荒者們在上海開始了從短片轉入長片的試製，最早開始嘗試的就是《閻瑞生》。事情是因一件真人實事而引發的。1920年，上海發生了一起謀財害命的案件：有一個揮霍無度、嗜賭成性的洋行買辦閻瑞生，因為向妓女題紅館借了鑽戒，抵押出去購買跑馬票未中，無法償還，焦急異常。一個偶然的機會，閻瑞生在友人朱老五（上海聞人朱葆三的兒子）處遇到名妓王蓮英，見她身上佩戴不少貴重飾物，頓起歹念。閻暗中購買了麻醉藥水和繩索，並得到洋行同事吳春芳的協助，假稱外出兜風，開了汽車，把王蓮英騙來，半夜裏在市郊北新涇處將王用繩索勒斃，搶去身上的飾物後移屍麥田。事發後，閻畏罪潛逃，幾經周折，終被捕伏法。此事在報端披露後成為轟動一時的社會新聞。上海新舞臺的夏月珊、夏月潤兄弟深知此事件的炒作價值，他們摸準觀眾心理，迅速將此命案改編成文明戲《閻瑞生》上演，賣座空前，竟歷時半年而不衰。這一事件同樣也引起了一群年輕人的興趣，和夏氏兄弟不同的是，他們借此施展身手的天地不是舞臺，而是銀幕。他們並不知曉，他們的這一番舉動將為中國電影正式進入商業市場拉開序幕，並且註定要在中國電影史上留下難以抹去的一筆。

這幾個年輕人分別是陳壽芝、施彬元、邵鵬、徐欣夫、顧肯夫、陸潔等。他們認為，既然大家對閻瑞生案件這麼有興趣，把它拍成時髦的電影就一定更會引起轟動。年輕人敢想敢幹，雷厲風行，很快就在上海的南京路西藏路口的一條弄堂裏，打出了「中國影戲研究社」的招牌。應該說，陳、施、顧、陸等人決意拍攝《閻瑞生》影片，絕非一時的魯莽蠻幹。陳、施、邵、徐四人都在洋行供職，具有一定的經濟實力，籌資拍片對他們來說並非太大的難事。而且他們都有較高的文化程度，平時也都嗜好外國影片，做一件自己喜歡而且又承擔得起的事情，對年輕人來說既愜意又刺激。顧、陸兩人更是超級影迷，他們一個從事律師，一個任職於青年會，但他們的電

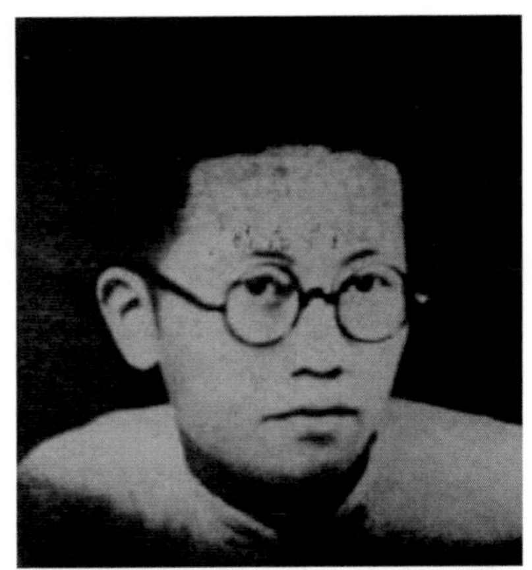

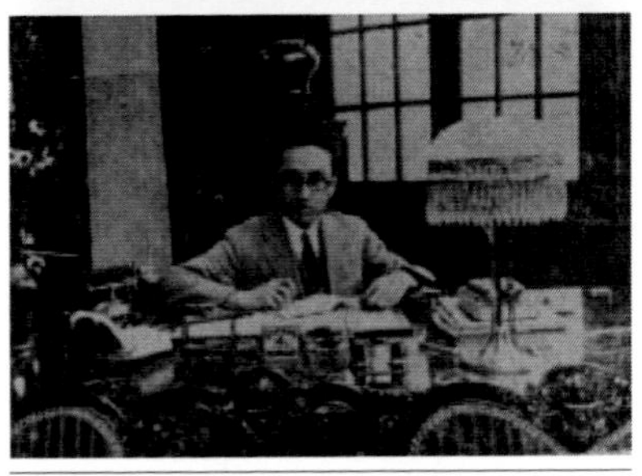

圖上：影片《閻瑞生》策劃人顧肯夫。
圖下：影片《閻瑞生》策劃人陸潔。

影知識，在當時的中國絕對屬於「專業」級水平。他們起意拍片，更是經過深思熟慮的。1921年他們聯手創辦的《影戲雜誌》，被電影史界譽為是「中國第一本電影專業刊物」，影響了很多人。以後他倆更雙雙正式「下海」，從事電影專業工作，在電影編導、電影行政管理等方面做出了不俗的成績。陳、施、顧、陸等人的聯手，應該說是頗佳的組合，以後的具體進程，也確實是陳、施等人負責籌措經費，顧、陸等人負責具體策劃。為了解決技術上的難題，他們邀請商務印書館活動影戲部進行合作，於是，「商務」的楊小仲、任彭年、廖恩壽分別擔任了影片的編劇、導演和攝影。就這樣，由中國影戲研究社出籌畫、出資金，商務印書館出專家、出設備，影片《閻瑞生》正式開拍了，時在1921年春夏之交。

1921年7月1日，《閻瑞生》首映於夏令配克影戲院，受到觀眾熱烈歡迎，結果連映一周，成為當時轟動影壇的一件盛事。人們甚至認為，《閻瑞生》的成功可以證明：國人處事只要盡其心力，精研日進，「安見不能與西人並駕其驅哉？」有人在報上發表評論：「劇中之情節，編製尚緊湊。演男女各員，均能適如其分。就中主要而最精采者，為飾閻之陳君，神情狀態，活畫一墮落青年，觀之

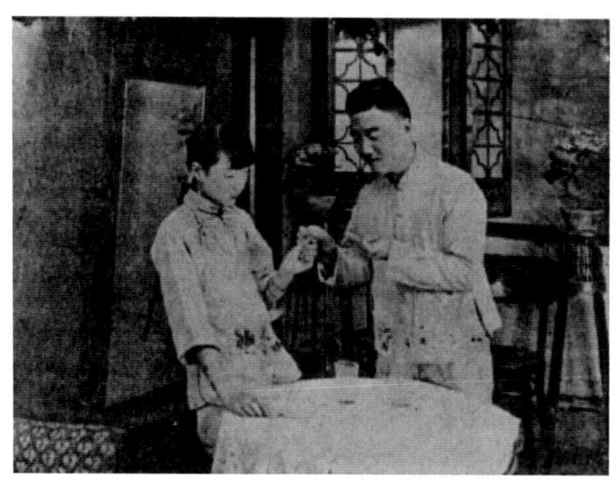

影片《閻瑞生》的劇照。

殊足發人深省，至面目相類真閻，尤其餘事。」又說：「一切佈景均與西片相仿，殊與各舞臺之亂七八糟者，不可同日而語。國人自攝影片，競能臻此境界，殊出意料之外。」（木公〈顧影閒評〉，1921年7月11日《申報》）這篇影評，可說頗能代表當時社會各界對影片《閻瑞生》的看法。以今天的眼光來看，《閻瑞生》影片也確實有其獨特之處。首先，《閻瑞生》片長10本，放映時間兩小時左右，是中國影壇第一部長故事片。雖然，它在藝術和技術上還很幼稚粗拙，但是它的試製完成，填補了中國沒有故事長片的空白，在中國電影史上有著劃時代的意義和影響，標誌著中國電影嘗試時期的結束和發展時期的開始。其次，影片在拍攝上盡可能使用真景實物，很多場景，如大世界、賽馬場、檢察廳、佘山、北新涇、徐州車站、龍華護軍使署等均是實景拍攝；字幕說明也為通行的白話文；演員更是選用非職業性演員扮演片中角色，如陳壽芝扮演閻瑞生，邵鵬扮演吳春芳，一位妓女出身但已贖身從良的婦女王彩雲扮演王蓮英等等。這在當時都堪稱創舉，既具賣點，也大大增強了影片的真實性和可看性。第三，為了吸引觀眾，影片在情節的設置和編排上下了不少功夫，整個劇情發展，既緊張曲折，又脈絡清楚，起承轉合，環環相扣，使觀眾看了大呼過癮。影片因此而成功地打入了外國人開設的影院，並連映一周，票房收入扣除成本，贏利達四千餘元，「中國影戲足以獲利之影像，始深映入華人之腦」（徐耻痕《中國影戲大觀》，上海合作出版社1927年4月版）。總括而論，《閻瑞生》可說是一部相當成功的商業影片。

但自《中國電影發展史》始，後起的電影史書對《閻瑞生》一片及其策劃者卻多有貶辭。理由無非是影片選擇殺人命案作為題材，迎合了觀眾的獵奇心理和低級趣味；中國影戲研究社的成員是「洋場惡少」，他們投資拍片就是為了追求盈利，大撈一把後就洗手不幹了。這些論點在今天看來都有漠視時代背景，對前人過於苛求之嫌。中國影戲研究社諸人拍攝《閻瑞生》是在20世紀20年代初，當時的影壇尚是一片荒蕪，他們不可能超越時代，在那樣的條件下拍出一部思想進步，藝術成熟的影片。只要他們在藝術上能超出前人，作出了自己的一些哪怕是微小的進步，就有值得肯定的地方。而且那時的上海文壇一片「閻熱」，僅書籍就有《閻瑞生謀害蓮英》、《槍斃閻瑞生》、《閻瑞生在監牢歎十聲》、《閻瑞生代驚夢》等十幾種；戲曲舞臺更是熱鬧，除了夏氏兄弟，很多戲班子都演過「閻」戲，就在影片《閻瑞生》放映那幾天，大舞臺、新舞臺、笑舞臺還都在演出各自的《閻瑞生》，而且不是頭本、二本，就是前本、後本的大部戲。在那樣的環境下，中國影戲研究社諸人選擇《閻瑞生》拍攝影片自然無可厚非，況且他們的藝術態度遠要比那些舞臺戲嚴肅得多。從另一方面說，捕捉社會熱點，貼近社會生活，似乎也不能把它純粹說成是一種短淺的商人眼光。至於「洋場惡少」之論更有失公允，至少顧肯夫、陸潔、徐欣夫等人是把自己的畢生精力貢獻給了中國影壇，且都作出了一定貢獻，值得後人緬懷。「追求盈利」之論就更不值一說了，投資拍電影而企圖牟利，應該是一個再正常不過的問題了。

《閻瑞生》雖然是中國第一部故事長片，地位堪稱重要，但影片拷貝早已不存，其他資料也非常稀少，連劇照也僅存一張，且影像十分模糊，難以使用。本文所附《閻瑞生》的這張清晰劇照是首次披露，彌足珍貴。劇照展示的是閻瑞生向題紅館借鑽戒的一幕，是影片中十分關鍵的一個情節，閻瑞生以後之墮落，其源頭即始於此。

《紅粉骷髏》是根據法國偵探小說《保險黨十姊妹》改編的。之所以選擇這樣的題材，據編劇管海峰在〈我拍攝《紅粉骷髏》的經過〉一文中回憶，這是「根據上海人的心理、口味」而決定的，因為當時各家影院都在放映《秘密電光》、《鷹面人》等外國大部連臺偵探奇險長片，很受歡迎，所以他們也模仿拍攝了這樣一部偵探片。《紅粉骷髏》的劇情雖然幾乎完全脫離中國的實情，但其結構首尾相連，完整而有序，很適合當時市民觀眾的觀賞趣味，故公映後觀眾非常踴躍。這次發現的《紅粉骷髏》劇照，表現的是青年醫生鮑宗瀛受骷髏保險黨女黨徒娟娘迷惑，幻想與其結為夫妻的一幕，畫面十分清晰，堪稱難得。

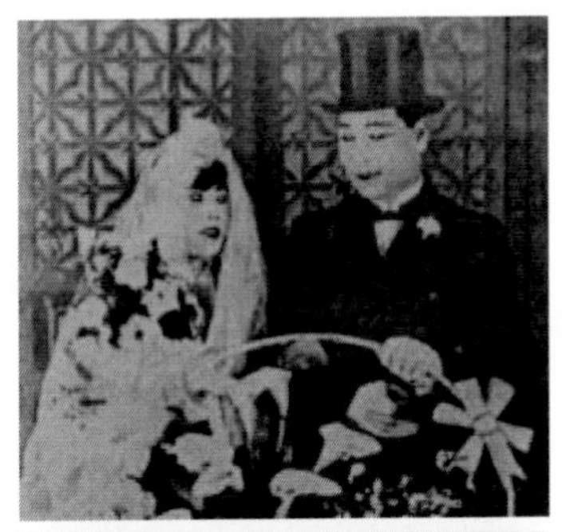

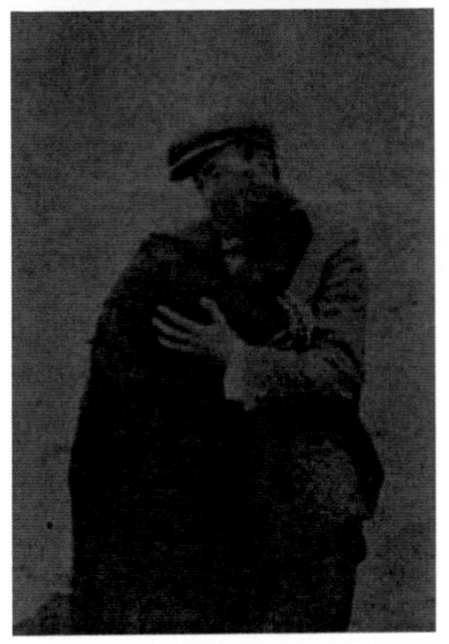

圖上：影片《紅粉骷髏》的劇照。
圖下：影片《海誓》的劇照。

《海誓》是中國第一部愛情題材的故事片，而且跟當時社會上普遍流行的「父母之命，媒妁之言」的婚姻不同，講述的是男女主人公自由戀愛的故事，顯然具有反封建的意義。但杜宇擅長繪畫和攝影，拍片追求唯美的感覺。《海誓》雖然片長僅6000餘尺，但所拍素材據說長達21000餘尺，片耗比接近4比1，這在當時幾乎是一個特例。本文所附這張劇照，畫面上一對男女緊緊擁抱，展示的是影片中非常重要的一幕：女主人公福珠於絕望中走向海濱，準備投海自殺。恰在此時，窮畫師周選青從報上看到福珠與表兄悔婚的消息，急追至海濱，於是一對有情人，終成佳偶。

《閻瑞生》等中國最初的三部長故事片，都拍攝公映於20年代初，但在大約十年後，這些影片的拷貝似乎就已不存於世了。1931年，上海影戲公司曾公佈過一份供發行商選購的可供影片目錄，其中已無《海誓》。隨著時光的流逝，這些老電影，不但拷貝，就連劇本、劇照、海報、說明書等等，也都難覓蹤影了。這次中國最初三部故事長片劇照的發現，希望是一個良好的開端，期盼著以後能不斷地聽到更多的好消息傳來。

田漢與影片《到民間去》的來龍去脈

田漢1926年編導的《到民間去》是中國電影史上的一部重要影片，它反映了田漢及南國社20年代中期的思想認識，並涉及到當時影壇和一些著名文人的活動情況，因此始終受到研究者的重視。但由於影片拍攝後未能公映，以後又一直下落不明，故關於這部影片的內容及拍攝經過，雖然發表過不少文章，但大多語焉不詳，有些則明顯與事實相違。筆者現根據當時的新聞報導和新發現的一些史料，對此略作考述。

一、《到民間去》的拍攝緣起

據田漢自述，《到民間去》的構思始於20年代初。當時田漢在東京留學，讀到日本詩人石川啄木的一首詩，詩中一群富於幻想的青年相聚一處，痛論社會改造大業的情景，使田漢產生了一種「異樣的興奮」，當即就在「心裏略略描寫著一種戲曲的場面」（〈我們的自己批判〉），其中就有小小的咖啡館、意氣奮發的青年和綺年玉貌的女侍等，這些場面以後均無一遺漏地出現在影片中。1926年初，神州影片公司的總經理汪煦昌找田漢為「神州」編導一部影

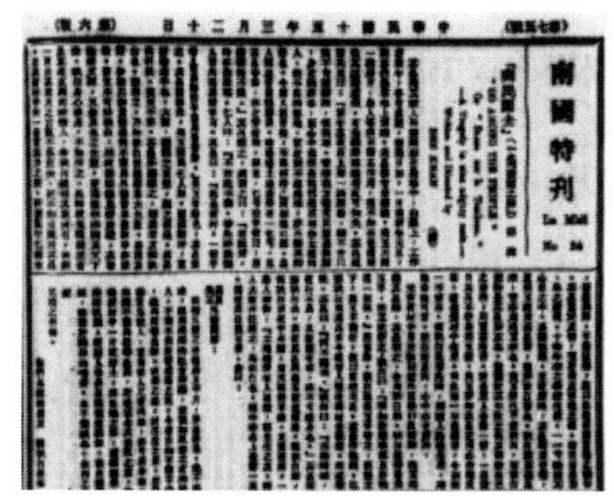
南國特刊

影片《到民間去》的劇本梗概於1926年的3月12日和20日，分兩次刊登在《醒獅·南國特刊》上。

片，並交給他一篇「湊成故事」，名〈社會之蠹〉，內容是讚頌那種「能為公犧牲人格」的人，因為汪以為「中國人最缺乏的是犧牲精神」。田漢思考了幾天，並不滿意這個故事，於是另起爐灶，寫出了醞釀已久的《到民間去》。2月7日晚，田漢帶著影片本事和幾幕簡單的腳本親赴神州公司，為汪及其他「神州」要人詳細解說《到民間去》的劇情。汪煦昌聽後卻認為「深刻是也還深刻，不過電影事業究竟是一種商業，恐怕拍出來不受『中下流社會』的歡迎，結果要折本。所以不敢拍」（以上引文均見田漢（〈《到民間去》附識〉）。8日，汪煦昌即將《到民間去》的腳本和本事交還給了田漢。於是，田漢只得先將劇本梗概在《醒獅·南國特刊》分兩次發表，時間是1926年的3月12日和20日。未幾，《南國特刊》即因田漢和「醒獅派」的決裂而宣告停刊。4月底，田漢發起成立了南國電影劇社，在籌得二百多元資金後，便毅然決定開拍《到民間去》一片。

二、《到民間去》的拍攝時間地點和演員

關於《到民間去》開拍的具體時間，以前只能大略定在1926年夏天，現在由於一張新發現的照片，可知至遲在這年的5月22日已

經開拍了。這張照片最初發表在1926年10月24日的《圖畫時報》324號上，題為〈南國電影劇社社員之攝影〉，旁邊有顧維傑的一段説明：「上海南國電影劇社男女職員及演員在陳抱一君畫室中攝影，中坐為文學家田漢君，其後為《到民間去》一片之主角吳嘉馨女士，右為唐槐秋君。」陳抱一（1893-1945）是中國現代著名畫家，早期曾留學日本，大概即在那時和田漢相識。1921年夏陳抱一回國，定居上海，在江灣築抱一畫室。這是一個十分歐化的油畫工作室，非知交好友或同道中人是不能輕易進入的。田漢能將抱一畫室作為拍攝場地，一方面是因為那裏的環境氣氛和影片內容比較吻合，另一方面也説明了他和陳抱一的關係非同一般。1986年，因美術界徵集陳抱一史料，陳居住在日本的女兒陳綠妮將這幅照片的原照提供出來公開發表。人們這才發現，原照後面尚有田漢的一段親筆題詞：「五月二十二日在抱一畫室拍《到民間去》之紀念。」很顯然，田漢的這段題詞是證實影片開拍時間的最原始的史料，具有無可懷疑的權威性。

《到民間去》的內景地，如前所述選在抱一畫室等處（當然還有其他地點，如徐家匯的新少年影片公司攝影棚等），外景則最初準備到普陀山去拍，後因交通不便作罷，改到了杭州，而且直到1926年的11月始成行。據當時報導，到杭州去的有十五、六人，幾

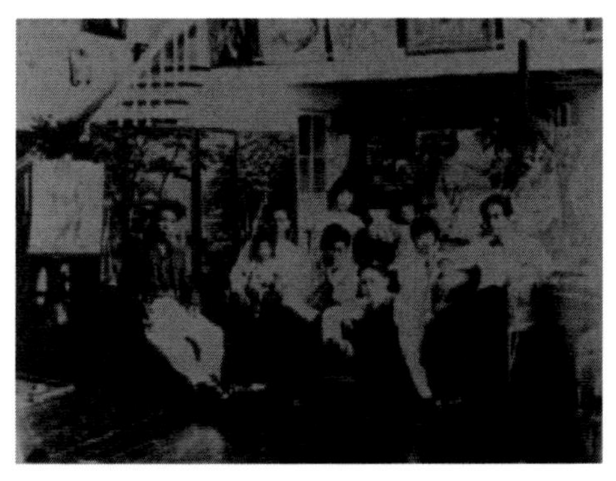

1926年5月22日，田漢率影片《到民間去》劇組到畫家陳抱一位於上海江灣的抱一畫室拍片後合影，中坐以手之頤者即田漢，抱女孩者為陳抱一。

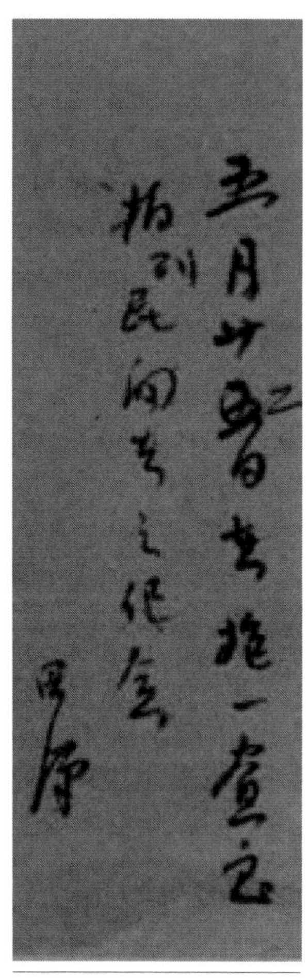

照片背後田漢的親筆題辭：五月二十二日在抱一畫室拍《到民間去》之紀念。

乎包括劇組的全部成員，其中還有一位不速之客，即當時正在中國舉辦畫展的日本春陽會畫家三岸好太郎。他參加了拍攝外景的全過程，畫的作品還作為道具被攝進了影片。劇組一行住在西湖飯店，在葛嶺、孤山、白堤、劉莊一帶拍了三天戲，約三千五百尺，其中包括張秋白（唐槐秋飾）墜崖，黃婉如（吳嘉馨飾）哭墳，青年畫家（顧夢鶴飾）救美等重要情節。田漢説戲極為成功，拍攝現場的人員均「鼻酸淚下」，女主角吳嘉馨更是淚如雨下，「停機猶不能自己」。劇中哭墳一場，田漢幾經周折，終於找到孤山上的蘇曼殊墓為背景。田漢曾戲語：英雄入土，猶有美人以淚潤土，曼殊有知，當於地下謝我。

參加《到民間去》拍攝的演員，據當時刊出的廣告（1927年2月1日《銀星》第6期），男主角有唐槐秋、唐琳、顧鶴夢，女主角有吳嘉馨、易素，其他還有傅彥長、黎錦煌、沈麗華以及俄小説家皮涅克、俄女畫家威丁夫人等共10人。程季華主編的《中國電影發展史》中，沒有主角吳嘉馨、顧鶴夢的名字，卻增加了葉鼎洛、蔣光慈、李金髮和仲子通。其實，這4人只是臨時客串的配角。這樣排名，未免有點厚「此」

薄「彼」。最令人懷疑的是關於夏衍也參加過《到民間去》拍攝的說法。此說最初出自張又君的〈田漢的銀色之夢〉一文：「那年暑假，夏衍自日本回上海去看田漢，還沒來得及講話，田漢就一把拉夏衍坐在籐椅上，說：『別動，要拍電影。』夏衍也就當了一次臨時演員。」這個說法曾被很多文章和專著引用過，可謂影響很大，其實卻頗有漏洞。因為夏衍回國是1924年的暑假，那年，他經朝鮮和我國東北回國度假，到過上海。而1926年他一直在東京從事留學生和華僑的組織工作，根本沒回過國。1927年4月，因蔣介石叛變革命，東京的國民黨西山會議派砸爛了左派的國民黨駐日總支部，5月，夏衍被迫回國，從此，開始了他職業革命家的生涯。因此，如果說夏衍確實被田漢拉去拍過電影，那只能是1927年的《斷笛餘音》，而不可能是1926年的《到民間去》。

三、皮涅克和《到民間去》的關係

在《到民間去》的拍攝過程中，才華橫溢的田漢不時有新的構思萌發，因此一些具體的細節往往有多次變化。拿1926年3月發表的故事梗概和1930年3月田漢在〈我們的自己批判〉一文中所介紹的影片劇情相對照，兩者在內容上有較大的出入，尤其是「俄國小說家」這一人物，在前者中是根本沒有的。根據最近發現的史料，可以確認，這個人物是6月中旬蘇聯詩人皮涅克訪滬以後加進去的。皮涅克是當時在蘇聯相當知名的作家，但上海文壇對他的來訪則相當冷淡。他1926年6月中旬到達上海，出面招待的主要是蔣光慈。文學研究會也曾以文學週報社的名義在東亞酒樓設宴歡迎過他。引起的反響大概也僅止於這些了。為此，蔣光慈曾在6月27日寫了一篇〈介紹來華遊歷之蘇俄文學家皮涅克〉，發表在《文學週報》232期上，批評了上海文壇對皮涅克的冷淡。正是在這樣的背景下，田

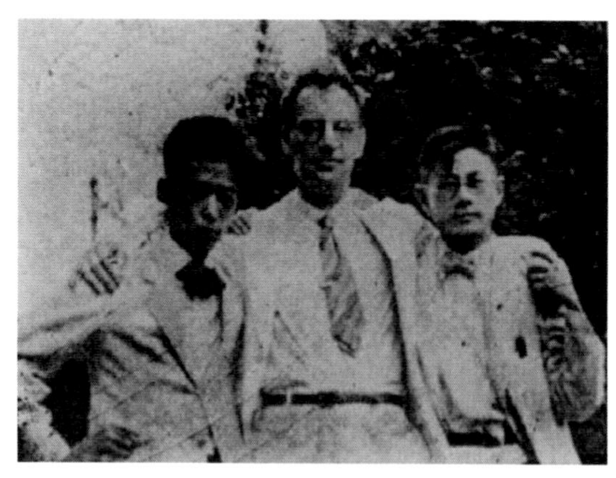

1926年7月，田漢和皮涅克（中）、蔣光慈（右）合影。

漢於7月10日在南國舞廳發起歡迎皮涅克的「文酒會」。酒會的請柬是田漢親擬的，當不失為一則有意義的佚文，茲全文錄下：「敬啟者：海上文藝同人，自消寒、梅花兩會以來，久無盛大文酒之會。今者江南春盡，霉雨連綿，不有盛會，難消積悶；況同時有俄國青年小說家皮涅克氏漂流至此，當筵對酒，共話人生，亦未嘗非夏夜之一樂。爰定於本禮拜六（7月10日）下午二時起，藉南國舞廳，舉行茶話和聚餐兩會。會費兩元（女賓免收）。此約。」這次酒會的規模相當盛大，當時上海的各大電影公司、著名文學團體和大學都派有代表出席。在酒會上，田漢和蔣光慈、皮涅克談得相當融洽，三人一起合影留念；皮涅克還介紹田漢認識了蘇聯駐上海領事林德，並通過他的關係，於7、8月間，在共和影戲院放映了愛森斯坦的傑作《戰艦波將金號》。這是蘇聯影片第一次和中國觀眾見面。8月11日，皮涅克在離滬之前假南國劇社舉行宴會，宴請上海文藝界，也答謝田漢對他的盛情。大家再次合影，依依惜別。這些史實都說明，皮涅克的蒞滬對田漢和南國社是有一定影響的。我們可以順此推論：田漢在招待皮涅克時，同時又在拍攝《到民間去》，因此靈機一動，邀請他和蔣光慈一起參加拍攝，飾演俄國小說家和陪客兼翻譯。這新加上去的人物和情節，既和原作十分貼切，又非常符合田漢及其周圍一群人當時的心態，沒有半點勉強之處，可謂得來全不費功夫，是一次成功的改動。田漢本人對此也一定是十分得意的，因此在幾年後撰寫長文〈我們的自己批判〉時，還特地將這段情節作了重點介紹。

四、《到民間去》是否完成

《到民間去》到底是否拍完，長期以來一直是個難解的謎。筆者認為，前期拍攝應該是大致拍完的。田漢在〈我們的自己批判〉一文中已有交代：「一年之間，備嘗艱苦拍成《到民間去》一片。」這是比較明確的回答。當時的報導也證明了這一點。1926年12月7日，《申報》記者採訪剛從杭州拍完外景回滬的田漢，問：「《到民間去》是否已拍好？」田漢回答道：「再有一個禮拜，拍定三場內景，一場外景，總算可以告一段落了」（南蓀〈南國社訪問記〉，1926年12月8日《申報》）。1927年2月，《銀星》第6期刊出田漢親擬的《到民間去》廣告，其中有一段「AB對話」是這樣的：

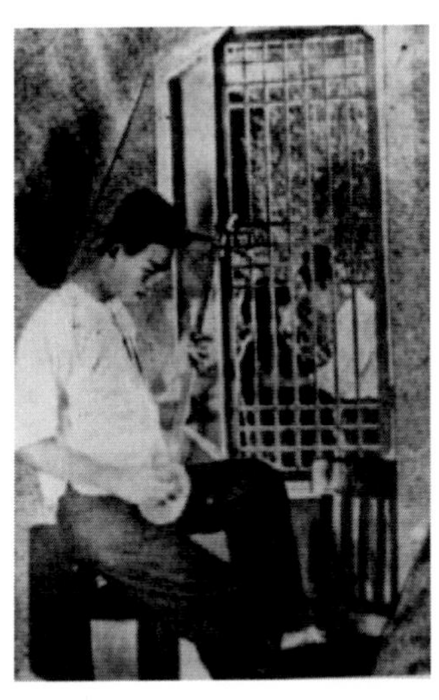

影片《到民間去》劇照。

A：你們的片子怎麼還不出來？

B：好了，現在總算「現已攝竣，不日開映」了。陸放翁說：「嘗試成功自古無。」此次也居然被我們嘗試成功了。雖然營業上的成功如何不得而知，但我們總算做成一件事了。

這些材料都很能說明問題。但影片的後期製作則很可能沒有完成。因為製作主要是導演的事，而現有的資料說明：因田漢付不出欠款，影片的日本攝影師不願交出底片，最後帶到了日本。這表明影片拍好後，田漢根本就沒能接觸到片子，自然也談不上進行所謂的後期製作了。難怪田漢當時在答覆《申報》記者時說：「你知道我們是以無產階級幹需要大資本的事，我們所嘗的痛苦可想而知。現在去成功愈近，所感的困難也愈大。到我們成功為止，我的頭髮還不知要白掉多少根呢！」這裏，因錢的窘迫而流露出的無奈心情是很明顯的。這大概就是田漢在〈我們的自己批判〉中所感歎的：「竭一年之力，弄得大家焦頭爛額，還是功虧一簣。」

侯曜夫婦與神話片《月老離婚》

2000年春末，陪北京來的一個朋友去逛上海文廟舊書市場。本意是去淘書，誰知歪打正著，竟低價覓得一包令人愛不釋手的說明書。回家仔細翻看，不禁喜出望外，整整百十來份影劇說明書，大都是五六十年代的東西，無論是研究還是收藏都頗具價值，其中尤以幾份解放前的電影說明書令筆者心動，這裏且先說《月老離婚》。

這是我國最早的一部神話片，內容奇異，風格獨特，具有濃郁的喜劇色彩，由民新影片公司於1927年出品。影片描寫飽受包辦婚姻之苦的人間怨偶，為了讓月老也嚐嚐此中滋味，設計將一個長相醜陋，性情兇悍的胖大姐介紹給月老當新娘。日長月久，月老不堪其虐，漸漸覺悟到沒有感情的婚姻的不合理，於是鄭重宣佈：以後再不包辦人間的婚姻，願天下有情人都成眷屬！現在的電影史專著都一致認為該片由侯曜編導，事實上，這部影片卻是由侯曜、濮舜卿夫婦倆聯手創作的，中間還有一個頗有意義的故事。

卻說杭州有一座別處很少有的廟宇，叫月下老人祠，位於白雲庵的旁邊。祠堂雖極小，卻每每有不少風雅人士與情侶們樂於駕

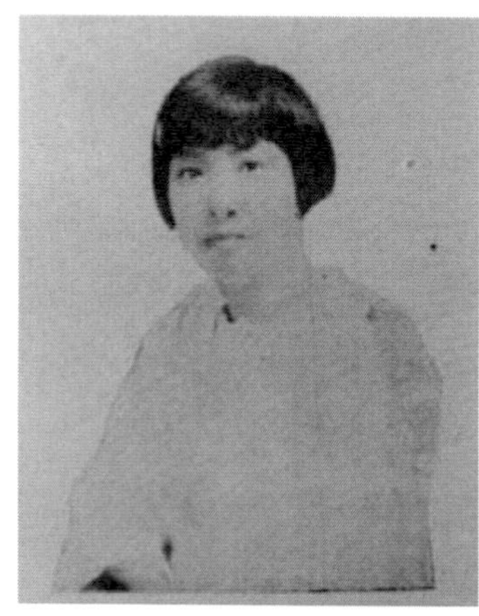

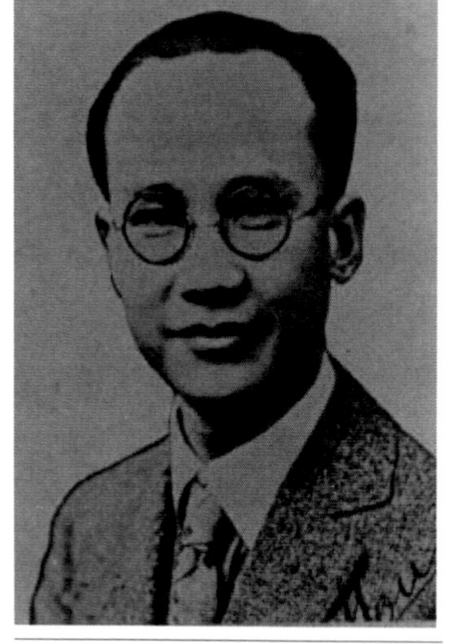

圖上：影片《月老離婚》編劇濮舜卿女士。
圖下：影片《月老離婚》導演侯曜。

臨，來了還必求一張簽回去。雖然那簽往往並不准，但香火卻一直很旺。月下老人的典故據說出於《續幽怪錄》，說是唐朝有個名叫韋固的人，有一次經過宋城，看見一位老伯伯在月光下翻書。這位老伯伯說天下男女的姻緣都登記在他的這本書上，他囊中有無數紅色繩子，只要這繩兒把男女兩人的腳縛住了，就算兩人遠隔萬里，或者是對頭冤家，都會結成夫妻。所以中國民間後來有「赤繩繫足」的傳說。

1926年夏，侯曜、濮舜卿夫婦倆到杭州度假，就住在白雲庵旁。一天晚上，侯曜和朋友外出散步，不遠處突然傳來一對夫妻的打罵聲。那女的向圍觀人群哭訴，男的則不停聲地叫罵。具有諷刺意味的是，在這對吵架夫妻的旁邊，正好是那座月下老人的祠廟。侯曜和朋友對此感慨無窮，從這對怨偶談到中國傳統婚姻制度的不合理，談到月老的荒唐。那位朋友突發奇想，說道：「月老真糊塗，令人間怨偶遍天下。我恨不能也使月老自身嚐嚐婚姻痛苦的滋味。」這話一下觸動了侯曜的靈感，他當時就說：「讓我來替月老作一回媒人吧！」晚上，侯曜就把這件事原原本本告訴了夫人濮舜卿。濮聽後，馬上意識到這是一個絕妙的反封建題材。她向丈夫請戰：「月老可以説是我國幾千年來吃人禮教的象徵，我願以三千毛瑟來打倒這個偶像。這個劇本就讓我來執筆吧。」

應該説，濮舜卿是創作這部神話影片非常合適的人選。她畢業於東南大學，學生時期就非常愛好戲劇，所寫劇本《人間的樂園》被認為是當時「學校劇」的代表（洪深《現代戲劇導論》）。以後還出版了《她的新生命》等劇作集，成為20年代頗有影響的女劇作家。她還在中華國民拒毒會於1926年舉辦的電影劇本徵文比賽上，以《芙蓉淚》一劇榮獲第一名。濮舜卿的作品大都以女權運動為主題，她非常喜歡使用浪漫寫意的象徵手法，東、西方的神話傳説是她經常取材的寶庫。這些特點使她在創作《月老離婚》時駕輕就熟，得心應手。劇本基調健康，構思奇特，人物動作誇張，對白詼諧幽默，神話韻味非常濃郁。劇本寫好後由侯曜導演拍成影片，於

圖上：影片《月老離婚》劇照。

圖下：影片《月老離婚》説明書，唐琳繪。

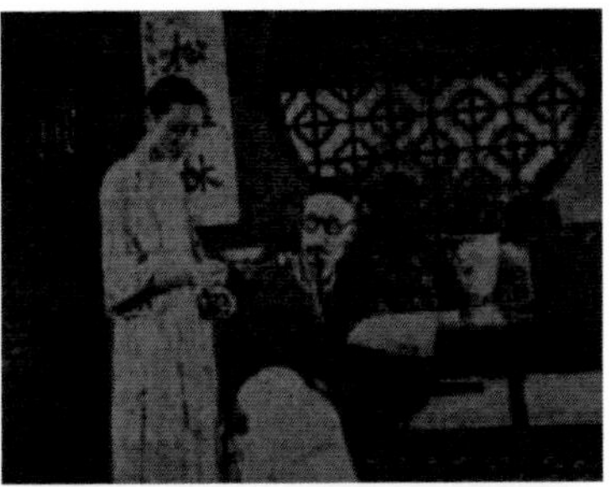

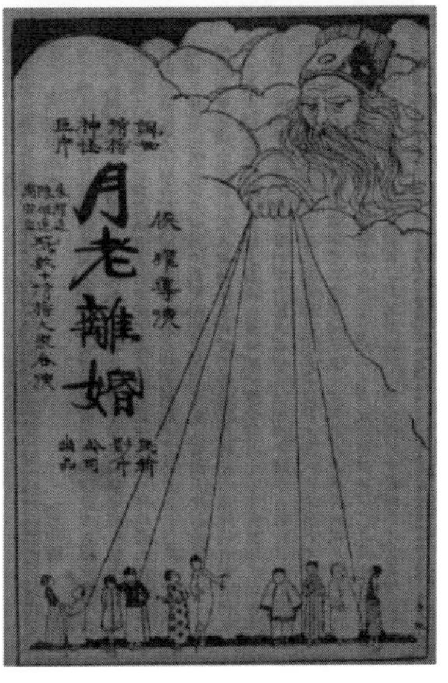

1927年11月公映，受到觀眾的熱烈歡迎。即使以今天的眼光審視，該片在內容和藝術上都不失為是一部有特色的較好作品。

這張《月老離婚》的説明書，32開4面，輯錄了影片故事和演職員表，封面畫由南國社社員唐琳用漫畫筆法繪製，色彩亮麗明快，人物造型誇張生動，很好地體現了影片的風格，堪稱説明書中的精品。解放前的電影説明書如今已不多見，20年代的更屬稀見之物，能於不經意間收入囊中，我只能額手稱幸。另外值得一提的是，中國電影出版社1996年出版的《中國影片大典》，收錄了1905年至1930年間出品的幾乎所有中國電影的故事，但在《月老離婚》條下，卻只注明演職員表而缺影片故事，於此，更可見此張説明書之珍罕。

一波三折的《洪憲之戰》

1925年前後，正是中國電影蓬勃發展的時期，當時除「明星」、「天一」、「大中華百合」等規模較大、拍片也較多的著名公司外，還成立了許多小公司。它們往往只出產過數部影片或一部影片，甚至始終沒有完成過一部影片，但是它們的電影活動對中國電影歷史仍具有某種特殊意義，如南國電影劇社、開心影片公司、友聯影片公司等。朗華影片公司也是其中之一。

「朗華」成立於1925年，當年即出品了處女作《南華夢》。這是一部現代題材的作品，片長達2萬餘尺（一般影片8千尺左右），「朗華」仿當時盛行的《俠盜羅賓漢》、《斬龍遇仙記》等外國電影，將《南華夢》分為前後兩部，中國影壇也由此誕生了首部上下集影片。該片還是我國第一部用人工著色的彩色片。接著，「朗華」又拍攝了《紅姑娘》、《情場怪人》兩片，後者是馬徐維邦編導的處女作，情節詭譎，一波三折，初步顯示了馬徐導演的神秘風格。據《中

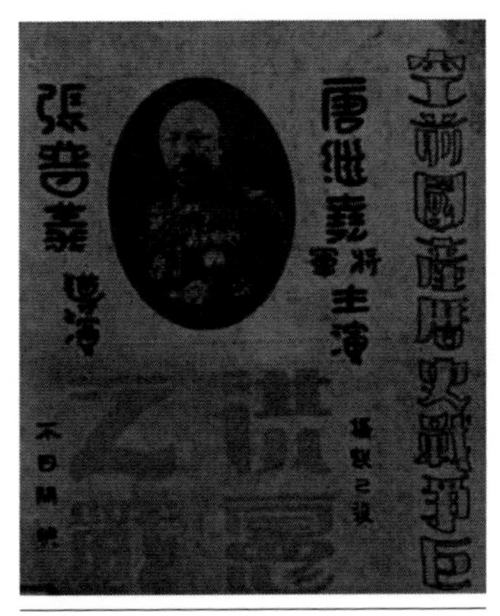

《洪憲之戰》廣告。

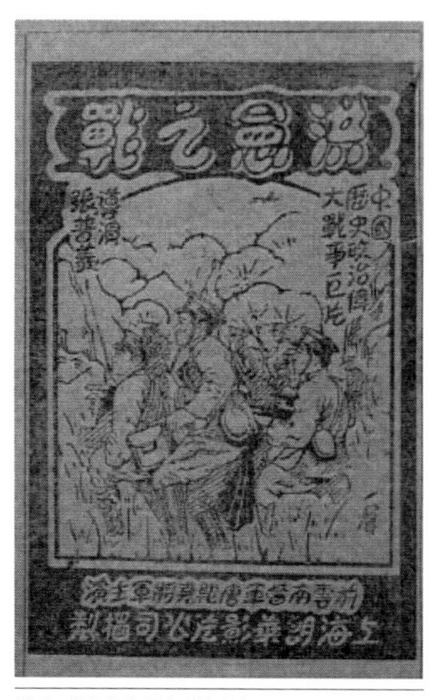

影片《洪憲之戰》說明書。

國電影發展史》載，「朗華」就出品了這三部電影，而實際上，「朗華」還拍攝過一部重要影片。1926年春，「朗華」導演張普義率隊應雲南都督唐繼堯之邀赴滇，拍攝《再造共和》。該片以中國近代史上轟轟烈烈的「護國運動」為敘述主體，堪稱中國第一部紀實影片。1915年，要求北洋政府總統袁世凱稱帝的輿論甚囂塵上，中華大地上剛剛萌芽的共和體制眼看就要被這股歷史的逆流所衝垮。與此同時，全國各地的反袁聲浪也日益高漲。袁世凱還沒來得及正式登基，各地義士便紛紛揭竿而起，挺身抵禦這股歷史逆流。地處西南邊陲的雲南軍民首舉反袁旗幟，組織護國軍，出師川桂討伐袁軍，一場轟轟烈烈的維護民主、反對袁世凱帝制的運動，由此波瀾壯闊地席捲全國，在數月之內便粉碎了袁世凱的洪憲迷夢，使共和制度得以恢復。影片《再造共和》敘1916年竊國大盜袁世凱稱帝，蔡鍔將軍和雲南都督唐繼堯聯絡，籌畫起義。江南及西南諸省仁人志士紛紛響應，組織起義軍和袁軍展開激烈戰鬥，其中穿插了一對青年男女忠貞而淒婉的愛情故事。此片由唐繼堯將軍親自出演，可謂從無先例，故頗引人矚目。唐繼堯（1883-1927），雲南會澤人，早年東渡日本攻讀軍事，其間加入同盟會。1911年參加雲南辛亥重九起義，1912年4月任貴州都督，1913年至1927年任雲南都督。史書中的唐繼堯是個毀譽參半的人物，有人稱他為一代梟雄，也有人說他是封建軍伐。但有一點無可爭議：在護國運動中唐繼堯功不可沒，他是這場運動的核心人物，並出面主持大局，拉開了護國戰爭的序幕。時運輪轉，到1926年，唐繼堯的地位已岌岌可危，此時他出資拍片，當然有其私心。鄭君里在〈現代中國電影史略〉一文中對此曾有精闢的分析：「在雲南響應了北伐運動以後不到一年，唐氏竟肯不憚煩勞犧牲色相以襄助這部『歷史戰爭巨片』之完成，其用心不僅要為自己過去參預肇造民國的居功留下一個備忘錄，並且在當時還懷有某種政治的野心。」

影片《再造共和》經過6個月的拍攝，大部分內容已攝峻，而此時唐繼堯忽宣告下野，不久竟抑鬱而亡，「朗華」也因此而陷入窘境。為使影片最終完成，張普義向雲南的新一代權貴龍雲軍長求助，龍答應贊助，但片名要改。於是影片得以重新開拍。又經過數月的努力，影片終告成功，並改名為《洪憲之戰》。1928年夏，影片在上海公映，而此時「朗華」實際上已停止了活動。《洪憲之戰》是中國電影史上少有的以反袁戰爭為主題的影片，本文所附這張說明書見證了這段鮮為人知的歷史，其本身亦已屬珍稀之物了。

被忘卻的《婦人心》

熟悉電影史的人大都知道，阮玲玉從1927年首拍《掛名夫妻》起，直到1935年的封鏡之作《國風》，共主演了29部影片，幾乎所有的著述都是這樣寫的，如程季華主編的《阮玲玉》畫冊（1985年）、夏衍主編的《中國大百科全書·電影卷》（1995年）、張駿祥等主編的《中國電影大辭典》（1995年）、朱天緯等主編的《中國影片大典》（1996年）等。但實際上這些書都遺漏了一部，即阮玲玉1929年在大中華百合影片公司時主演的《婦人心》。關於這部《婦人心》，倒也有人曾提起過，但也僅僅只是有這麼一說，並沒有能提供真憑實據，電影史界因缺乏文獻史料的證實，無法將其納入學術視野。

這部影片是阮玲玉1929年秋拍攝的，由李萍倩導演。故事情節是寫一個叫邢淑芳的風流女子，因丈夫長期駐紮軍營，不甘寂寞，

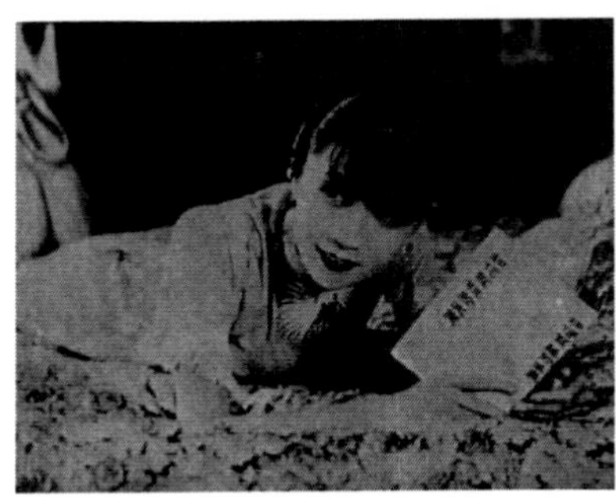

影片《婦人心》劇照。

遂和一個叫黃義的無賴有染。丈夫歸來後，邢恐事發，便起意殺夫滅口。結果上蒼有眼，最終好人平安，邢、黃兩人卻雙雙身亡。阮玲玉在片中扮演邢淑芳，其他主要演員有鄭超人、林美如、鄭逸生、全昌根等。影片《婦人心》的內容走的是「大中華百合」渲染半殖民地生活方式的「歐化」老路，無新鮮之處；而阮玲玉在片中的演技卻頗受好評，當時南洋一帶的報刊評論道：「阮玲玉飾一蕩婦，舉止之輕佻，神情之俊俏，確能描摹逼真；兩次誘惑男性以及謀害其夫，尤為最精采處，能將內心感情及惡念完全表達出來。」

《婦人心》這部影片為什麼會被大家忽視，以至逸出了人們的記憶之外？至今仍是一團迷霧。根據筆者掌握的史料，當年「大中華百合」曾因利潤分成問題與獨霸滬上國片放映市場的中央影戲公司鬧翻，公司出品的影片在上海遭到封殺。於是，在一個時期內，「大中華百合」被逼無奈，只得派人遠走南洋諸島尋找出路。有史料證明，這部《婦人心》當年在南洋一帶確實放映過，本文所附的這張《婦人心》劇照，就是筆者在一本1929年出版的新加坡雜誌上找到的。1935年阮玲玉逝世後，影片商們感到這是一個可以利用的發財機會，於是短短幾天功夫，他們便把阮玲玉主演的影片，從最初的《掛名的夫妻》、《白雲塔》、《野草閒花》，一直到最後的《香雪海》、《神女》、《新女性》，冠以阮玲玉遺作的名義，統統拿出來重映。這部以前未在上海宣傳過的《婦人心》。也被影片商拿出來重新包裝，稱其是「香豔浪漫奇情之傑作」，並以誘惑性的語言聲稱：「阮玲玉把渾身風流解數在片中演一個淋漓痛快！」（見影片說明書）

《婦人心》在當時專映國片的一流影院金城大戲院上映，據報導，「金城」的老闆以3百元的價格向吳邦藩購得放映權，然後在報上大做廣告：「縱慾追歡，須知萬惡淫為首；喪節寡恥，幾曾見有好下場。本片係女士在大中華百合公司的作品，演技神化，處處動人。看過阮玲玉畢生所有的作品，如果錯過此片不看，終是美中不足。」影片於1935年7月19日——26日連映8天，「每天售票所得達800元」（〈影壇觀象臺〉，載1935年8月2日《人生旬刊》1卷3期），「金城」的老闆賺了個時間差，在商業上打了一個漂亮仗。但由於「金城」在做廣告時用了「特許通過」的詞語，引起「電檢會」的強烈不滿，故向「金城」方面提出「嚴重警告」，甚至一度有「提起訴訟」的傳言（〈審查會為「婦人心」將控金城戲院〉，載1935年8月11日《電影新聞》1卷6期）。《婦人心》放映以後，輿論界普遍認為這是影片商在借機炒作，這方面，當時發行量最大的《電聲》雜誌上的一篇評論頗有代表性：「擱了五六年不公映的舊片，突然公映起來，顯然地因為阮玲玉自殺了，所以投機借來號召一下罷了。」評論對影片的內容基本否定，但對阮玲玉在片中的表演則頗為讚賞：「阮玲玉的演技，雖然不及這幾年老練，但亦尚稱優秀。至少在《婦人心》中，她是演技最出色的一個。全劇中比較成功的一點，便是因誘惑而欲火燃燒的心

影片《婦人心》說明書。

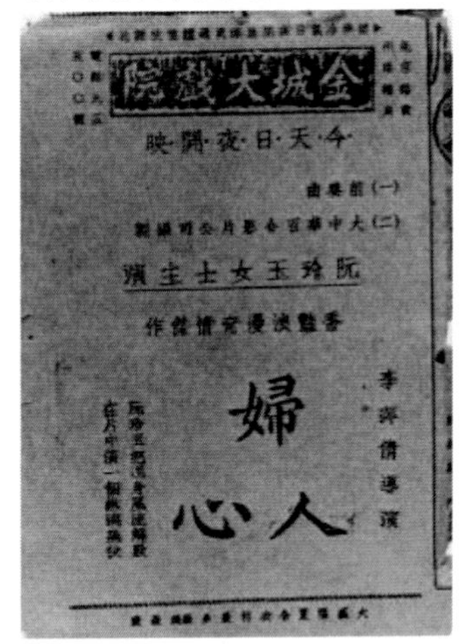
金城大戲院
今天日夜開映
（一）前奏曲
阮玲玉女士主演
李萍倩導演
婦人心

理描寫。」（〈評《婦人心》〉，載1935年8月2日《電聲》4卷31期）這和當年南洋方面的評論倒可謂不謀而和。可能對報紙廣告缺少關注，《婦人心》的放映未引起電影史界的注意。於是，這部由阮玲玉領銜主演的影片便在故紙堆中沉睡了70餘年。本文所附這張《婦人心》的電影說明書，現在由上海圖書館珍藏，已成為電影史研究的珍貴文獻。

當年《王老五》

作為一個苦出身的窮孩子，蔡楚生能走上導演之路並不容易，這中間吃了多少苦，受了多少委曲，也許只有他自己才知道，因此，他也格外珍惜這來之不易的機會。在同行當中，蔡楚生屬於出道較早的一個，1933年他成功地編導了《都市的早晨》，尤其是次年他編導的《漁光曲》創下當時國產影片最高上座紀錄，並在莫斯科國際電影展覽上獲得榮譽獎後，他已名符其實地成為中國影壇的一位大牌導演。可以說，他的拍片機會不會比任何一位導演少，但是他的創作態度卻極其嚴肅，故作品也少得出奇，幾乎平均一年才出品一部。而在他本來就不多的作品中，《王老五》又是較少引起人們關注的一部，其中原因當然很多，但最主要的恐怕還是和影片的問世時間有關。

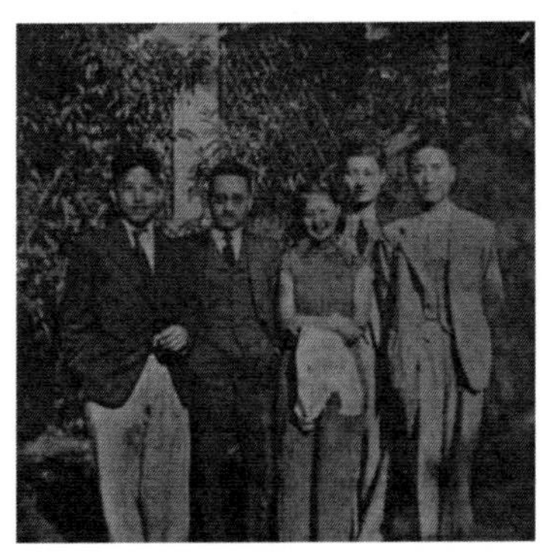

1937年的蔡楚生（右一）。

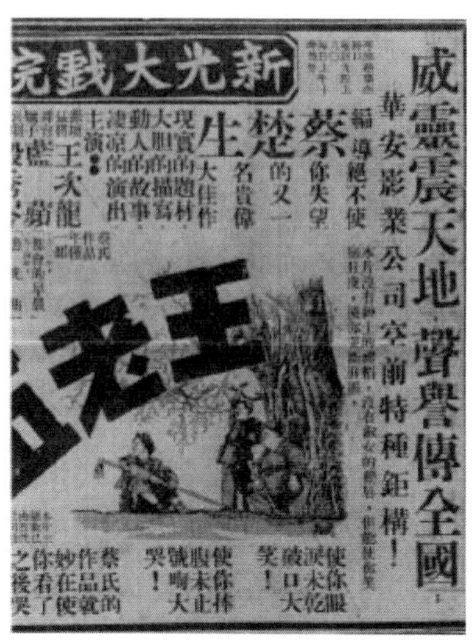

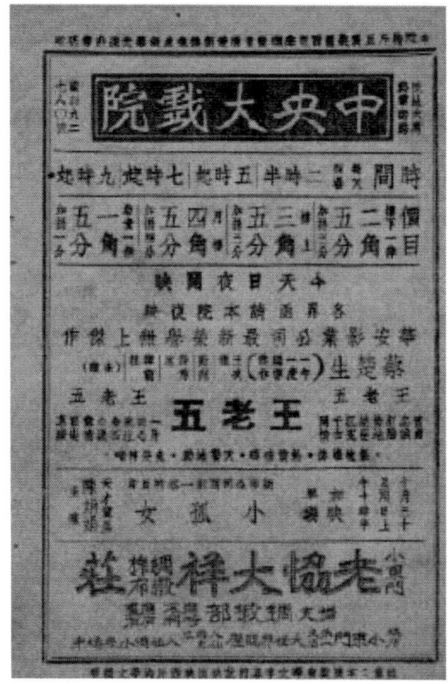

圖上：1938年，《王老五》放映廣告。

圖下：1938年10月，中央大戲院復映王老五說明書。

一、《王老五》的拍攝和公映

1936年，蔡楚生在完成《迷途的羔羊》之後，受命參與集錦故事片《聯華交響曲》的拍攝，擔任其中兩部短片《兩毛錢》和《小五義》的編導工作。同時，他也在緊張地籌備著自己的下一部影片《王老五》的拍攝。1937年2月，《王老五》一片正式開機，男女主角分別由王次龍和藍蘋（江青）飾演，這也是藍蘋從影以來第一次擔任主角。影片寫流浪漢王老五其貌不揚，但秉性善良，因家貧，年三十五仍未娶成家，卻單戀著鄰家潑辣的窮姑娘。不久，窮姑娘老父去世，無力安葬，王老五仗義相助，博得窮姑娘的好感，終於以身相許。婚後他們生養了四個兒女，生活益窘。不久一二八戰起，漢奸工頭企圖收買王老五縱火燒毀棚戶區，王老五識破漢奸用意，因與漢奸鬥爭而被殺，家也被火燒了，王老五的老婆在血泊中覺悟了，她抬起頭來，準備承擔生活的重擔。影片具有很強的現實意義，屬於「國防電影」之列。片中有一首安娥作詞、任光作曲的插曲，後來曾廣泛流傳，歌詞是：「王老五呀王老五，說你命苦真命苦，白白活了三十五，衣服破了沒人補……」影片拍攝了約半年，到1937年夏已基本完工，只剩一些後續工作。「七七事變」和「八一三戰爭」的爆發，將中國導入了全民抗戰的軌道，原有的一切都隨之發生了變化，《王老五》的進展和公映也因此延宕了下來，並且一拖就是好幾個月。1938年3月底，上海的報上刊出了一則署名蔡楚生的奇特啟事：十萬火急招尋「王老五」。啟事寫道：「戰事發生，『王老五』因環境關係，迄今杳無下落，全滬人士，望穿秋水，特此登報招尋，見報速速歸來，至要至要！」（〈蔡楚生謹啟〉，載1938年3月30日《新聞報》）這恐怕是中國電影史上難得一見的一則「啟事」，但顯然是電影公司別出心裁的宣傳手段，因為此時蔡楚生早已離開上海赴香港在編導《孤島天堂》了。電影公司出此一招顯然有其特殊考慮，因《王老五》一片的拍攝已過了將近一年，觀眾可能已無印象，刊出這樣一則奇特的「啟事」，就是為了引起觀眾的注意，誘發他們的好奇心。果然，4月2日，《新聞報》在頭版刊出了影片《王老五》的大幅廣告：「《王老五》影片公映，一切國產巨片肅靜回避！」3日，該片首映於新光大戲院。應該說，在當時的新片中，《王老五》的宣傳攻勢是十分豪華的，這只要翻一翻當時的報紙就可以知道了。但《王老五》的頭輪首映期只有僅僅兩周，至16日就停映了；以後於同年10月由中央大戲院又復映了兩周。這和蔡楚生以前影片的上座記錄簡直難以相比。但在當時，這已是相當不錯的成績了，抗戰是當時的頭等大事，其他一切與之相比都算不了什麼了。

二、《王老五》公映以後

《王老五》公映以後，一些敏感的觀眾（特別是以前曾和蔡楚生並肩工作過的朋友）發現影片和原先發佈的電影故事不盡相符，尤其是影片結尾部分作了很大改動，原來漢奸工頭企圖收買王老五縱火燒毀工棚，王老五因覺悟拒絕而被殺害等等情節都被刪去，而代之以這樣「溫馨」的結尾：王老五的朋友阿毛終因貧窮離開了痛苦的人世，他老婆呼天搶地，懊喪自己以往對丈夫欺凌太甚。王老五的老婆看在眼裏，也深悔自己對待丈夫過於嚴酷。回到家裏，她向老五哭著懺悔前非，「從此夫妻間顯得融融洩洩，親密逾恒」（見影片說明書）。他們立即在報刊上發文，揭露此事，並表達他們的不滿。當時發行量最大的《電聲週刊》這樣寫道：「蔡楚生在電影界為第一號慢導演，《漁光曲》前後攝製至十八個月之久，其新作《王老五》經公司當局一再限以時日，仍需十個月。所幸者此片已於戰前攝竣，略事剪輯，尚能於今日付諸公映。然有一憾事，即該片具著深刻之諷刺氣息，蔡楚生曾為之耗費不少心血者，而今皆犧牲於剪刀下矣。蔡之作品，複雜而有勁，觀後不易忘懷，《王老五》以喜劇方式出之，更見精湛，惜以剪刀作祟，我人在目前見到之《王老五》，僅僅是一滑稽片耳。」（〈蔡楚生戰前之作，《王老五》作風已變〉，載1938年4月15日《電聲》7卷8期）蔡楚生的朋友李一他們則化名發文表示：把《王老五》原先的故事「和現在銀幕上的來對校，我們可以看得出來，是有許多不對點了，最顯著的，那個結尾是沒有了。原因何在呢？是作者自動的把故事更改了？還是受制於『客觀環境』不得不如此呢？依我想，後者的原因是多於前者的。根據現在的來看，那不單是一段說不過去的『光明的尾巴』，這『光明的尾巴』並且是架空得可以的。……當我看完了戲出來，我自己問：《王老五》的主題何在呢？想了好久，我答不出來。因為我看到的只是一大堆一大堆的穿插，這中間要找出一根骨幹來，是不容易的。……我希望能夠讀到蔡楚生關於《王老五》的文章，希望他能夠告訴我們所不知道的事實。」（史楫〈關於《王老五》〉，載1938年4月14日《電星》1卷10期）

在發表文章的同時，李一他們很快將有關《王老五》的種種情況發函告知了正在香港的蔡楚生。也就在《王老五》在上海首映後的第20天——1938年4月22日，蔡楚生在這天的日記中記錄了此事：

七時返蘇怡兄處，得李一、漢臣、培元等來函，漢臣函中夾有《王老五》被「斬腳」之本事。李一函囑我發表對被割裂後之《王老五》意見，乃草一公開函。因頗倦，深夜二時餘始竣事。（《蔡楚生文集》第3卷《日記卷（1937-1952）》，中國廣播電視出版社2006年6月版）

這封公開函後來通過李一他們發表在《電星》1卷13期上。蔡楚生在信中寫道：「朋友，一切都沒有出於我的意料之外，當一件作者雖然曾經為她的完成而嘔心瀝血的藝術作品，但在她沒有擺脫『一切是商品』的枷鎖以前，遇到某種環境上的困難時，是

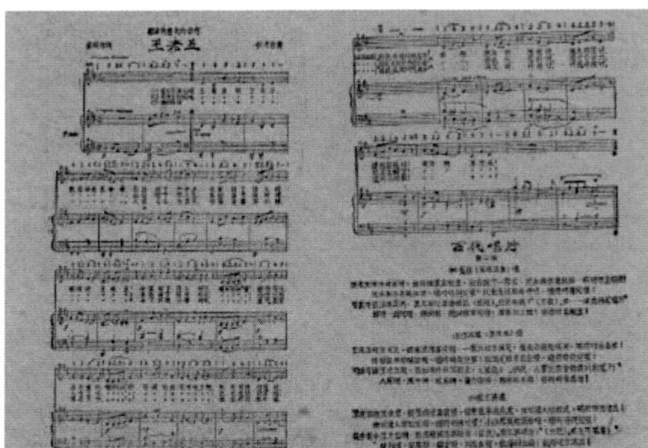

王老五曲譜。

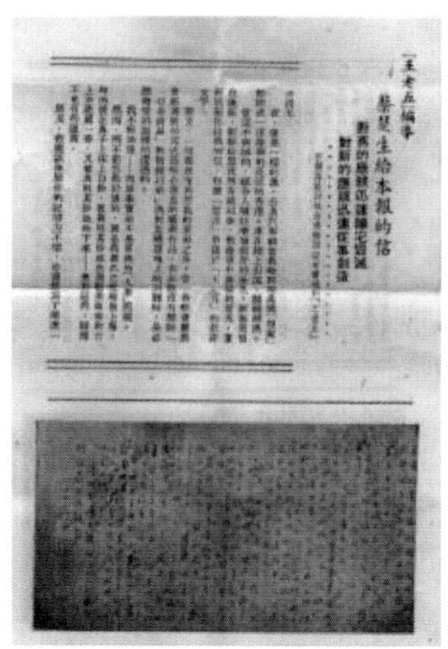
蔡楚生給本報的信

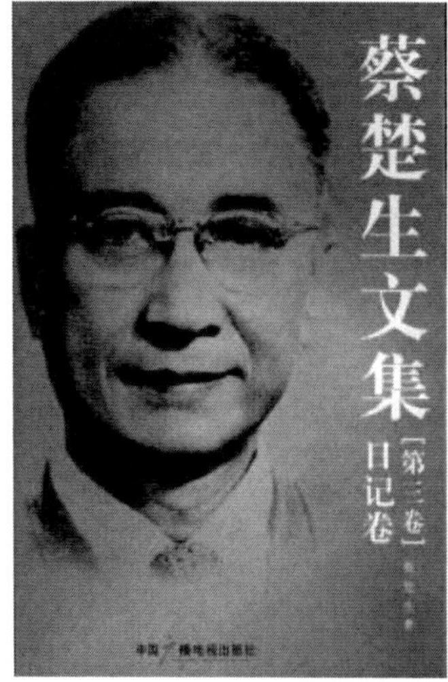

圖上：蔡楚生關於王老五的信，載《電星》1卷13期1938年5月7日。

圖下：《蔡楚生文集·日記卷》封面，中國廣播電視出版社2006年6月。

必然會受到這樣的遭遇的。我不能怨誰——因為事實並不是單純的『人事』問題。然而所不能恝然於懷的，就是我雖然已經離開上海，卻仍被在鼻子上抹上白粉，被莫名其妙地推到觀眾面前的臺上去跳躍一番，又被莫名其妙地推下來，想到這些，眼球不免有些濕潤。」蔡楚生表示：現在大家看到的《王老五》已經是「只有殘骸而沒有靈魂的作品了」（〈《王老五》編導蔡楚生給本報的信〉，載1938年5月7日《電星》1卷13期）。蔡楚生在信中表達了這樣兩層意思：一、現在的《王老五》已缺少了靈魂，不能算是自己的作品了。二、《王老五》的被刪改並非「人事」問題，而是環境的產物。這在當時上海已淪為「孤島」的語境下，應該是最得體的表態了——既表明了自己的看法，又對公司的做法表示了一定的諒解。

三、《王老五》在建國後

這就是我們現在所能看到的《王老五》這個版本的來龍去脈。

本來，事情到此就應該結束了，但蔡楚生在日記中還記載了有關此片在建國後的一件軼事，頗值玩味。1949年，蔣介石敗退臺灣，大陸解放，蔡楚生此時已成為新政府電影部門的一個重要負責人。當時，由原「聯華」一些成員組成的文華影業公司接收了「聯華」的部分資產，他們想拿出部分舊片來放映以獲取一些營業收入，其中就包括《王老五》。他們在上海打了一個電報向正在北京的蔡楚生請示。蔡在日記中記載了此事：

> 1949年7月30日
>
> 影界集者約近百人，以周副主席未至，即先事看太原、淮海等戰役之新聞片，復由吳本立、翟超兩攝影師談戰地攝影的經過。十時餘周副主席至，我首以「文華」來電擬復映《王老五》（因片中毛夫人任女主角，「文華」未敢造次）事，請示於周，周為縱笑，並答允徵毛夫人之同意。
>
> 1949年8月1日
>
> 柯靈來，云明日將返滬，彼見「文華」致我之電，乃為撓頭不已。……草致邦藩、陸潔二先生函，告以《王老五》復映事接洽之經過，並云如複映，需附一字幕於片末：「本片尚有『抗日除奸』之收場，但已於抗戰初期時被國民黨的反動政府強迫剪去，足見其媚敵之一斑。」此函即自送請柯靈兄攜滬。（《蔡楚生文集》第3卷《日記卷（1937-1952）》，中國廣播電視出版社2006年6月版）

現在已無法知道由「毛夫人任女主角」的《王老五》當年是否真的復映過，但從蔡楚生的「片言隻語」中，我們還是能真切地感受到當時因「人事沉浮」而帶來的那種微妙氛圍，以及在這種氛圍之下人們謹小慎微的言行。

最後必須指出的是，由蔡楚生親筆撰寫的《王老五》電影本事當年是發表過的，我們今天也都能看到。2005年12月由中國電影資料館編輯、中國電影出版社出版的《中國電影大典》（1931-1949）中，收錄的就是這個版本。但令人不解的是，在這之後出版的《蔡楚生文集》第一卷（蔡小雲等主編，中國廣播電視出版社2006年2月出版）中，收錄的卻是「孤島」時期被閹割肢解過的那個版本，這顯然不妥，且有違蔡楚生的本意，應該在再版時予以更正。

何非光赴臺拍攝《花蓮港》

20世紀早中期，有一批臺灣地區的青年縱橫影壇，辛勤耕耘，為中國的電影事業貢獻了他們的才能，如武俠片紅小生鄭超凡，主演《漁光曲》的「聯華」明星羅朋，導演《哈爾濱之夜》的張天賜等，其中，以何非光創作的作品最多，影響也較大，他因此被稱為「中國影壇最有成就的臺灣人」。

何非光1913年生於臺灣，是位老資格的影人，但他的從影生涯卻只有短短的十餘年光景，且都在1949年之前。何非光1932年在上海踏入影壇，參演過《再會吧，上海》、《母性之光》、《熱血忠魂》、《日本間諜》等影片，尤以扮演「反派小生」而著稱。抗戰爆發後，何非光主要從事編導工作，作品有《蘆花翻白燕子飛》、《出賣影子的人》等，在題材選擇和藝術手法上都有所追求。何非光最大的成就，或者說確立他在影壇地位的，是他在抗戰期間編導的四部抗戰影片，它們依次是《保家鄉》（1939年）、《東亞之光》（1940年）、《氣壯山河》（1944年）和《血濺櫻花》（1945年）。這4部影片當年在國內外公映，產生了很大的影響，為宣傳抗戰作出了貢獻，而何非光也因此成為當年拍攝抗戰影片數量最多的影人之一。

1949年以後，這位曾經相當活躍的影人，卻因為一些「莫須有」的罪名，突然從影壇「蒸發」，幾乎淪為一個無業遊民。1958

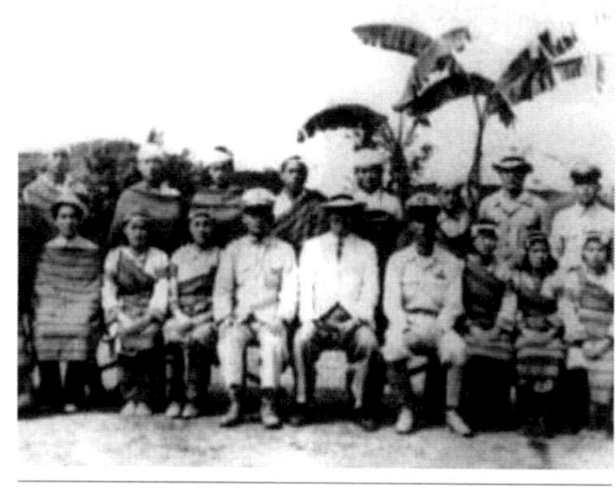

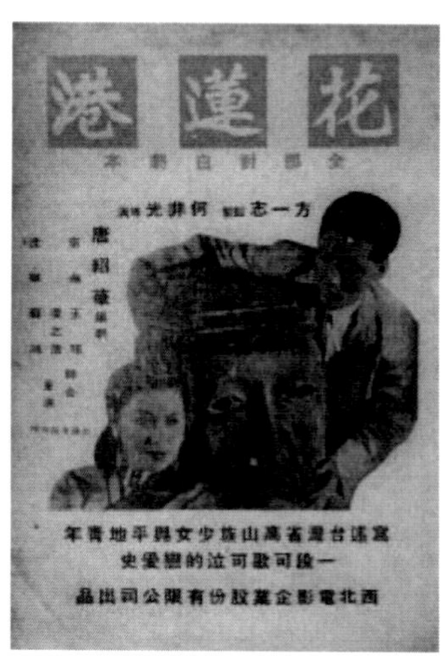

圖右：拍《花蓮港》期間何非光（中坐著西裝者）與臺灣霧社原住民及員警合影。

圖左：影片《花蓮港》特刊。

年，更以「歷史反革命」和「編導反動影片」兩項罪名被判管制。「文革」結束後的1979年，他被宣佈無罪，落實政策，安排到上海文史館，有了一份安定的工作。這以後，兩岸的電影工作者重新對何非光其人其事進行研究，也開始出現了一些公允平和的評論。1997年何非光病逝於上海，走完了他坎坷的一生。

《花蓮港》是何非光在抗戰勝利後執導的一部重要影片，寫的是活潑美麗的高山族姑娘明娜追求愛情與幸福生活而不得的悲慘故事。影片中明娜與內地漢族醫生志清之間被種族歧視所阻隔的愛情悲劇，使觀眾在心靈深處受到強烈震撼，懷滿老人在影片結尾呼籲大家「隔除種族偏見，精誠團結」，至今仍是兩岸人民的心聲。1948年，何非光執導這部影片時率劇組到臺灣霧社拍了兩個月的外景，因為影片劇情是寫高山族和漢族青年之間的愛情故事，所以何非光邀請了一群本地高山族男女青年參加影片拍攝。劇組人員和這些青年們吃在一起，住在一起，工作之餘，教他們唱歌，告訴他們祖國的歷史；他們也教劇組人員唱高山歌，跳高山舞。影片拍完後，這些高山族青年頭頂幾十斤重的東西，爬上層層高山，依依不捨地向劇組人員揮手告別。他們要走上十二小時的山路才能回到自己的家裏。《花蓮港》劇組回到上海後，收到了高山族青年們的一封信，信寫得非常感人，是用日文寫的，由何非光翻譯給大家聽：「親愛的小姐先生們：和你們生活在一起，共有一個星期。這一個星期我們覺得很快樂，在一生中，這是唯一的甜蜜的日子，也是第一次有人把我們也當作人。以前日本人怎樣待我們？現在我們的祖國的同胞才是我們的姊妹弟兄。諸位的熱誠使我們感動。自從我們離開霧社後回到深山裏做各人的工作，在工作時我們都在回憶與你們在一起的種種，這些在我們是一生都不會忘了的。你們是已經回到繁華的都市上海了，我們卻要在深山裏等到死，真是羡慕你們。昨天我們又結隊到霧社去了，在香蕉樹下，圍在我們一起跳過舞的樹的四周，姊妹們開始哭泣，生在山地的女孩子真不幸啊！現在，我們是隔閉在兩個很遠的地方，而且永遠也沒有機會相見了，但是我們對你們的紀念是永遠的。感謝你們送給我們的照片，謝謝，謝謝。」（旅人〈臺灣高山族致《花蓮港》外景隊的信〉，載1948年8月21日《電影週報》第6期）信讀完了，劇組所有的人都悵然若失，深深想念著住在高山裏的那些真誠樸實的青年朋友們。《花蓮港》公映時報上的廣告稱其是「第一部以臺灣省高山族為題材的愛情巨片」，只這一點，該片就具有相當意義。

中國電影的主流類型

在中國電影整整百年的歷史進程中，也許最有影響、也最有代表性的類型影片，就是社會倫理片。我們可以發現，自鄭正秋始，至蔡楚生，再到新中國以謝晉為代表的主流中國電影，都行走在這一道路上。1913年，中國最早誕生的兩部故事影片《難夫難妻》和《莊子試妻》，主要講述的就是以夫妻關係為代表的家庭倫理。到1923年，在關乎中國電影前進還是衰退的關鍵時刻，鄭正秋煞費苦心地編寫了一部從片名到內容都百分之百地屬於中國傳統倫理範疇的《孤兒救祖記》。影片一炮打響，頗為轟動，從經濟上給處於瀕危處境的明星影片公司打了一劑強心針。可以說，《孤兒救祖記》成功地將電影這一外來藝術形式與中國傳統的倫理道德和現實社會糅合在了一起，確立了無聲電影時代中國故事片的基本形態。這以後，《苦兒弱女》、《玉梨魂》、《最後之良心》、《掛名的夫妻》等一部部以家庭倫理道德為主題的影片陸續出品，「明星」由此走上了康莊大道，並進而成為當時最有影響的一流大公司；而以此為轉折標誌，中國的故事片創作也從1923年開始，踏上了一條艱難的民族自創之路。二十多年後，以鄭正秋的衣缽傳人蔡楚生為首創作的《一江春水向東流》，在當時的影壇橫空出世，轟動了整個中國，僅在上海一地，影片頭輪放映就持續了三個多月，前往影院觀摩的市民超過70萬，占當時整個上海人口的七分之一。

中國電影有史以來，還沒有一部影片能賺取那麼多觀眾的眼淚，產生那樣廣泛而深遠的影響。其實《一江春水向東流》所選取的情感模式和敘事母題並不新鮮，曾在中國傳統舞臺上長演不衰，但蔡楚生卻非常巧妙地將中國的倫理敘事資源創造性地轉化為宣傳民主革命的武器，在傳統這個框架中裝填進時代所需要的內容，因而贏得了巨大的成功。

在社會倫理片這個創作流派中，鄭正秋是最主要的代表。他集電影企業家和藝術家於一身，這一身份，使他既要憑籍電影「將本求利」，獲取利潤，也非常清醒地認識到，電影不僅可以供人娛樂，還應該給人啟發，就像教師和醫生，在育人和救人方面，電影負有不可推卻的社會責任。鄭正秋因此而提出了「營業主義加一點良心」的創作主張，也就是說在經濟效益和社會效益兩方面都要有所收穫。而在實際上，鄭正秋似乎更偏重良心，他曾明確表示：不能為了金錢而喪失天良。從具體實踐上來看，鄭正秋的「營業主義」就是要追求淺顯通俗，從社會實際出發，照顧到大多數觀眾的文化水平和欣賞習慣，以便於他們能夠充分理解和樂於接受。這既是市民百姓的需求，也是電影本身立足生存的需要。而所謂的「良心」，就是大力主張「有主義」的藝術。鄭正秋一貫反對「為藝術而藝術」，中國傳統的「修身、齊家、治國、平天下」的人生和社會理想，以及以「仁」為核心的倫理道德，是他在電影創作中始終秉承的理念。他善於從倫理道德角度的切入來表現自己對社會、人生的見解，用自己真摯的感情去打動觀眾，感召觀眾。鄭正秋曾在〈《姊妹花》的自我批判〉一文中表示：為弱者鳴不平和替窮人叫冤屈，「這是我從事戲劇以來一貫的主張」。這其實正是鄭正秋提倡的所謂「良心」的精髓，這使得他的作品，帶有非常鮮明的平民意識，也包含著較多的人道主義精神和現實主義內涵，他本人也因此而成為那個年代最受歡迎的電影人。

在以鄭正秋為主要代表的社會倫理派創作群體中，包天笑是一個重要人物，他是當時聲望最高的文人之一，「觸電」最早，作品也最多。據統計，根據包天笑的作品改編的影片有十二部，其中包天笑自己執筆改編的有九部，另外鄭正秋改編的有兩部，張石川改編的有一部。這些作品的母本，有的是包天笑的創作小說，有的是他的翻譯作品，如《小朋友》譯自法國作家馬婁的《苦兒流浪記》，《掛名的夫妻》改編自他的小說《一縷麻》等。這些影片往往從市民階層比較關心的某個問題入手，選取原作的某一部分，加以精心剪裁，使影片從主題思想、故事情節到演員服裝、佈景擺設等都具有濃厚的民族特色；即使是翻譯作品，也加以較大改動，將劇中人物和故事背景都移到中國，使其充分本土化。包天笑很注重對電影觀眾情趣的研究，他精心組織題材，將故事編得曲折動人，有懸念、有鋪墊、有高潮，還有一個大團圓的結局。包天笑編劇的社會倫理片，可以說標誌著當時影壇的主流話語形式，他的《良心復活》、《空谷蘭》等片，無論從內容上還是形式上，都堪稱最能體現當時中國電影特色的代表作。

隨著30年代中國內憂外患的社會現實出現，再加上左翼電影運動的風起雲湧，中國影壇的關注點開始從「家庭倫理」更多地向「社會倫理」轉移，一批通過家庭道德倫理展現重大歷史內容與變遷的影片相繼湧現，其中最傑出的代表是蔡楚生編導的《漁光曲》。蔡與鄭正秋有師徒關係，30年代中期以鄭正秋逝世、蔡楚生崛起為標誌，代表著社會倫理派新老交替的完成。蔡楚生恪守現實主義精神，拍片少而精，即使在其盛年，也幾乎一年就導演一片。1934年出品的《漁光曲》，蔡楚生拍了十八個月。影片講述貧富懸殊的徐、何兩家後代，在經歷了各自的家庭變故以後，終於變得同樣一貧如洗。它告訴人們，在當時內憂外患的社會條件下，如果不起來改造，無論貧富都註定不會有好的結局。《中國電影發展史》

對此片的評價是：「現實的題材、動人的情節、通俗的手法和精練的技巧。」這正是社會倫理派影片最擅長的特色。1947年蔡楚生等編導的《一江春水向東流》，更以抗戰期間一個家庭的亂世親情離合過程為主線，長景式展示了當時社會的廣闊畫面，給觀眾以強烈的震撼。將鄭正秋與蔡楚生作一番比較是頗有意義的，我們也可籍此品味社會倫理派大師及其影片在不同歷史時期的側重與風格演變。鄭正秋著重表現的是在社會變革時期，傳統倫理道德在普通家庭中的堅守與發展，家庭空間是他作品中主要的敘事空間，家庭形象成為他映射社會的一面鏡子和「敘事焦點」；而蔡楚生的作品，是在真實記錄動亂時代普通家庭悲歡離合的基礎上，更強調個人憂國憂民的社會使命感，折射的是整個民族的苦難與抗爭，具有更廣闊的社會背景。從整體上說，從鄭正秋到蔡楚生，注重「載道」的藝術觀念一脈相承，但他們影片中所包含的政治功利、道德倫理等成分是有差異的。鄭正秋擅長表現一個個具體而微的「家」，他通過對家庭中婚姻關係、人情變故、血緣親情等故事的生動描述，去展開人生命運的一幕幕悲喜劇。他主張用道德說教和倫理感化的辦法來教育人，改造社會，揭露雖然有力，態度卻是溫和的，帶有更多的理想色彩。倫理化的家庭空間成為他表現社會的一個重要層面。而蔡楚生更重視對民族和國家命運的關注，他將一個個人和一個個家庭遭遇的變故與生存困境，置於特定的歷史或政治背景上去展示，以超越家庭意義的更廣闊的視野來重新評估倫理在現實社會中的作用，從而把家庭與民族的命運合為一體，這使他「載道」的內涵顯得更加雄渾和壯闊。

社會倫理派的影片講究跌宕起伏的情節，注重錯綜複雜的故事，這種風格和敘事模式照理並不能光大作為視聽藝術的電影的長處，但它在中國卻成為了電影主流，這自然有其必然性和合理性。中國具有歷史悠久的敘事文學傳統，這種審美體驗培養了人們對文學敘事的興趣與習慣。而另一方面，中國電影無論在資金投入還是在技術設備等方面，都遠遠不能和好萊塢相比，這也使電影難以展現其自身的魅力而更依賴於用曲折的情節去吸引觀眾。30年代左翼電影興起，最強烈的變化，也只是以社會批判去取代鴛蝴派文人電影的道德批判，其通俗淺顯的敘事模式並沒有實質性的改變。相反，社會倫理片的風格與模式成為了一個世紀以來整個中國電影創作所不斷繼承發揚的重要傳統！

一、倫理長片《孤兒救祖記》

1923年，明星影片公司在朝不保夕的經濟窘境下，接受鄭正秋建議攝製長片正劇的主張，開拍社會倫理片《孤兒救祖記》。此時，開張僅一年的「明星」其處境實際上已到了崩潰的邊緣。范煙橋在其編纂的《明星影片公司年表》中有這樣如實的描述：「在一年之試驗期中，公司資本消磨殆盡，創辦人恃借貸以維持日常開支，甚至工友亦典物以購佈景材料。」所幸的是，「明星」並未因此而偷工減料，而是背水一戰，上下

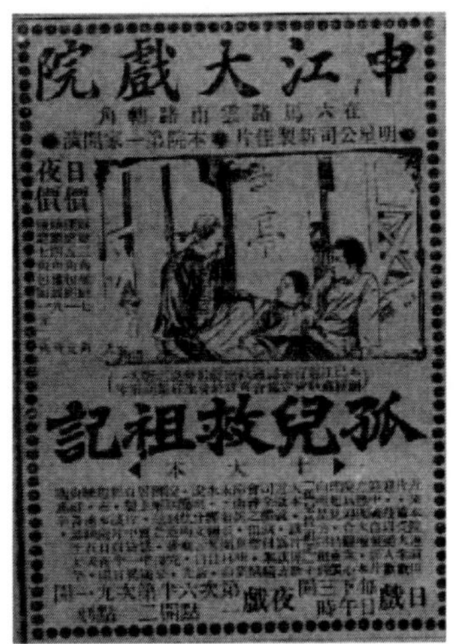

影片《孤兒救祖記》1923年首映廣告。

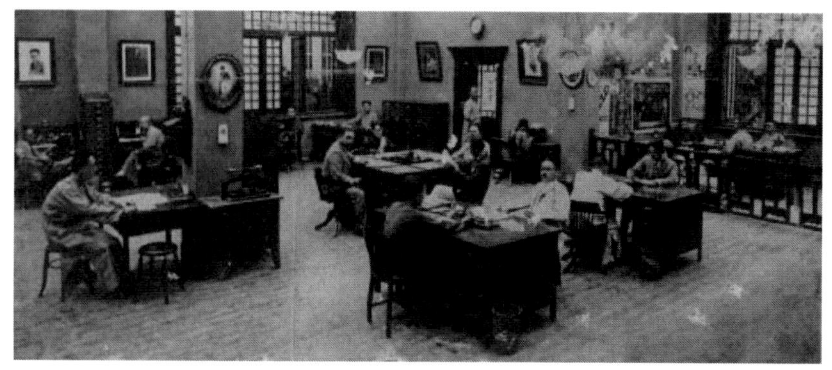

20世紀20年代明星影片公司辦公室。

齊心協力埋頭苦幹，拍片片耗比達到1：2.5，大有以此一賭生死的氣概。經過整整五個月時間的攝製，《孤兒救祖記》於當年年底公映，結果功夫不負苦心人，影片大獲成功，受到各界專業人士和廣大觀眾的一致好評，連映整整兩月，並運往北方及南洋等地放映，獲得了很好的經濟收益。《孤兒救祖記》奠定了中國無聲影片的基本形式，造就了王漢倫、王獻齋、鄭小秋等影壇明星，鼓舞了一批有錢人投資國產電影，並挽救了陷於困難之中的明星影片公司，使其得以站穩腳根，繼續發展，終於成為二、三十年代中國影響最大的電影公司之一。

筆者曾不止一次看到有文章寫道：《孤兒救祖記》當年是在上海大戲院首映的。此事固非空穴來風，但卻絕非事實。1923年11月，《孤兒救祖記》大致攝峻，「明星」急於見成效，由「五虎將」之一的任矜蘋攜片到上海大戲院，請老闆曾煥堂審片。由於影片尚未完全剪輯好，一些地方顯得支離破碎，曾煥堂尚未看到一半即拂袖而去。此番挫折使「明星」如夢初醒，於是不再浮躁，轉而踏踏實實將餘下的後期工作做好。1923年12月18日上午，《孤兒救祖記》在當時最豪華的愛普廬影戲院試映，「明星」為此發出了數百張柬帖，邀請影劇界、新聞界、教育界及各界名人出席觀看。作為這次試映的組織者，「明星」的幾位老闆當時的心情肯定難以平靜，而試映成功後的掌聲則讓他們悲喜交集，無語凝噎。周劍雲在試映的當月有一篇文章寫到這一幕：「當時劇場空氣，異常嚴肅，觀眾精神，非常緊張，多有為之下淚者，我們知道這出正劇已經成立了。」試映成功後，《孤兒救祖記》於12月21日—27日趁熱首映於上海申江大戲院，觀眾踴躍，好評如潮，於是影片相繼在恩派亞、卡德、滬江、共和、中國、閘北、虹口翔舞臺等影院輪映，至1924年3月2日，《孤兒救祖記》僅在上海一地，就先後在8家影院上映了60天，創下了當時國產影片的最高上座紀錄。此外，從1924年1月21日起，《孤兒救祖記》的另一套拷貝被運往外地，先後在蘇州的「青年會」、南京的「演講廳」、濟南的「小廣寒」、天津的「新新」和北京的「真光」等處開映；南洋影片商也以8千元的鉅資購得了南洋地區的放映權。

《孤兒救祖記》的成功並非僅僅只表現在票房營業上，它對中國早期影壇的影響是里程碑式的。影片公映後，僅上海一地，各報刊發表的褒揚文字就達百篇之多；當時唯一的電影審查組織江蘇省教育會電影審閱委員會在審閱該片後認為：「此片取材極適國情，併合教育原理，能於社會發生良好之影響，可列第一等。」1925年，上海《影戲世界》雜誌發起給國產影片打分評選活動，他們挑選了幾年來各家公司出品的代表影片44部進行打分，結果《孤兒救祖記》得75分，居第二位。1934年，著名劇作家谷劍塵在《中國電影發達史》中寫道：「電影界要是沒有明星公司的《孤兒救祖記》，也不會有後來盛極一時，造成了空前聲勢的國產電影運動。」「明星」老導演程步高1960年在香港寫回憶錄《影壇憶舊》，他認為：「《孤兒救祖記》使中國電影走了一大步，從此正正式式，把電影當作新興事業，一本正經地幹起來了。」著名電影史學家李少白在《電影歷史及理論》（1991年）一書中對《孤兒救祖記》有這樣的評價：「世界各國無聲電影時期所共有的銀幕形態，是世界各國電影藝術家共同努力的成果。但是，《孤兒救祖記》卻以中國特有的內涵和形式體現出來，成為外國電影所不能替代的具體的中國無聲電影基本形態的典範。這便是《孤兒救祖記》劃時代的傑出的貢獻。」

二、愛情悲劇《玉梨魂》

在上世紀二十年代，《玉梨魂》曾是一部轟動一時的影片，它根據著名言情小說家徐枕亞的同名小說改編。此書共30章，最初於1912年連載於《民權報》，同年民權出版社出版單行本，很快即成為民國初期的暢銷書。作品敘述了清朝末年的一個愛情悲劇，據說融匯了作者的一段少年經歷，因此寫來格外哀情動人：梨娘不幸早逝夫婿，成為寡婦。兒子鵬郎從師於教館先生何夢霞。隨著時光的流逝，梨娘和夢霞互相傾慕，產生了感情。但身為寡婦的梨娘，不敢逾越禮教的束縛，強迫自己過著痛苦的守節生活。為了從感情與道德的衝突中擺脫出來，梨娘說服夢霞與自己的小姑崔筠倩訂了婚約。然而何、崔兩人並無感情，大家的痛苦有增無減。梨娘於是採取慢性自殺的方式，含恨而卒。臨終留給小姑遺書一封，說明自戕身死的原因，並希望她的死能促使筠倩與夢霞成為眷屬。筠倩雖感嫂子的良苦用心，但她明白了夢霞另有所愛，終百感交集，一病而亡。夢霞眼見兩位女子為自己慘死，一腔孤憤，無處發洩，便東渡日本留學。次年，回國參加武昌起義，壯烈犧牲。

這樣一部深情哀怨的文學作品，廣受歡迎是可以預料的。當時的時代背景是：辛亥革命以後，「父母自命，媒妁之言」的傳統婚姻制度漸起動搖，歐風美雨浸潤中華，年青人已有爭取婚姻自主的勇氣，但是，「形隔勢禁」，還不能如願以償，兩性間的戀愛問題，沒有根本解決。青年男女，為此苦悶異常。《玉梨魂》的出版發行，恰好引起社會共鳴，受到歡迎。據記載，在十餘年內，該書曾再版三十餘次，銷量幾十萬，當時連南洋一帶，都翻版不絕；民興社還據此改編成新劇上演，推波助瀾，使其影響更為擴大。在新文學運動興起之前，《玉梨魂》可說是文壇最為暢銷的一部著作。魯迅曾說：與那些狹邪小說相比，像《玉梨魂》這樣的鴛鴦蝴蝶派小說，「實在不能不說是一個大進步」（〈上海文藝之一瞥〉）。

1924年，明星影片公司在拍完以社會問題為題材的《孤兒救祖記》並獲得巨大成功以後，把眼光轉移到了當時受到人們普遍關注的婦女問題上，《玉梨魂》就是他們嘗試的第一步。影片基本沿用了小說的情節，但更強化渲染了舊禮教對女主人公梨娘心靈的無形束縛以及由此而帶來的憂鬱和痛苦，比較深切地暴露了封建禮教的殺人罪惡。出於商業上的考慮，影片還偏離原著，加了不少所謂「喜劇色彩」的內容，如專門物色了一位體重達200斤左右的小胖子黃君甫扮演方大元，人雖不會演戲，但動作卻十分笨拙滑稽；「明星」還聘請滑稽名角張冶兒和一位小黑姑娘在片中反串，一搭一檔，專以逗笑為職。「明星」並一改原著悲劇結尾，讓包辦成婚的何夢霞和崔筠倩遵從梨娘的囑託終於和好，並撫養鵬郎長大成人，演出了一幕大團圓的戲，以滿足當時市民階層的普遍心理。這些內容其實沖淡了影片的悲劇色彩，調和了矛盾衝突，並最終又肯定了封建包辦婚姻的合理性，屬於敗筆。但影片中梨娘之慘死畢竟以血淋淋的現實抨擊了封建禮教的罪惡，故當時影評認為：「此片雖沒有直接說出『寡婦再嫁之可能』，但在寡婦不得再醮慘狀的描寫內，及舊禮教的吃人力量的暗示內，已把『寡婦不得再醮』的惡制度攻擊，間接的提倡與鼓吹『寡婦再嫁』的可能了。」（冰心〈《玉梨魂》之評論觀〉，刊《電影雜誌》1924年第2期）作為掌故，尚值得一提的是，《玉梨魂》中第一次出現了較大規模的戰爭場面，這是「明星」當局請來當時駐滬軍隊中的四個連的士兵協助拍攝的。另外，上海縣屬的警務部隊馬隊也參加了拍攝。在中國電影史上，這是軍隊正式協助拍攝影片的第一次。

1924年5月9日，《玉梨魂》首映於上海夏令配克大戲院，觀眾踴躍，好評如潮，營業之成功，創當時國產片之冠，「明星」也由此贏得了一筆可觀的收入。據文獻載，當時影片共洗印了五部拷貝，一部被卡爾登戲院租往京津一帶放映，租價3千6百元；三部出售於南洋、菲律賓、東三省及安南等處，共得售價8千餘元；其餘一部則在上海各影院放映，收入也超過8千元。當時拍攝一部影片的成本，大致在5千元左右，「明星」因此盈利之豐，可想而知。

三、表白良好願望的《小朋友》

1912年7月，發行量頗大的《教育雜誌》從4卷4期起開始引人矚目地連載包天笑翻譯的法國長篇小說《苦兒流浪記》。這部以兒童為主角的作品，情節曲折，人物生動，並在一定程度上揭露了資本主義社會的虛偽，很受讀者歡迎，小說一直到1914年12月出版的6卷12期上才續完。第2年，又馬上由商務印書館出版單行本，並獲得了當時教育部頒發的獎狀，很多學校因此均以《苦兒流浪記》作為獎給優秀學生的禮品，所以該書發行量極廣，影響不亞於《黑奴籲天錄》和《茶花女》。據統計，在包天笑之後，至少還出版過6種不同的譯本，可見當時的出版界對這部小說是如何趨之如鶩的。

《苦兒流浪記》原名《Sans Famille》，是法國作家馬婁的代表作。這部作品在法國乃至世界上都有較大影響，遠在包天笑翻譯之前，法國電影商已先將此書改編拍成影片，並在我國放映過；當時楊白民先生在上海創辦城東女學校，也以此書為藍本，改編成新劇演出過，並得到了鄭正秋、汪優遊、徐半梅等一班新劇界前輩的支持和指導。也許正是從這時起，《苦兒流浪記》已開始引起鄭正秋的注意。從1923年起，鄭正秋以《孤兒救祖記》為契端，開始拍攝社會題材的影片，《苦兒流浪記》也列入了他的拍攝計畫。1925年6月28日，由鄭正秋編劇，張石川導演，鄭小秋、宣景琳、王獻齋主演，根據《苦兒流浪記》改編的影片《小朋友》拍攝完成，首映於上海中央大戲院。

鄭正秋改編的《小朋友》，對原著作了較大的改動，並將劇中人物和故事背景全部移到了中國。當時他所編劇的影片，基本上每部都提出一個社會問題，並圍繞此而展開情節。在《小朋友》中，鄭正秋刪繁就簡，突出探討了遺產和法律問題。影片的大致情節是：華陽富孀唐沈氏有一子名小棠，其叔唐仲珊為謀財產，將小棠劫走，後被一匠人喬福森領去撫養，易名來發。而小棠被劫走後，唐沈氏又生下一遺腹子，名小棣。唐仲珊大失所望，終日設計，想謀殺來發和小棣。兩兄弟歷經磨難，最後終於依靠正直的律師章公達擊敗了叔叔，繼承了父親的遺產。很明顯，鄭正秋是基於其社會改良思想和勸善懲惡的願望來改編這部作品的，其中融入了他的理想。影片公映後，社會輿論頗佳，大小報刊紛紛發表評論，認為《小朋友》「戒惡勸善，為現代難得之社會影片，晚近世風日漓，此等片風行，可為一般謀產奪財者痛下針砭。明星公司有益於人心世道不淺，洵社會教育之功臣也」。但在事實上，影片的大團圓結局，僅僅只能說是銀幕上的一個幻影而已，並無什麼社會基礎。這一點，創作者自己也是明瞭的，他們在自己公司出版的刊物上公開發表文章，指出：「社會之害，當以社會制裁之，訴之法律，法律之為用，亦有時而窮矣！劇中有兩律師，章公達之正直，潘志方之貪黷，不必明眼人，皆能辯其是非，然而按之實際，則正直者之數，不敵貪黷者之多也。……劇本可以因果律為之，事實則不能。吾故曰，此問題之在今日，蓋亟待解決矣。」很明顯，影片的創作

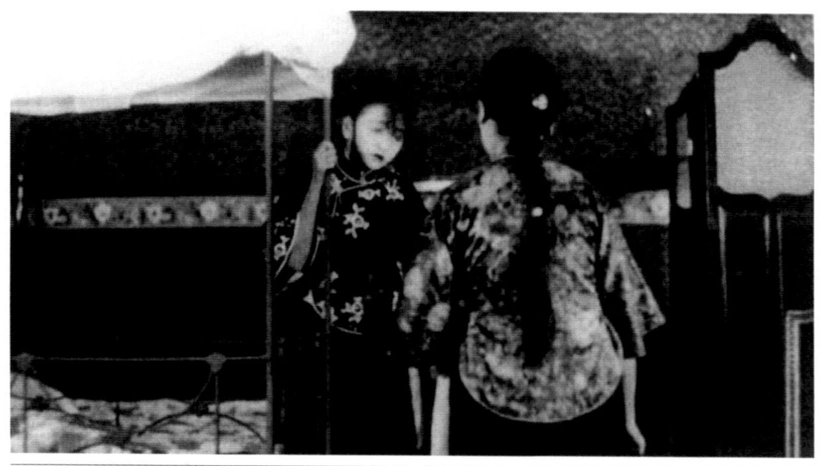

《空谷蘭》劇照。

者只是借他人之酒杯，澆自己之塊壘，以良好的願望發洩對社會的不滿。洞悉了這一切，我們是應該能夠理解鄭正秋他們改編這部作品的一番苦心的。

四、「明星」長片正劇的三部巨作

明星影片公司是靠長片正劇起家的，1923年，瀕臨崩潰的「明星」靠著一部《孤兒救祖記》，奇跡般地翻過身來，並從此走上蓬勃發展的大道，一舉奠定了其在中國早期影壇上「龍頭老大」的地位。對「明星」來說，長片正劇可謂「看家護院」的「獨門法寶」，是公司最為重視的營業方略，一到關鍵時刻，就更「英雄滄海顯本色」了。1925年，正是中國電影千帆競發，爭領潮頭的重要關頭，「明星」三巨頭（張石川、鄭正秋、周劍雲）經過反覆蹉商，決定還是祭起自己的「法寶」，走長片正劇的道路。鄭正秋找到老朋友包天笑，請他出馬為「明星」編寫劇本，要求是：劇旨要有社會教育的意味，但又要寓於一個好的故事當中，要有悲歡離合，情節要離奇曲折。包是當時文壇名人，無論辦報、編刊，抑或創作、翻譯，都堪稱名聲顯赫；尤其是他根據外國作品編譯的長篇小說《空谷蘭》和《梅花落》，20世紀初在報上連載時就曾轟動一時，鄭正秋他們當年就曾將此改編成新劇上演，現在又準備搬上銀幕。包天笑答應了「明星」的要求，於是開了專業作家「觸電」之先例，「明星」也因此一連三年，年年推出一部大製作的長片正劇：1926年是《空谷蘭》，1927年是《梅花落》，1928年是《白雲塔》。

「明星」走長片正劇之路是經過深思熟慮的，他們認為當時中國電影的主體觀眾是普通平民，拍電影要盡可能適合他們的文化水平和欣賞習慣，要注重情節的曲折，最好一波三折，最後以柳暗花明收束全局。《空谷蘭》等作品正好符合這些要求，它們都取材於長篇改譯小說，人物眾多，關係複雜，情節詭異，錯綜曲折，故事最後又都有一個完滿的結局，作品背景也已全部中國化，影片長度更起碼達到20本（上下集）甚至以上，能讓觀眾過足追根究底的癮。應該說，「明星」的商業眼光確實是出色敏感的。《空谷蘭》

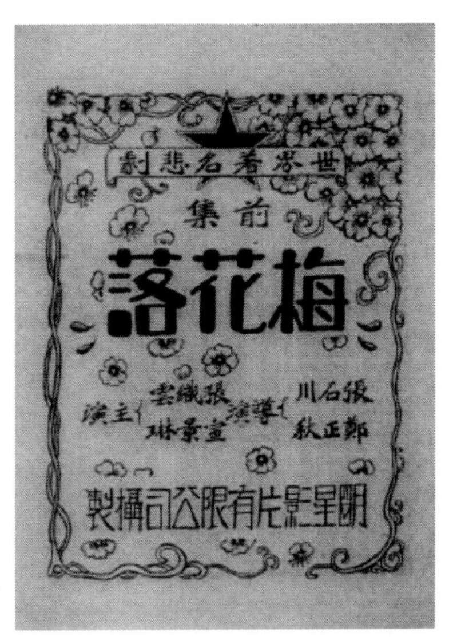

影片《梅花落》說明書。

公映後連連滿座，反映極佳，創下了當時默片營業收入的最高紀錄。「明星」受此鼓舞，趁熱打鐵，又在1927年拍攝了長達30本的《梅花落》。影片描述的是一個復仇的故事，內容錯綜複雜，極盡曲折，又有大牌明星張織雲、張慧沖的精彩演出，故上座率也很高，錢雖然沒有《空谷蘭》賺得多，但也算得上成績喜人。《白雲塔》是根據《時報》的另一幹將陳景韓（冷血）編譯的同名小說改編的，中國影壇雙璧胡蝶和阮玲玉在這部影片中有過唯一的一次合作。胡蝶晚年對此猶念念未忘，在回憶錄中寫道：「我進入明星公司的第一部片子，就是與阮玲玉合作主演的《白雲塔》，我們也由此建立友誼。這是一部令我畢生難忘的片子，倒不是因為這部片子本身，而是每當想起這部片子，就想起其人其事，感慨萬千。」

《空谷蘭》、《梅花落》和《白雲塔》三片是「明星」長片正劇的代表作，也是中國20年代默片的顛峰之作。這以後「明星」改變戲路拍了《火燒紅蓮寺》，並且一拍就是18集，引來眾公司的大批跟風之作，中國影壇也由此進入了「火燒」時代。

五、《漁光曲》轟動影壇

自1933年《都會的早晨》獲得成功之後，人們都對蔡楚生寄予了很大希望，他自己也兢兢業業，不敢有絲毫的鬆懈。他創作《漁光曲》經過了長時間的醞釀，調動了自己很多的生活積累，實地拍攝時更是處處精心處理，稍不如意即重新做起，致使拍攝週期長達十八個月，為當時所絕無僅有。這裏我們可以從歷史的長廊中攝取幾個鏡頭來看看蔡楚生為拍《漁光曲》付出了怎樣的心血和精力。

鏡頭之一：1933年夏末某夜，聯華二廠正在開拍《漁光曲》中火燒茅屋的一場戲。當時正刮東風，茅屋的位置是坐東南，面向西北，導演的指揮臺恰在下風。只聽蔡楚生一聲令下，茅屋立刻熊熊燃燒起來，緊接著救火之聲四起，幾十人擔水穿梭搶救，一片緊張氣氛。站在下風頭的蔡楚生被陣陣濃煙熏得喉乾、鼻塞，眼淚直流，但仍固守崗位，堅持指揮，最後因眼花從近三米高的指揮臺上摔了下來，閃了腰部。9月19日，他忍著腰痛，又帶隊奔赴浙東石埔漁鎮拍攝外景去了。

鏡頭之二：1934年除夕之夜，蔡楚生指揮演職人員在聯華二廠內景地趕拍《漁光曲》中的最後一個場面——何仁齋的滬寓。幾小時後，隨著蔡楚生一句疲倦的「結束」聲，大家都匆匆收拾東西，趕回家去吃團圓飯，離去的人群中蔡楚生是最後一個。第二天是春節，蔡楚生又悄然一人來到廠裏，埋頭案上編寫影片字幕。初二、初三……整個春節期間，他都在廠裏忙著進行影片的後期製作。

如此的辛勤操勞，才終於結出了一朵碩大鮮豔的影壇之花！1934年6月14日，《漁光曲》在上海金城大戲院首映，受到了觀眾前所未有的歡迎，它的在盛夏酷熱中的連映八十四天，它的參加莫斯科國際電影節獲得榮譽獎，這些人們所熟知的事例，都說明影片獲得了巨大成功，而當時報刊披露的一些軼聞逸事，則似乎更能形象地說明影片在老百姓當中產生的巨大反響。

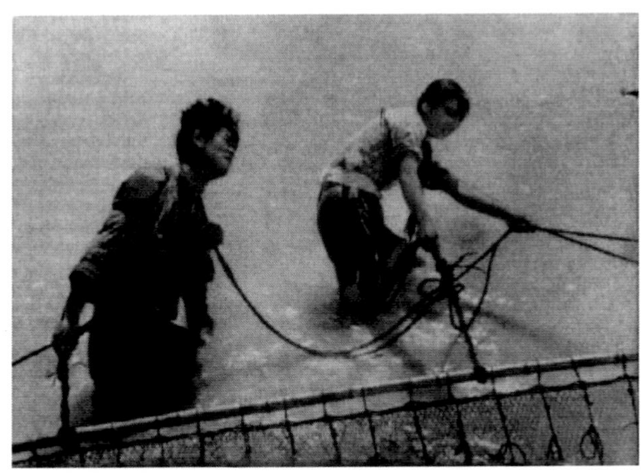

《漁光曲》劇照。

軼聞之一：1934年7月，上海中南銀行新建住宅竣工，住宅題名為「漁光村」，據報載，「蓋以紀念《漁光曲》也」。

軼聞之二：《漁光曲》的家喻戶曉，使商人們覺得有機可趁，上海的綢緞店幾乎同時出現了一種新貨，叫做「漁光綢」。

軼聞之三：上海福啞學校第二院的老師，成功地教會了啞巴學生用鼻音哼唱「漁光曲」。有幸聽到他們那種咿咿唔唔歌聲的人，曾投書《聯華畫報》，感慨「蔡楚生心血的深入人心」。

軼聞之四：一個從不重視國產影片的影迷，在看了《漁光曲》之後，激動萬分，情不自禁給導演寫信抒發自己的感想。他不知道蔡楚生的姓名地址，只在信封上寫著「《漁光曲》導演 臺展」，而郵遞員卻很快將信準確無誤地送到了聯華二廠蔡楚生手中。

夠了，從一滴水中可以見到大海，這些軼聞逸事已足夠説明人民大眾對《漁光曲》的衷心喜愛。而蔡楚生並沒有將這一切歸功於自己，他曾幾次撰文，談到王人美、韓蘭根等人對影片的貢獻；細心的觀眾更能從《漁光曲》正片放映前的一張字幕中看到蔡楚生寬廣的胸懷。原來，「聯華」電工金傳松在為《漁光曲》配光時不慎從高空跌下摔死，蔡楚生對此感到非常悲痛。《漁光曲》拍成後，他特地在片前加上一張字幕，上書：「紀念殉職工人金傳松！」從這一件小事中，我們可以體會到蔡楚生對勞動人民的真摯態度，而這正是他的影片獲得成功的原因！

六、《一江春水向東流》創最高上座記錄

1947年10月，蔡楚生、鄭君里聯合編導的《一江春水向東流》在上海公映，影片以豐富的內涵和獨特的藝術成就，贏得了國內外廣大觀眾的熱烈歡迎，轟動了當時整個中國影壇。著名劇作家田漢看了影片後，發表評論：「在中國電影界今天這樣貧弱簡陋的物質

條件下，而有這樣的成就，算盡了電影工作者最高的成就了。」好萊塢華裔攝影師黃宗沾更是直言不諱，贊道：「這是我所看到的國產片中最好的一部。」

最能説明影片上映盛況的，是首輪上映的映期和創空前記錄的觀眾人數。關於《一江春水向東流》的首輪上映映期，雖然各種説法都説是創造了國產影片的最高上座記錄，但在具體的數字上卻互有出入。據當時報紙公佈的數字是：從1947年10月到1948年1月，影片連映了三個多月；而據拍攝這部影片的昆侖影業公司出版的《昆侖影訊》公佈：影片首輪上映期是二百零九天。究竟孰是孰非？其實兩者公佈的數字都是正確的，只是計算的方法不同：前者講的是從10月到次年1月的上映月期，而後者則是將這三個多月的首輪期內各家影院上映日程總加得出的數字，如：麗都50天，滬光48天，光華35天，國際27天，美琪22天，平安18天，南京9天。至於首輪觀眾的人數，各報刊統計的數字都是71萬2千8百74人。這個數

影片《一江春水向東流》特刊。

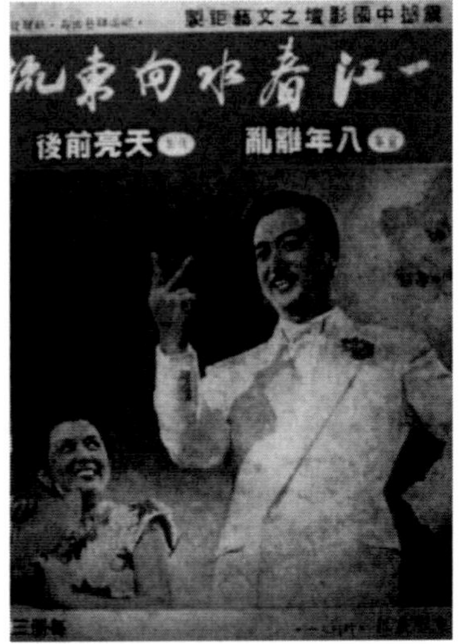

字是相當驚人的。當時上海的總人口大約是5百萬，這71萬多人，占全市人口的14.39%，亦即上海市無論老幼貧富，平均每7個人中就有1個人看過此片。因此，說《一江春水向東流》創造了解放前國產片的最高上座記錄，是毫不誇張的。

關於這部巨片還有個掌故值得一講。細心的觀眾一定會發現，《一江春水向東流》分上、下兩集，上集《八年離亂》，下集《天亮前後》，而兩集的出品者是不同的，《八年離亂》為聯華影藝社出品，《天亮前後》為昆侖影業公司出品，上、下兩集作為一個整體合映時，則標明聯華影藝社、昆侖影業公司聯合出品。原來，1946年6月，陽翰笙、蔡楚生、史東山、孟君謀等人以戰前聯華影業公司同人的名義成立聯華影藝社，拍攝了《八千里路雲和月》及《一江春水向東流》上集《八年離亂》。而昆侖影業公司是民族資本家夏雲瑚、任宗德等人在戰後合資經營的，與大業公司合拍過《迎春曲》。1947年6月，「聯藝」和「昆侖」合併，仍名昆侖影業公司，由夏雲瑚擔任總經理兼廠長，孟君謀任副廠長兼廠務主任。原來「聯藝」出品的《八千里路雲和月》和《八年離亂》也歸「昆侖」發行，《天亮前後》由「昆侖」繼續拍攝。當時的電影公司和電影明星對公司產權和個人排名前後都很敏感，對電影圈內的人來說這也的確是個棘手問題，弄得不好就會出事。故我們從本文所附的廣告樣張中可以看到，「昆侖」對這個問題處理得非常謹慎，它在〈緊要附注〉裏說得清清楚楚，《八年離亂》和《天亮前後》兩集影片單獨放映時怎樣宣傳，兩集合映時又怎樣宣傳，各各不同，不能混淆。它還特地申明：「各戲院放映本片之報紙及一切文字廣告，本片出品名稱，演員排名，製片人及廣告句，務請依照廣告樣本；如因上列事項引起糾紛，其法律上之責任，應由發稿之戲院擔負。」真可謂小心翼翼，一絲不苟。這幾張五十餘年前的廣告樣張正印證了當年影壇的一段特殊歷史，頗值玩味。

卓爾不群的藝術探索者

據說，電影是電視誕生前唯一能找到生日的一門藝術，而它誕生的一百年歷史，又是人類社會發展變化最激烈的一段歲月，因此，它生得清澄似水，活得卻負重如山，政治、軍事、經濟、文化、科學、時尚等各種因素，一切都影響、制約著它。但在這百年間，也有一批影人，以對藝術和人生的沉迷與執著，始終在電影領域孜孜不倦地探索著。若論革命熱情和時代意識，他們比不上左翼影人和社會倫理派的電影家；若論大眾趣味和商業利潤，他們又遠遠不及擅長拍攝武俠片和偵探片的那一批電影人。他們只是靜靜地講述與展示，將自己的生命體驗和對生活的理解完全投射到作品上面而很少受外在因素的影響，電影史界把他們的作品歸屬於「作者電影」一類，或者和社會倫理派相對應，稱之為人文派影片。

從電影史的角度看，但杜宇、史東山、洪深、費穆、吳永剛、桑弧、佐臨等幾代電影人一脈相承，都屬於有別於中國傳統影戲觀念的創新一派——人文派，他們強調影像和造型，有著濃郁的人道主義思想，注重人物心理刻畫，非常注意個人風格的營造。這與鄭正秋、蔡楚生等擅長用戲劇結構編造情節，講究把故事講明白、講有趣的社會倫理派導演有著明顯的區別。

人文派影人是一批卓爾不群而又正直執著的知識份子，是那個年代孤意獨行的藝術家。他們不事聲張，認真謹嚴，胸中自有丘壑，絕不違心趨俗，注重對電影本身的藝術特性的探索，努力想使個人的人格和才智得到發揮。費穆是人文派影人中的傑出代表，他導演的《小城之春》更成為中國電影的藝術經典。《小城之春》是部投資小、場景少、拍攝時間短的小製作影片，但費穆卻憑藉深厚的文化底蘊將其拍成了一部不朽的電影精品。在撲朔迷離的黑白影調中，斷壁殘垣、花草盆景、冰輪月光……一切都被費穆賦予豐富的象徵意義，影片無太多的臺詞，無激烈的動作，演員只用眼波流傳的一絲微妙的表情，傳達出異樣豐富的內心。《小城之春》是一出離亂時代的平淡故事，它所散發出的魅力，如陳年醇酒，歷久彌香。今天，每一位觀眾或影評家、研究者都以自己的方式進入這部電影，然後又用自己的方式解說這部電影，評介影片的文章之多可以出版一本又一本厚厚的專集，這正是在經典之作身上才會產生的獨特現象。

一、《重返故鄉》中的人生哲理

在上世紀20年代眾多的電影公司中，上海影戲公司是比較重視追求自己風格的一家。它的創辦人但杜宇原是一位頗有名氣的畫家，靠勤奮自學掌握了電影攝製的全套本領，於1920年正式創立上海影戲公司，最初的出品有《海誓》、《古井重波記》、《棄兒》等。但杜宇是當時少見的能集編、導、攝於一身的電影人，而且有其電影藝術上的追求，影片風格也呈現出鮮明的個人特色，在攝影造型、畫面語言等方面都有突出的成就，是中國電影史上最早的藝術探索者之一。他喜好西方藝術的唯美風格，特別注重電影畫面的視覺美感，影片內容則擅長講述人物情感的歷程，《重返故鄉》堪稱其早期作品的代表作。

1925年7月9日，由但杜宇編導的《重返故鄉》在上海首映。這是一部比較奇特的影片，它以主人公「素女」羨慕都市物質浮華，終又幡然歸鄉的經歷，表達了作者對人類本性何以迷失這一哲學命題的思考。影片的表現形式也頗有特色，它以具有特定含義的名詞來命名劇中人，然後隨著劇情的逐步展開，一步步揭示其哲理。用但杜宇的話說就是：「以無形的形容字，假託在演員身上，以之解剖學理；換言之，即以精靈界的事物，而在形質界明白解釋也。」（〈《重返故鄉》劇情解釋〉）故《重返故鄉》公映時，大幅廣告標明其為：哲學名片！影片中的主人公「素女」其實是假定的一個女子，而「貞節」、「虛榮」、「青年」、「美麗」等則是她的各個方面，如「貞節」、「虛榮」代表她的操行，「青年」代表她的年齡，「美麗」表示她的容貌，故雖然是五姐妹，實際上只是一人。又因人生的操行、年齡、容貌都隨時間的流逝而會有所改變，所以五姐妹的母親就叫「光陰」。劇中含義，大致都可以此推衍。如「金錢」引誘「素女」，「貞節」一再提醒告誡，說明男女相愛，如有貞節的觀念，就能守身如玉；而「金錢」對此懷恨在心，

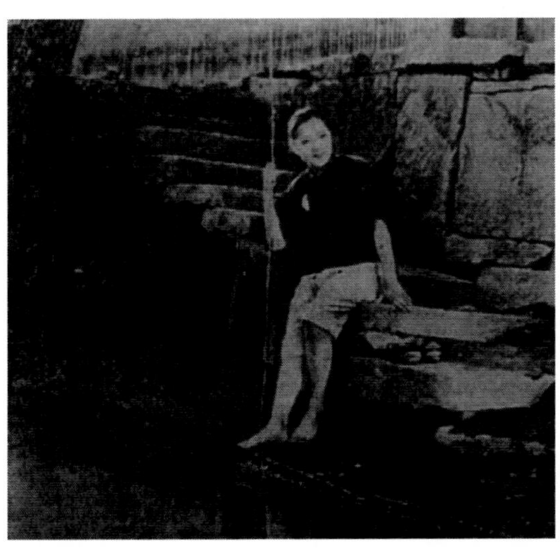

《重返故鄉》劇照。

聯絡「虛榮」，將「貞節」囚禁在暗室之中。這想說明的是，欲破女子的貞節，必先利用她的虛榮心。正因《重返故鄉》具有這些特點，故當時的影評界對但杜宇的美學追求有頗高的評價，認為影片「如名手作畫，遠山遙水，孤帆蕭寺，但在微墨點染，意到而筆不到，自成雋逸」；「此一劇開中國影片哲學意味之新紀元……於中國電影史上，多少有幾行位置；而但杜宇之個人，不謂非一種事業之成功也」（倚虹〈評《重返故鄉》〉）。而今日電影史學界對此有更深刻的認識，他們認為「但杜宇偏愛用象徵性的銀幕構思來傳導某種意念……影片對色彩、光影和佈景也頗多意念性的設計，而在鏡頭的組接上又體現出一種『意到筆不到』的跳躍效果。這些銀幕語言創造特點，在當時顯然帶有一定的先鋒性。」（弘石〈無聲的存在〉）這些都表明，但杜宇其人及《重返故鄉》其片，在中國早期電影史上都是值得後人重視的。

二、一代名導從《楊花恨》起步

在中國電影史上，《楊花恨》這部影片並沒有多大影響，但它卻因為和著名導演史東山的某種特殊關係而受到人們的關注。

史東山素有影壇元老之稱，也是電影界出了名的通才，他懂攝影，擅繪畫，愛音樂，是當時有名的晨光美術會的會員。1921年他19歲時踏進電影圈，成為但杜宇主持的上海影戲公司的一員。從影之初，他出演過《古井重波記》、《重返故鄉》、《小公子》等影片，但其正式職務卻是公司美工，負責置景，也幹燈光、道具等一應雜活。拍片之餘，他還嘗試著寫劇本。憑藉自己的努力和勤奮，史東山很快就熟悉了電影創作的整個流程，這為他以後獨當一面執導影片打下了牢固的基礎。1925年，他所在的上海影戲公司為擺脫困境，公開徵求電影劇本，史東山厚積薄發，以《柳絮》一劇而中選，並親自擔任導演，根據《柳絮》拍出了自己的第一部影片《楊花恨》，從此走上了電影導演之路。

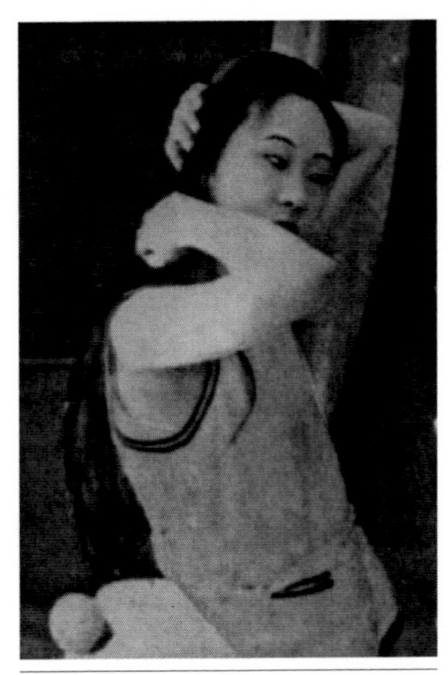

《楊花恨》劇照。

《楊花恨》是部婦女題材的影片，從故事情節到人物服裝、道具佈景都有著比較濃郁的「歐化」色彩，女演員韓雲珍就因主演此片而博得了「風騷派明星」的雅號；該片情節進展也略顯突兀牽強，有著人為安排的痕跡。但從當時整個影壇出品來看，這些缺陷是相當普遍的現象，人們注意的是一顆影壇新星的升起。史東山受但杜宇影響較深，早期作品的風格偏向於唯美主義。他們這一類藝術家個性都很鮮明，看了很多西方作品，有自己的藝術追求，非常想在作品中表現個人的想法，以自己的藝術個性去反抗社會。史東山和但杜宇一樣，講究畫面構圖和鏡頭調度，追求「天然的美」和「人造的美」，但同時也強調電影的「社會教育」功能。他尤其關注婦女的境遇問題，這成為他電影作品中的一個重要特色，而這一點在《楊花恨》中已盡顯端倪。《楊花恨》的賣座不錯，尤其在知識階層中反響很好。漫畫家丁悚認為：《楊花恨》的藝術價值「總是高人一等」，「開映後也很能得到觀眾的熱烈歡迎」。作家周瘦鵑更寫道：「史東山是畫師是佈景師是電影演員我都領教了，卻不道《楊花恨》一片又給史東山立下了個好導演的令譽，主角韓雲珍也因史東山導演得法而成績很優美。……《楊花恨》既告成功，史東山便在上海許多影戲公司的導演中占一個很高的位置」

《楊花恨》創作於整整八十年前，是史東山編導的處女作，和他以後的出色成績相比，此片當然不免幼稚，但它卻印證了一代名導史東山當年奮發進取，搏擊人生的追求和勇氣，給人以啟迪。

三、洪深「心理劇」的代表作

中國早期影壇的從業人員，很多都是新劇界的宿將，受傳統影響較深，洪深是最早「觸電」從影的新文藝工作者之一。他1916年在「清華」畢業後赴美留學，先是學習實業，很快就轉向戲劇專業，在哈佛大學和波士頓演員表演藝術學校接受嚴格的科班式職業訓練。1920年回國後，洪深寫作了中國第一個比較完整的電影劇本《申屠氏》，編導和主演了《趙閻王》、《少奶奶的扇子》等舞臺劇，在劇、影兩方面都有出色的表現，用今天的話說就是一位頗為引人矚目的專業「海歸派」。1925年，明星影片公司震於他的名聲，經戲劇家谷劍塵介紹，聘其擔任編劇顧問。說是「顧問」，實際握有實權，且不限於編劇。僅在最初的兩年，洪深在「明星」就連續編導了《馮大少爺》、《早生貴子》、《四月裏底薔薇處處開》和《愛情與黃金》等四部影片，內容皆反映中上層人物和公司職員的生活，以刻畫人物的內心狀態而見長，在劇本創作、導演手法等等方面更有所創新，為影壇吹進了一股清風。

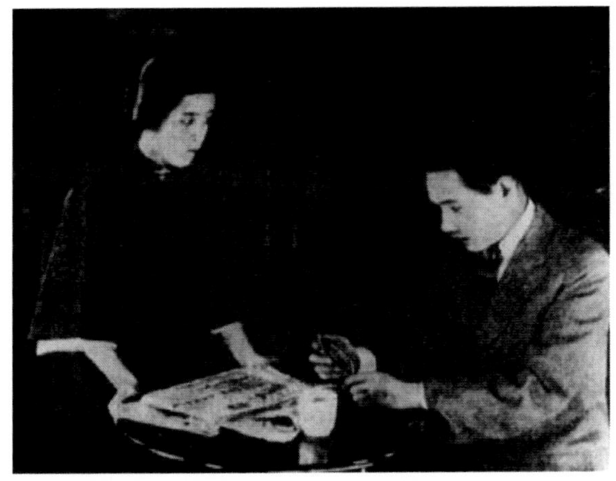

《愛情與黃金》劇照：丁子明飾陳蓮珍，洪深飾黃志鈞。

洪深雖然屬於「明星」創作群體中的重要成員，但他的編導風格卻顯然與張石川、鄭正秋等人的創作不盡相同。洪深較多地借鑒了西方戲劇的表演經驗和表現手法，在劇本創作上，往往都有比較完整的格式，甚至連字幕、表情、景物乃至鏡頭的性質和數目，都有具體的規定，這在當時是極為少見的。他在電影處理方面，特別注重場面調度和人物刻畫，一般並不刻意在故事情節上下工夫，而是更講究細小動作的運用和人物形象的塑造，尤其注重人物內心狀態的描述，喜歡用長鏡頭去表現人物的心理活動過程。這是他的擅長。因此當時輿論稱他編導的電影為「心理劇」。一般認為，這部《愛情與黃金》最能代表洪深從影初期的創作風格。影片描述一個銀行小職員，為了多掙錢而對經理一家獻盡殷勤，終於被招為婿。但就在他舉行婚禮之日，髮妻趕來，當場自殺，小職員無地自容，也愧悔而自斃。洪深兼飾小職員一角，他充分表現了一個既不甘居人下，又無晉升之階的小人物的尷尬處境，著重刻畫了這個小職員猥瑣無奈的精神狀態。洪深在銀幕上將這個小人物既貪婪金錢又難以割捨髮妻的複雜心理以及良心發現時痛苦、矛盾的心理活動表現得非常精采，故時論將此片譽為是洪深「心理劇」的代表作。

四、西子湖邊的傷感春夢

在上世紀20年代中期，田漢曾以很大的熱情投身到電影創作中，用他自己的話形容就是：沉浸在「銀色的夢」中！他先後編導了《翠豔親王》、《到民間去》、《斷笛餘音》等影片，但最後真正完成並公映問世的只有《湖邊春夢》這一部。影片公映於1927年夏，是一部能體現田漢思想的作品。當時中國政壇風雲變幻，國民革命前途未卜，而田漢對電影的作用，懷著一種不切實際的夢想，即企圖靠藝術之偉力去「補救」革命。為此，他曾接受南京某些官方人士的交換條件，赴金陵就任南京政府總政治部宣傳處藝術科顧問，主管戲劇股。孰料，數月之間，政局發生重大變化，田漢的一切幻想皆成泡影，藝術科也無形解散，終於一事無成，重回上海。田漢的南京之行，當時曾引起各方友好的議論和責難，田漢自己也「一時沉入非常幻滅之中」。影片《湖邊春夢》即創作於此時，故帶有濃郁的感傷色彩。他在闡述該片創作緣起時曾感慨萬分：「予以友人召赴金陵，數月間睹風雲之變幻，察人性之機微，倦遊而

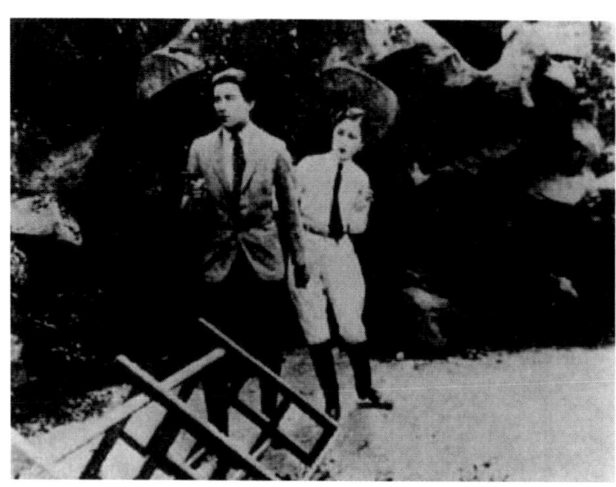

《湖邊春夢》劇照。

歸，而《湖邊春夢》已成。然日月易逝，不覺又秋風飄飄吹南國矣。」（〈關於《湖邊春夢》〉）在《湖邊春夢》中，田漢寫了愛情苦悶和藝術苦悶，而這些苦悶是通過一種變態的虐待狂而宣洩出來的。當時，田漢正服膺著谷崎潤一郎的唯美主義，又受到剛剛傳入的弗洛依德精神分析學派的影響，因此而把這種變態心理融入到自己「銀色的夢」中。

明星影片公司對該片非常重視，請田漢的老友卜萬蒼執導，男女主角則由風靡一時的豔星楊耐梅和嶄露頭角的小生龔稼農擔綱。為了使影片在景觀上標新立異，「明星」當局還決定重要鏡頭均在外景地杭州實拍。十餘天中，不但將蘇堤春曉、平湖秋月等西湖十大勝景一一攝入鏡頭，其餘如石佛山上沿崖壁刻的石佛、循山而上的寶俶塔、西冷橋畔的蘇小小墓、棲霞山麓的岳王廟、佛教勝地靈隱寺、聞名中外的虎跑泉，乃至歷代奸臣秦檜、張凌等人的鐵鑄跪像等名勝古跡，均無一遺漏，並由楊耐梅所飾演的美豔少婦，穿插介紹古跡佳話和風土人情，使沒有到過杭州的觀眾，看了影片也恍如來到了美麗的西子湖畔，縱情遊樂於湖光山色之間。難得的是，所有這些鏡頭，均緊扣劇情，沒有生硬勉強之處，故當時贏得輿論的一致好評，讚歎為是一部很好的「風光宣傳片」。1967年，龔稼農在臺灣撰寫從影回憶錄時，仍對幾十年前拍攝此片的情景記憶猶新，感慨寫道：「《湖邊春夢》是一部很好的觀光宣傳片，如今天能放映於觀眾之前，縱然當時攝製技術較差，但也可從畫面上醒人的景色中聊慰鄉愁。」（《龔稼農從影回憶錄》第一冊，臺灣文星書店股份有限公司，1967年4月）

五、用次等提琴奏出的優美旋律

在費穆一生為數不多的電影作品中，《天倫》是引起頗多爭議的一部。影片由聯華影業公司的老闆羅明佑籌畫並監製，鍾石根編劇，費穆擔任導演。當時「聯華」的經濟狀況很不妙，羅明佑親自督陣，鄭重推出《天倫》，頗有解危難於一時之想。

《天倫》演繹的是這樣一段故事：一個浪子重回久別的家鄉，受老父遺訓所感，決意好好撫育子女，並把慈愛推己及人。二十年後兒子做了大官，但卻只知追逐名利。感慨之下，他遂帶同全家遷往鄉間，從事收容老人，教育孤兒的慈善工作，但不久兒子、兒媳和女兒都離開了他。多年後，帶著妻兒的孫兒及悄悄出走的女兒都回到了他的膝下。他操勞過度病倒後，孤兒院便交給孫兒代管，臨終時又用他父親的遺訓教誨兒孫：把對個人的愛推及於人類！

文化從來附屬於政治，雖然它比政治有著更廣闊的內涵。《天倫》公映後，很快受到左翼影壇的共同批判。在很多人看來，在一個民族矛盾和階級矛盾高度激化的年代，宣揚這種古老的烏托邦理

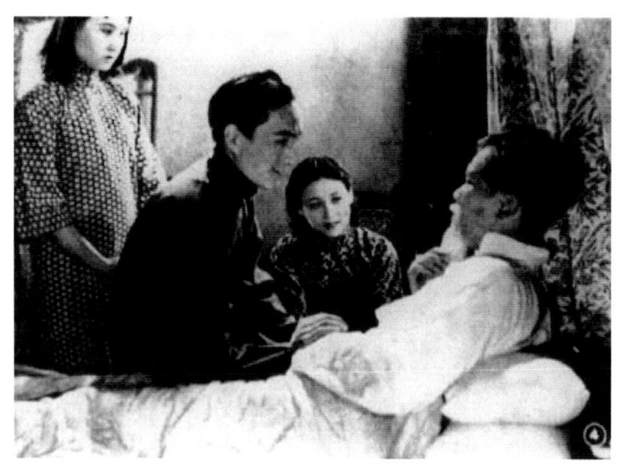

《天倫》劇照。

想，以人類之愛調和階級矛盾，無疑暗中助了統治階級的一臂之力。當時，國民黨政府為鞏固統治起見，從中國傳統文化特別是儒家學說中尋找思想武器，當年，他們提出的重要政治措施之一，就是所謂的「新生活運動」。他們倡導通過綱常倫理的重建，維護國民黨的正統統治，認為「鬥爭是一切罪惡的源泉」。在這種背景下，提倡「人類之愛」的《天倫》的處境自然十分尷尬。然而，僅以此來評判費穆的政治傾向則過於簡單，也有失公允。宣揚傳統文化對國民黨政府而言是一種政治手段，而對費穆來說則是一種執著的文化認同。幾年以後，費穆又拍攝了一部更能充分表現他的文化觀念的《孔夫子》，這次因為環境發生了很大變化（當時上海已淪為「孤島」），影片獲得了很大好評！

費穆是中國電影家中少數幾個對中國傳統文化（特別是儒家學說）作過長期認真思考的人。他的作品就像他的為人一樣，總是那樣溫文爾雅，幾乎沒有什麼激烈的打鬥和槍殺場面，但卻蘊含著豐富的文化內涵和象徵意義。對中國的傳統文化，他有肯定，有保留，也有反省和拒絕。如果要在費穆的作品中尋找一條貫徹始終的主線索，那麼，儒家學說中的「發乎情，止乎禮」差堪可以說是。很顯然，這樣一種精神文化，和費穆所經歷的那個動盪激變的年代頗有點格格不入，或者說不合節拍。也正因此，他的作品長期受到爭議，從無大紅大紫過。但在他的身後，在一個相對平靜富庶的年代，他的作品卻受到了空前的關注和熱情的褒揚。這對費穆來說似乎是一種生不逢時的悲哀，但卻幾乎是世上所有大藝術家的宿命，也暗中符合費穆做人處世的生活態度和一貫準則。我一直在想，如果費穆真還活在這個世界上，面對今天幾乎眾口一辭的熱情稱讚，他是否會手足無措，感到另一種無法承受的重壓？

《天倫》的影片內容雖然廣受爭議，而影片技巧則受到了來自各方面的推崇。當時的中文報紙說「《天倫》是達到了中國默片的最高峰的作品」（片岡〈《天倫》評一〉，刊《晨報·每日電影》，1935年12月）；外文報紙則認為「《天倫》足與美國最好的影片媲美，如果你對於『藝術無國界』的老話有點信仰的話不要錯過這部影片」（〈《天倫》之中外報紙評論〉，刊《聯華畫報》第6卷12期，1935年12月）。費穆在《天倫》中對電影場面的高度調控能力和蒙太奇鏡頭的熟練運用、富有隱喻比興意味的優美畫面以及洋溢全片的詩化風格等等方面，在幾十年後依然備受各方激賞。1985年，在香港第9屆國際電影節上，有影評家對費穆電影風格的形成及其延續發展作了這樣的評價：《天倫》「有十分強烈的影像風格，無論構圖、燈光、蒙太奇、影機運動、景深調度……都有大膽和出人意表的處理，簡直是一次電影技巧的實驗。這也足證費穆早於1935年已完全掌握了電影的各項形式元素，十三年後的《小城之春》有那樣超時代的精純風格，正是他返璞歸真的自然表現。」（李焯桃評語，刊第9屆香港國際電影節《亞洲大師作品鉤沉》特刊，1985年）

《天倫》的另一成功之處是它的音樂。「聯華」請著名音樂家黃自為影片創作了主題歌《天倫歌》，配樂由任光負責。任光採用月琴、琵琶、鑼鈸等中國傳統樂器為影片配樂，請衛仲樂、秦鵬章和當時百代國樂隊的四位樂手合作演奏錄音，從而使《天倫》成為中國電影史上第一部完全由民族樂器配樂的影片。在影片中，民樂和中國的傳統文化完美地融合在一起，達到了很高境界。影評人舒湮特地著文為之讚賞：「這裏的音樂使人不覺得是另外的東西，而是緊密地滲透到畫面的組織裏去的。它幫助情緒的發展，並且創造新的氣氛。在許多配音聲片中，這是最完美的一片。國樂的運用很切當，比較胡亂採取西樂的皮毛好得多。」（舒湮〈評《天倫》〉，刊《晨報·每日電影》，1935年12月）《天倫歌》由音樂家郎毓秀演唱。這首歌本身就很煽情，加上郎毓秀深情的演繹，優美的歌聲很快隨著影片的放映和唱片的發行傳遍各地，成為名符其實的流行歌曲。著名美籍華人趙浩生先生在其《八十年來家國》一書中深情回憶道：幾十年後，當他和趙丹談到三十年代的電影時，雖然《天倫》的片名早已忘卻，但影片主題歌卻還在腦海中深深留存，兩人「不禁一同唱了起來：人皆有父，翳我獨無……」著名報人秦綠枝也曾在報上多次提到這首歌：「早年我每聽一次，眼眶裏總禁不住要沁出淚水，因為郎毓秀是用感情唱的，又唱得質樸無華，即使我沒有那種『人皆有父，翳我獨無』的身世，也無法不為之動容。」（〈小事〉，刊《新民晚報》，2002年2月24日）由此可見這首歌的魅力之深和影響之大。

《天倫》1935年底首映於大光明影戲院，這在當時對國產片來說是很高的待遇。影片很快受到了國外的注意。1936年，美國派拉蒙電影公司的一位高級職員購得了《天倫》在美國的放映權。他吸取以往外國影片在美國放映失敗的教訓，先將影片按照美國人的欣賞習慣重新剪輯，另行配音，並將片名改為《中國之歌》。然後在宣傳上也下了一番功夫，除了製作大量海報、廣告外，還特地約請當時正寓居美國的中國著名作家林語堂撰文推薦。其時，林語堂的《吾土吾民》已在美國出版，頗享盛名。他欣然應允，寫了一篇題名為〈中國與電影事業〉的文章，發表在1936年11月8日（《中國之歌》公映的前一天）的《紐約時報》上。他寫道：「比起好萊塢，設備是差的。但中國電影人員從那些舊式機械中所變出來的作品，有時卻有極美的效果，常使我驚奇，正如一個街頭樂師，用一個次等提琴奏出一支優美的曲子一樣。」林語堂不愧為是一個大作家，一篇文章就將美國人的胃口吊得高高的，次日，當《中國之歌》在美國首映時，果然引起了很大轟動，成為當時的一件盛事。《天倫》也因此成為當時在美國放映的外國影片中少數幾部獲得成功的影片。

《天倫》引進美國還有一個意外收穫。20世紀80年代，當人們對費穆的電影作品備感興趣時，《天倫》的拷貝已遍尋無著。正當人們歎息沮喪時，忽然從倫敦傳來一個喜訊，1980年在英國影藝學院的倉庫裏發現了《天倫》的拷貝，而且正是當年在美國發行的《中國之歌》，配有中英文字幕。雖然這只是一個四十七分鐘的缺本拷貝，但事隔幾十年還能看到當年的畫面已屬萬幸，何況，這是目前尚留人世的費穆最早的電影作品，我們正是依賴於這海外歷史遺物，得以觸摸到費穆的生命脈搏！

六、默片《神女》及其有聲電影版

和蔡楚生、沈西苓等人一樣，吳永剛也是靠辛苦打拼，努力自學而成為一名導演的。他從1925年起，在「百合」、「天一」、「聯華」等公司擔任了將近十年的美工師，並兼幹過服裝、化妝、場記等很多工作。鄰近的一家三輪影院「卡德」是他自學進修的最好課堂，兩毛小洋的低廉票價也正是像他這樣的小職員能夠勉力承受的，他在那裏幾乎把所有輪映的中外影片都看了一遍，從中學到的絕非僅僅只是技術。

30年代初吳永剛執導《神女》前還藉藉無名，而阮玲玉此時正如日中天，紅透影壇，可以說，一部影片有阮玲玉主演，票房就基本有了保障。因此，當初出茅廬的吳永剛去向阮玲玉提出請她主演的請求時，他的心裏可謂忐忑不安，顧慮重重，故當阮玲玉看了劇本後爽快應允，《神女》得以正式開拍時，吳永剛對阮玲玉充滿了感激。他曾屢次表達自己對阮玲玉的敬仰之情，對她的領悟能力和表演天賦更是由衷敬佩。電影界屢屢讚美《神女》寫賣淫場面構思新穎，鏡頭乾淨，達到了逼真而又簡潔，暴露而又含蓄的藝術境地；而我則寧願猜測是吳永剛生怕「床上戲」玷污了他心中天使的神聖，不願看見阮玲玉去演這樣的鏡頭。

《神女》的故事很簡單，寫一個普通的城市婦女，為生活所迫成為暗娼，而後又被流氓霸佔。殘酷的生活使她對社會充滿了憤恨。一次，她發現自己為兒子讀書辛苦攢下的錢被流氓偷去賭博，忍無可忍，失手將流氓打死，結果被判處十二年徒刑關進了監獄。影片的特色是將妓女的出賣肉體和崇高的母愛結合起來描寫，從而使這一題材有了新意，片首的那尊著名雕塑正揭示了全片主題所在。吳永剛的作品裏有著濃郁的人道主義思想，他對阮玲玉扮演的「神女」充滿了同情，竭力在她所犯的「罪行」中去挖掘善良的人性。著名影評家塵無當年在〈《神女》評〉一文中稱吳永剛是「靈魂的寫實主義者」，作品中有著陀思妥耶夫斯基思想的影子，是對社會現實的一種「深刻的描寫」。

吳永剛對自己的處女作《神女》懷有很深的感情，可能很少有人知道，他在1938年曾重

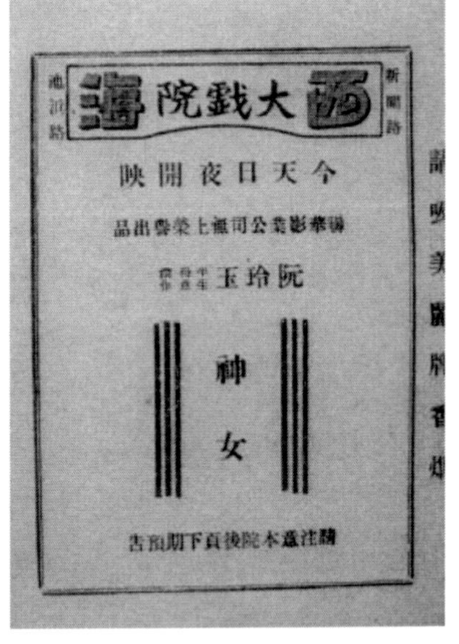

影片《神女》說明書。

拍過《神女》的有聲電影版，片名改為《胭脂淚》，由「新華」出品，胡蝶主演。胡蝶和阮玲玉是同時代的一對雙子星座，但她倆僅在1928年出品的《白雲塔》一片中合作過一次，這次兩人在同一題材不同版本的影片中先後出演同一角色，可說是一次難得的緣分。《胭脂淚》和《神女》的情節基本相同，只是為了突出母愛，又增加了兒子長大訂婚的幾場戲：十二年後，神女刑滿出獄，而此刻正值她的兒子和女友在舉行訂婚儀式。大雪紛飛中，她躲在窗外，聽著兒子滿懷深情地唱起懷念母親的歌，不禁熱淚盈眶。為了兒子的前途和幸福，她在風雪之夜悄然隱去。當時胡蝶住在香港，故主要鏡頭都是在港島拍攝。影片攝成之際，又正逢國家多事之秋，放映時間很短，因此鮮見有人對此片進行評價，似乎吳永剛本人也未見有提起過。

七、當年影壇「張、桑擋」

張愛玲在學生時代就是一位影迷，以後賣文為生，最初寫的也是影評和劇評。1946年夏，桑弧經柯靈介紹，約請張愛玲為自己寫一個劇本。她欣然應允，憑藉蓄積已久的電影藝術素養和創作素材儲備，很快就寫出了電影劇本《不了情》，這也可以說是張愛玲正式「觸電」的處女作。劇本描寫一位家庭女教師和學生家長之間的一段戀情，故事委婉動人，桑弧十分喜歡，馬上開拍，1947年年初即攝竣公映，成為文華影業公司成立後的開山之作。張愛玲也乘勢把《不了情》改寫成中篇小説《多少恨》，登載在由桑弧負責的《大家》雜誌上。根據電影劇本改寫小説，這在當時尚屬一件新鮮事，實際上這也開了如今大為盛行的「影視文學雙胞胎」現象的先河。

首度合作十分愉快，張、桑兩人便再接再厲，馬上又編導完成了《太太萬歲》。這是一出表現家庭成員之間複雜關係的影片。

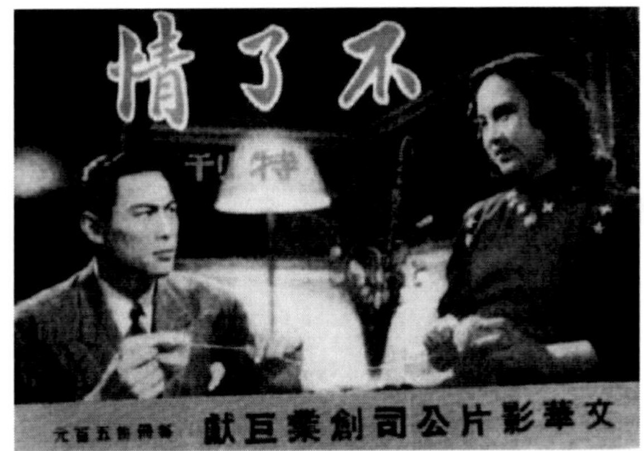

影片《不了情》特刊。

描寫一位精明能幹、八面玲瓏的太太陳思珍，在大家庭裏周旋於各個成員之間，想到處討好，卻到處不討好的尷尬處境。桑弧採用的是自己擅長的風格，即用喜劇風格去拍攝正劇，但在笑聲中又揉進了一點苦澀，著重人情世故的體會與表現，引人思索。陳思珍的這種生存方式，是城市生活中隨時可見的現象，堪稱都市生活裏家庭主婦的一種典型。張愛玲曾說：「她的氣息是我們最熟悉的，如同樓下人家炊煙的氣味，淡淡的，午夢一般的，微微有一點窒息，從窗子裏一陣陣的透過來，隨即有炒菜下鍋的沙沙的清而急的流水似的聲音。……」桑弧十分欣賞張愛玲的才華，並把這種才華十分流暢地表現在銀幕上。他將影片拍得雅俗共賞，力求做到能為普通觀眾所容易接受。張愛玲認為：陳思珍這個人物「如果有任何偉大之點，我想這偉大倒在於她的行為都是自動的，我們不能把她算作一個制度下的犧牲者」。桑弧則將陳思珍當作一個「上海典型的里弄主婦」去塑造。這說明，兩位創作者都沒有把陳思珍只當作是傳統制度的束縛者，而是認為，她的所作所為，受制於當時無形而又隨處可以感受到的社會關係，猶如一隻被無形之手操縱控制的提線木偶。這正是從喜劇裏面提煉出的苦澀之味，而這也使影片有別於一般意義上的喜劇。

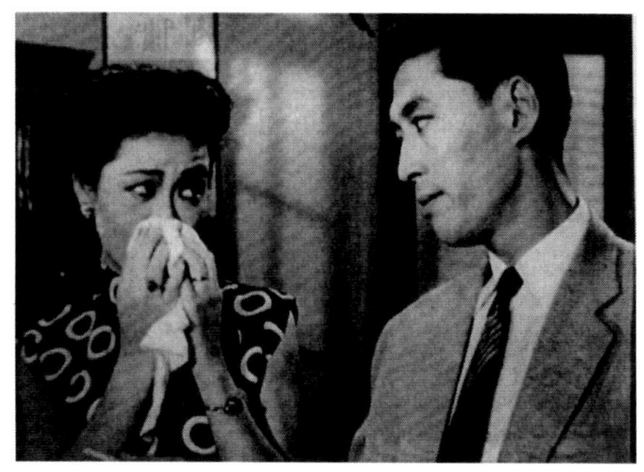

《太太萬歲》劇照，張伐和蔣天流在其中演一對夫妻。

由於《太太萬歲》具有濃郁的生活氣息，上映時影院內笑聲不斷，該片也因此成為1947年票房價值最高的幾部影片之一，其風頭甚至蓋過了當年引入國內的好萊塢大片《出水芙蓉》。很顯然，《不了情》和《太太萬歲》這兩部影片的人情味都很重（其實這也是「文華」影片的鮮明特色），游離於所謂的「政治」也較遠，故長期以來一直未受重視，《中國電影發展史》甚至將其視之為「消極落後影片」的代表，但同時也承認影片的編、導熟諳電影，「從而善於通過電影技巧來渲染這種人物的心理」。這其實也從一個方面證實了張愛玲和桑弧當年默契的合作關係，「張、桑擋」之稱可謂名副其實。

娛樂大眾的商業影片

19世紀末，當電影作為一種新鮮玩意兒出現在街頭時，首先給予它熱情和照顧的是都市中比較低層的市民。早期的無聲電影沒有語言障礙，情節簡單原始，靠過分誇張的表演和滑稽幽默來招徠觀眾，因此，很多紳士和淑女對它不屑一顧。這實際上也揭示了一條法則，即「電影是面向大眾的」。從本質上說，電影是屬於普羅大眾的娛樂和藝術，電影區別於繪畫、音樂、文學那些個體性較強的藝術門類，它必須依靠一套工業和經濟體系來維持生存和發展。由於電影的商業特性，它不得不受「多數法則」的支配，吸引最大量的觀眾，確保投資的安全性。更多的時候，電影只是一種文化消費品，它的主流是類型電影，而偏離商業軌道，懸浮於大眾之上的「純電影」，一直是局限於某一時期、某一小眾內的美好理想或偶一為之的瀟灑行為。

中國電影生命之初的臍帶，便是純粹的利益衝動。在經歷了最初幾年的艱難跋涉之後，給中國電影界帶來轟動效應和巨大利潤的是武俠片的興起，其代表作便是《火燒紅蓮寺》，這是最具有中國特色的類型電影。有人曾認為：美國有多少科幻，中國就有多少武俠。在某種程度上確實如此，「笑傲江湖」的理想在中國有著深厚的土壤，《火燒紅蓮寺》當年的連映連滿便是典型的證明。影片根據平江不肖生的長篇小說《江湖奇俠傳》改編。小說描寫湖南瀏陽

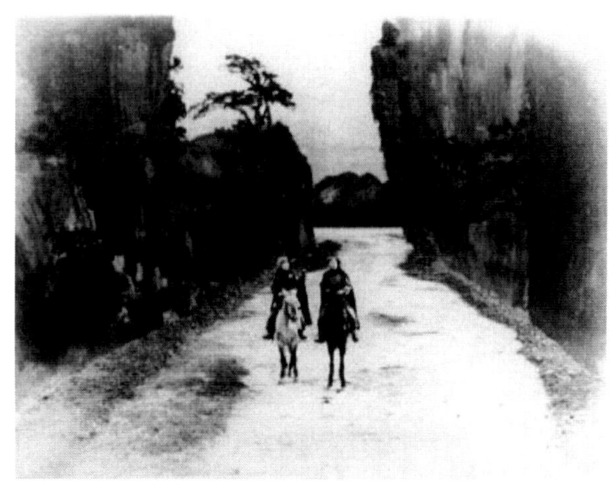

《火燒紅蓮寺》劇照。

和平江兩縣農民，為了爭奪交界處趙家坪的碼頭利益，集眾械鬥。雙方均禮聘武林高手相助，從而演繹出種種故事，其間並插敘百餘年間武林掌故和中國武術源流，情節十分曲折，可讀性很強。這部作品從1922年開始在《紅雜誌》上連載，隨寫隨登，同時陸續出版單行本，經過六個年頭，一直到1928年才全部完稿。全書洋洋大觀共134回，百餘萬字，「火燒紅蓮寺」是其中最精彩的情節之一。這個事實本身就很說明問題，一部現炒現賣的武俠小說能夠如此長久地暢銷，顯示著大眾期待的熱切程度，一隻看不見的巨手——小市民瑣屑的慾望與市場機制，左右著作者的筆墨和出版商的投資，大眾百姓對除暴安良的理想渴望和對大俠高強武藝的好奇心情，通過《江湖奇俠傳》得到了宣洩。明星影片公司的老闆就是因為看到了小說的潛在商業價值，而把《江湖奇俠傳》搬上銀幕，並且一拍就是18集，取得了極高的票房效益。著名作家茅盾也注意到了這一現象，他在〈封建的小市民文藝〉一文中寫道：「《火燒紅蓮寺》對於小市民層的魔力之大，只要你一到那開映這影片的影戲院內就可以看到，叫好，拍掌，在那些影戲院裏是不禁的；從頭到尾，你是在狂熱的包圍中，而每逢影片中劍俠放飛劍互相爭鬥的時候，看客們的狂呼就同作戰一般……在他們，影戲不復是『戲』，而是真實！如果説國產影片而有對於廣大的群眾感情起作用的，那就得首推《火燒紅蓮寺》了。」

《火燒紅蓮寺》的成功，催生了大量跟風之作，一時間銀幕上不是「火燒」就是「水淹」，不見「女俠」，必有「劍客」，「刀光劍影」當中，彌漫著陣陣殺氣。但是，類型影片的一個很大的特徵就是週期性，再好的大餐，吃多了也會敗壞胃口，何況這許多跟風之作大量是粗劣之作，因此，武俠片的從興盛到沒落也就完全可以預料了。繼武俠片之後，在營業上獲得很大成功的是恐怖片，這也是商業法則在起作用。在拍攝電影的過程中，真正具有主導力量的往往是資本的邏輯，而非藝術的邏輯！對於影片商而言，武俠片也好，左翼電影也罷，無非都是一種商品而已，在市場上把它賣出去，收回投資並獲得利潤才是最重要的，所有的藝術準則，都要服從票房這一最高要求，「不拍賠錢片」成了凌駕於一切藝術標準之上的終極標準。替恐怖片贏得地位的是馬徐維邦。馬徐在影壇是位老兵，1926年他拍處女作《情場怪人》時，已初顯其奇異詭譎的導演風格；三年後他編導《混世魔王》，並自飾片中魔王一角。他充分利用自己擅長化妝的技能，使魔王的形象顯得格外神秘恐怖，上映後轟動一時，被譽為中國第一部恐怖片。馬徐維邦的導演風格冷峻、陰鬱，人物形象神秘、恐怖，具有非常鮮明的個性。《夜半歌聲》是馬徐維邦最成功的代表作，影片雖然敷演的是反封建的戀情故事，但在那災難深重的年代，影片借古諷今，通過歌聲曲折地宣傳了抗戰。在藝術追求上，除了原有冷峻神秘的風格之外，馬徐還特意製造了強烈的恐怖色彩，其大幅海報，據説甚至嚇死過一個兒童。《夜半歌聲》上映後創下了連映34天，場場爆滿的上座紀錄，它的出現震撼了當時影壇，同時也造成了電影圈裏一個時期內恐怖片大肆盛行的現象，馬徐維邦自己就接連編導了《古屋行屍記》、

《冷月詩魂》、《痲瘋女》、《寒山夜雨》、《秋海棠》等好幾部帶有恐怖色彩的影片，並因此成為影壇上最早替中國打造恐怖類型片的先驅者。

和恐怖片相類似的還有偵探片，還有間諜片，它們都各自在影壇上走紅過一段時期，所謂「各領風騷幾百天」吧。我們過去對商業片的研究重視不夠，對電影的市場機制更缺乏足夠的認識，其實，這也是一份寶貴的歷史資源，對今天的電影發展有著啟迪意義，我們應該好好補上這一課！

一、為武俠片開頭的《女俠李飛飛》

學術界一般認為，天一影片公司1926年拍攝的《梁祝痛史》揭開了「古裝片」競爭浪潮的序幕，而該公司1925年拍的《女俠李飛飛》，在某種程度上也可以說給以後的武俠片開了個頭。

「天一」的老闆邵醉翁崇尚中國傳統的倫理道德，也非常重視電影的娛樂性，因此，「天一」的出品既追求情節的曲折，故事的懸念，又注重「發揚中華文明，力避歐化」。《女俠李飛飛》是「天一」的第二部出品，描寫李飛飛如何施展武功營救被誣失貞的少女，使其與未婚夫終成眷屬的故事。「天一」在宣傳廣告中曾自詡該片「發饋振聾，有功世道人心」。鄭君里1936年在〈現代中國電影史略〉一文中評價此片：《女俠李飛飛》「這個劇本還帶來擬古主義的作劇手法。希臘的戲劇家在無法處理劇情的糾葛的時候，往往引出一個萬能的神來出主意，這裏《女俠李飛飛》也是用女俠這神仙一般的闖入者來解除男女主人公的姻緣的隔膜的。這部作品與《立地成佛》產生於同一的社會思潮的逆潮裏，同時也是兩年來武俠電影巨流的先導。」武俠片之所以能在中國大肆流行，鄭君里的這段話可以說從理論上給出了答案。

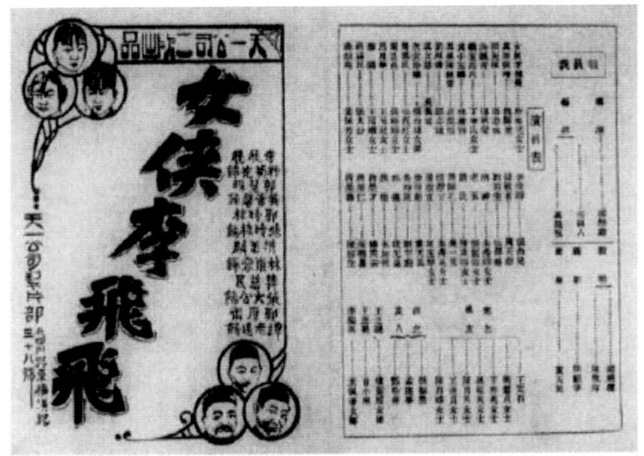

影片《女俠李飛飛》說明書。

《女俠李飛飛》中的主人公是個女中豪傑，以扶弱鋤強而聞名江湖，飾演李飛飛的粉菊花是位擅長武功的知名戲曲演員，身手敏捷，動作利索，其在影片中飛簷走壁的功夫，曾令不少觀眾癡迷，這裏隨文刊出的是當年的影片說明書，畫面漂亮，資訊豐富，年份又早，至今已十分罕見。

二、硬派小生張慧沖

張慧沖是中國演藝界的一代奇人，也是中國電影元老級的人物。他出身富家，從小見多識廣，有著豐富的人生經歷。如果說1922年張慧沖為「商務」拍《蓮花落》、《好兄弟》等片，尚是玩票性質的話，那麼1924年他與人合資成立聯合影片公司，就是真的將電影作為一項事業來幹了。「聯合」共出品了4部影片，均由張慧沖自導自演。張慧沖體型健美，喜愛運動，打得一手好拳術，又有游泳、駕車、騎馬的本領，所以「聯合」的影片都以情節驚險，打鬥激烈而見長，充滿了陽剛之氣。如這部《劫後緣》，寫傳統的英雄救美，最後兩人發生愛情的故事，其間穿插了英雄策馬飛馳、跳河救女，並在野外雪地與強盜殊死搏鬥的場景，可謂最初的武打

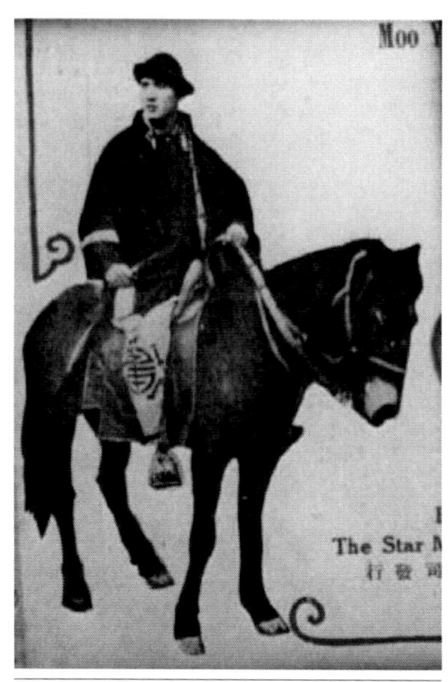

張慧沖在《山東馬永貞》中飾馬永貞。

動作片。從說明書上可以知道，當時並不這樣稱呼，而是冠名為「愛情技術影片」。張慧沖個性鮮明，他自信「聯合」的影片完全有實力與外國影片一比高下，為了長中國人的志氣，他堅決要求將影片拿到專映外片的一流影院卡爾登大戲院去放映，為此寧肯接受倒三七開折帳並自負一切廣告費的極不公正的條件。當年的這張《劫後緣》的說明書就記錄了這一段令人感慨的歷史。

「聯合」只維持了短短一年多歷史，接著張慧沖加入了明星影片公司，以得天獨厚的矯健身手主演了《無名英雄》、《田七郎》等影片，其中尤以《山東馬永貞》一片影響最大。馬永貞在歷史上確有其人，他出身於山東武術世家，光緒年間來上海，以抑強扶弱、揚善懲惡的武功勇力聞名上海灘，但也因此得罪了不少人，最後在一洞天茶樓遭人暗算，被亂斧砍死。馬永貞事件是清末著名大案之一，曾被改編成各種體裁的文藝作品，故影響極大。「明星」此片以「空前第一國產武俠掌故電影」為號召，由張慧沖扮演馬永貞，充分發揮了他馬上功夫了得，又特別擅長打鬥的特長，公映後引起轟動，張慧沖也因此贏得了「東方范朋克」（范為當時好萊塢第一硬派小生）的美稱。附刊的這張由新中央大戲院發行的《山東馬永貞》海報，十分傳神地表現了張慧沖在影片中的馬上雄姿，距今70餘年，已是非常難得一見的電影文物了。

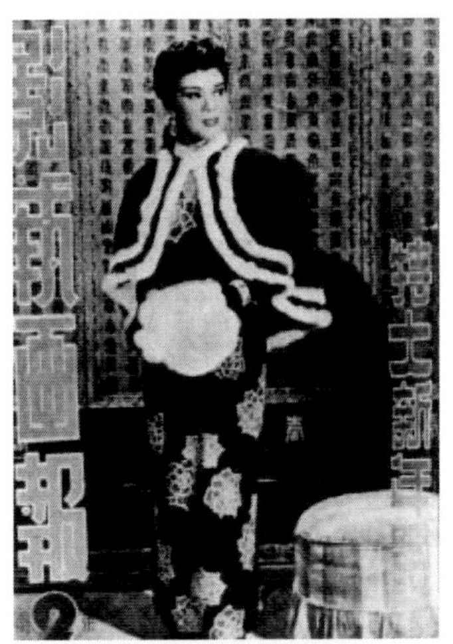

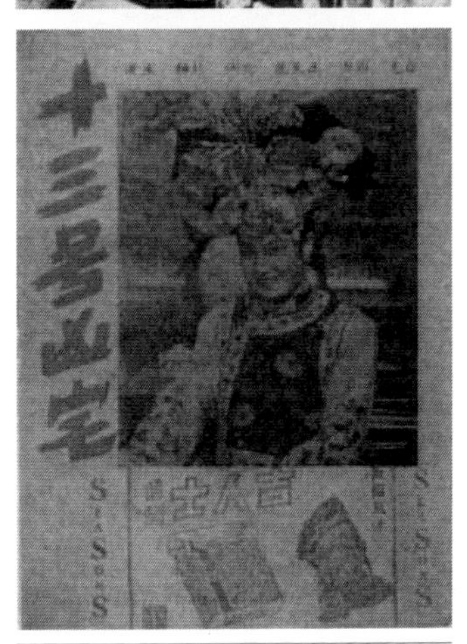

圖上：《天字第一號》中的歐陽莎菲。
圖下：影片《十三號凶宅》特刊。

三、白光和恐怖片《十三號凶宅》

雖然白光早在1943年就涉足影壇開始拍片，但她真正躥紅卻是在戰後。當時最紅的商業片女星，一個是因主演《天字第一號》而暴得大名的歐陽莎菲，另一個就是白光。據統計，白光1948年主演了8部影片，1949年是7部，其上鏡密度是其他明星無法相比的。和一般明星不同，白光是以歌星和影星的雙重身份現身娛樂圈的，而且她的歌的確唱得好，其歌名甚至蓋過了她在銀幕上的風頭。白光年青時曾拜日本聲樂家三浦環為師研習聲樂，打下了較好的基礎。她是女中音，聲音渾厚，屬於那種有著自己招牌特色的歌星，音域也比較寬廣，有樂評家評她：「歌喉嘹亮就像陽光普照，能激發人們高遠的情懷。」她的《如果沒有你》、《假正經》等歌當年曾風靡一時。由於白光有這個優勢，故精明的製片家請她拍片總要請人為她度身作曲。1943年，她拍處女作《桃李爭春》時就已亮開了自己的歌喉，以後更幾乎每片必歌。1948年，白光和龔秋霞、吳鶯音等一批歌星主演影片《柳浪聞鶯》，片中有十餘首歌曲，白光一人就演唱了7首（其中3首是和龔秋霞合唱）。白光自己也厭煩這種太迎合時俗的做法，曾對媒體委婉地表示過，但她作為一名演員，對此也並無太多的發言權。

白光先後拍攝過20餘部影片。她的形象很獨特，當時曾有記者形容她「煙視媚行，冶蕩挑逗」，故她登上銀幕後，扮演的多半是妖冶浪漫的反派角色。白光自己比較滿意的影片是《十三號凶宅》，李少白先生在《影史榷略》中也認為這「是當時頗有影響的一部恐怖片。」 北京歷來有「四大凶宅」、「五大凶宅」等說法，眾口相傳，演繹出很多精彩的民間故事，是文學創作的很好素材，《十三號凶宅》可謂是一次成功的嘗試。該片由徐昌霖編導，通過一個家族幾十年的興衰，描寫清末民初社會歷史的一些片斷，其中有庚子事變的遺恨，有北洋軍閥的專橫和封建勢力的猖獗，有五四運動的警鐘，有國土淪陷的悲哀。白光在片中一人分飾蓮英、姨太太、小蓮和女鬼四個身份不同、年代不同、扮相也不同的角色，既大大過足了戲癮，也真正體現了她演戲的實力。和她配戲的謝添也有不俗的表現。長期以來，我們對這類影片一直以一種簡單粗暴的眼光來看待，缺少辨證的思想和藝術的分析，今天應該有所改變。

四、徐欣夫替偵探片打出一片天地

類型片在中國一直沒有得到很好的發展和研究。1927年，《晨報》上曾刊登過一份對北平觀眾選擇影片的調查，其中把國產片分成「愛情片、武俠片、神怪片、哀情片、歷史片、滑稽片、古裝片」等等，顯然，這當中缺少了不少類型的影片，比如偵探片。其實，偵探片在中國的歷史很悠久，20年代初，中國最初出品的一批故事片，如《閻瑞生》、《紅粉骷髏》和《張欣生》等等，都屬於偵探片的範疇。當時，美國的多集偵探片風行於中國，《閻瑞生》等片都深受它們的影響。以後，偵探片這種類型在中國仍然得到發展，不少公司在這方面進行了嘗試，如「大中華百合」的《就是我》、《珍珠冠》、《誰是盜》，「天一」的《亞森羅賓》、《福爾摩斯偵探案》，「慧沖」的《中國第一大偵探》，「明星」的《女偵探》、《為親犧牲》、《殺人的小姐》等等。鄭君里1936年在〈現代中國電影史略〉一文中分析了偵探片這一外來品種在中國這塊土壤上滋生發展的原因：「偵探片之所以能夠在神怪與武俠片的頹運中再起，是因為它提供了新的影像以綜合這兩方面的特長，

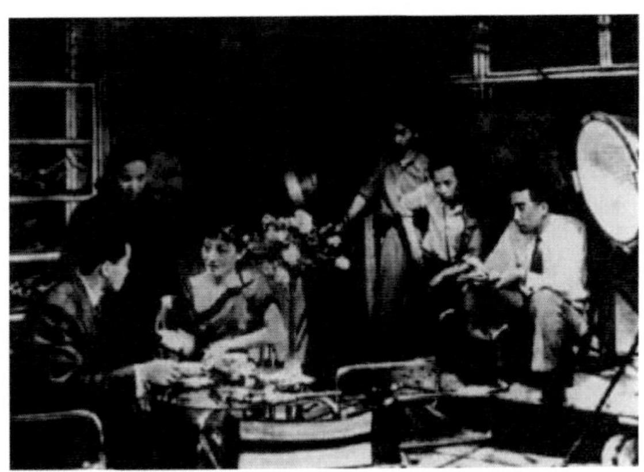

《翡翠馬》工作照。圖為大偵探王鐵民訪問交際花唐芸芸的一景。攝影師為董克毅，導演徐欣夫。

它保存武俠片之特徵的『打武』場面，同時還利用了置景的技巧設計出一些機關佈置，在神怪片的舊基上加進了一些似是而非的科學的見解。它介紹了許多神出鬼沒的人物，而結果又證明他是像我們一類的凡人。它用現代人的『詭辯』（Sophistication）把一切動人的空想合理化了。」然而，當時的偵探片只是在技術的層面上給了觀眾一些新的刺激，它們中的大部分只是對西方作品的變相模仿，不但是模仿形式、方法，還模仿了意識和情感，因此在內容上缺少民族的氣息，人物情節超常離奇，和中國的現實脫離太多，鮮有能給人留下深刻印象的成功之作，在營業收入上也遠不如《火燒紅蓮寺》之類的武俠片、古裝片。客觀地說，偵探片只是起到了調劑觀眾口味的作用。

真正替中國偵探片打出一片天地，並在內容和表現形式上有所創新的是徐欣夫。30年代中期，他替明星影片公司拍攝的《翡翠馬》、《金剛鑽》和《生龍活虎》等片，無論是在題材選擇、影片樣式、還是人物塑造、兼顧雅俗等方面，都做到了新穎脫俗。徐欣夫是老資格的影人，但從影實踐並不多。他擔任過上海租界的特別巡捕，這一經歷使他對黑道犯罪有比常人更多的觀察和瞭解。1935年，為配合政府的禁煙政策，他編導了緝毒題材的《翡翠馬》，塑造了偵探王鐵民的正面形象。由於影片選題切合現實需要，又選擇了戲劇效果較佳的偵探片類型，「明星」也以大片的待遇進行投資，製作相當精良，故在當時的影片市場甫一推出，即以獨樹一幟的風格廣受歡迎。該片主演之一的龔稼農晚年在其回憶錄中有這樣的評價：「偵探片固非創型於《翡翠馬》，然而在情節曲折中求合理發展，表現嚴肅主題，並兼顧娛樂性者，確應以《翡》片居首。」繼《翡翠馬》後，徐欣夫又以原班人馬拍攝了緝私題材的《金剛鑽》和治安題材的《生龍活虎》，都獲得了很好的票房，奠定了其中國偵探片大牌導演的地位。《中國電影發展史》認為

「徐欣夫繼偵探片《翡翠馬》之後又編導了《金剛鑽》和《生龍活虎》，則都染上了很深的美國偵探影片的流毒，旨在迎合小市民的落後趣味，和當時群眾一致要求抗日的時代呼聲是完全背離的」。未免失之於簡單化，陷入了「非此即彼」的怪圈。

五、中國的「陳查禮」系列片

好萊塢對中國電影的影響很大，當時國片中摹仿美國片的頗有一些，如陳娟娟、胡蓉蓉摹仿可愛的秀蘭・鄧波兒，韓蘭根和劉繼群（劉死後由殷秀岑繼任）專學一瘦一胖的喜劇搭擋勞萊和哈臺，彭飛和黎灼灼則學韋斯摩勒和瑪格麗・沙莉文的「人猿泰山」系列。華納・夏能的「陳查禮」系列當然也有人學。「陳查禮」探案影片可謂好萊塢的一個王牌產品，從1926年起一直到1949年，20餘年間共拍攝了40餘部「陳查禮」系列片。扮演「陳查禮」的也先後有6人之多，其中尤以華納・夏能的演出最為出色，魯迅就十分喜歡他主演的影片，據許廣平在〈魯迅先生的娛樂〉一文中回憶：「偵探片子如陳查禮的探案，也幾乎每映必去，那是因為這一位主角的模擬中國人頗有酷肖之處，而材料的穿插也還不討厭之故。」

當時華納・夏能主演的「陳查禮」系列片都在上海公映過，他本人還於1936年3月訪問過上海，引起了很大轟動。1938年，華納・夏能因心臟病發作逝世，「20世紀福斯」的「陳查禮」系列片只能暫停，另外推出了一部「大偵探穆托」的系列片。消息傳到中國，善於捕捉市場機會的新華影業公司老闆張善琨眼睛頓時一亮，感到應該好好抓住這一難得的機遇，推出中國自己的陳查禮影片。他找到徐欣夫，讓他負責此事。徐欣夫是中國電影界的元老，早在1921年就曾參與過我國第一部故事長片《閻瑞生》的創作，以後以執導偵探片而著稱。30年代他在明星影片公司導演的《翡翠馬》、

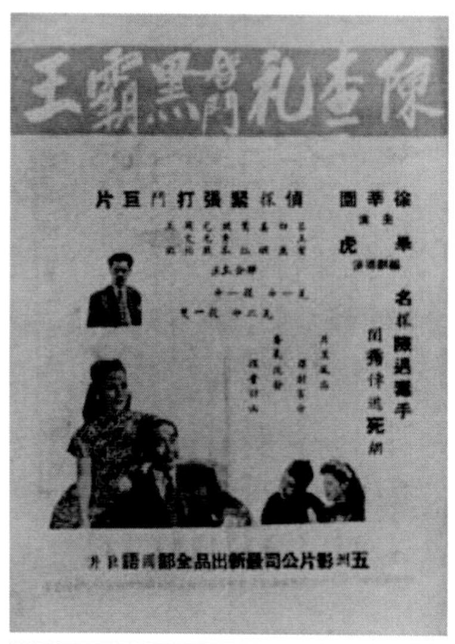

徐莘園主演的《陳查禮智鬥黑霸王》特刊封面。

《金剛鑽》和《生龍活虎》等片，描寫追捕販毒、緝查走私等內容，題材新穎，情節緊張，在當時影壇獨樹一幟。張善琨選中他來執導「陳查禮」探案影片，可謂知人善任。徐欣夫不負所望，在當年就拍出了第一部「陳查禮」影片《珍珠衫》，趕在歲尾的12月30日在新光大戲院獨家首映，當時廣告稱：「偵探影片權威導演徐欣夫的最新力作，中國大偵探陳查禮回國第一件大探案。」扮演陳查禮的是以前「明星」的老演員徐莘園，他的面部輪廓、身材、舉止，可以說和華納・夏能「一般無二」，故廣告上稱「華納・夏能之後只此一人」。影片的兩個女主角是顧梅君和顧蘭君，一個是徐欣夫的妻子，一個是他的小姨，也都是徐欣夫拍偵探片時的老搭擋。《珍珠衫》公映成績不錯，在上海淪為「孤島」初期影業不景氣的情況下，創最高賣座紀錄。因此緊接著又拍了第二部，名《播音臺大血案》，仍由徐莘園等主演，只是顧蘭君換成了龔秋霞。以時尚的電臺作為故事展開的背景，這在中國影片中也是少有的。

據文獻顯示，中國的「陳查禮」系列影片共拍了6部。除上述兩部外，還有《陳查禮大破黑貓黨》、《陳查禮大破蜘蛛黨》、《陳查禮大破隱身術》，最後一部是1948年拍的《陳查禮智鬥黑霸王》。這些影片均由徐莘園主演，其在影片中的一舉一動，一言一行，幾乎和華納·夏能的陳查禮形象難以區別，以致常被人直呼為「中國陳查禮」，徐莘園自己也頗以此為榮。

六、引發間諜片熱潮的《天字第一號》

熟悉一些電影史的人對創造中國影壇最高上座紀錄的幾部影片大都十分瞭解，如默片時期的《孤兒救祖記》、《空谷蘭》，進入聲片時代的《姊妹花》、《漁光曲》和抗戰勝利後的《一江春水向東流》等等，所有的電影史專著對此都有比較詳盡的介紹。但有一部票房紀錄奇高，並引發了一陣拍攝偵探間諜片熱潮的影片，卻很少有人知曉，這就是由屠光啟於1946年執導的《天字第一號》。

屠光啟畢業於南京劇專，「孤島」時期從影，以後改行執導，《天字第一號》是他的成名作，也是能體現他風格的代表作。影片所依據的故事來源於陳銓的《野玫瑰》，是抗戰時期提倡「權力意志」的「戰國策派」的重要作品。屠光啟不愧為拍攝商業片的高手，他對原作結局作了改動，突出作品的懸念，並增加了一些迎合觀眾口味的情節。影片描寫日偽統治下的北平，三個國民黨特務同時潛伏在一個大漢奸身邊盜取情報，於是產生了誰是「天字第一號」的懸念，其間又構建了一個太太愛上內侄，內侄又愛上漢奸女兒的三角戀愛關係，最後是「天字第一號」的太太在盜取情報得手後，為了成全內侄和漢奸女兒的愛情而不惜殉國殉情。該片是戰後首批出品的國產片之一，影片本身又「熔槍戰、打鬥、懸疑、畸戀為一爐」，受到觀眾歡迎是可以預料的；同時，由於影片對戰時國民黨地下特工的活動作了正面描寫，因此而為當局激賞，樂於提攜。《天字第一號》公映後轟動一時，產生了廣泛的社會影響，它創造的「票房價值」讓其他影片商豔羨不已，由此而產生了大量模仿跟風之作，如徐欣夫的《粉紅色的炸彈》、陳翼青的《諜海雄風》、袁叢美的《第五號情報員》、任彭年的《七十六號女間諜》、王引的《間諜忠魂》等等。屠光啟自己也乘熱打鐵，拍攝了類似風格的《神出鬼沒》、《天魔劫》、《血濺姊妹花》等片。但這些影片情節大同小異，藝術手法又雷同化，總體水準都無法超越《天字第一號》。觀眾對這類影片的興趣本來就是獵奇與消遣，現在面對千篇一律的跟風之作，自然敗壞了胃口，此正印證了一個市場規律：大凡模仿跟風之作，總是「一蟹不如一蟹」，時間一長，必然煙飛灰滅。

電影選擇了上海

傳播學大師施拉姆曾說：每一項傳播手段的發明都是人類智慧了不起的成就。1825年，法國人涅普斯發明了攝影術，從此，人類可以通過一種載體永久地封存回憶，留住任何一個人們希望留住的特定瞬間。但是，慢慢地人類又不滿足於此了，他們發現，攝影只能留住靜止的場面，而現實生活卻充滿了動感，他們渴望那些靜止場面靈動起來。於是，經過幾十年孜孜不倦的努力，神奇的電影終於誕生了：1895年12月28日，法國盧米埃爾兄弟拍攝的幾部短片在巴黎卡普辛大街14號咖啡館的印度沙龍內公開售票放映，從此，「工廠放工」、「火車進站」等一些人們生活中的尋常場面，成了世界電影史上最初的經典鏡頭。據當時媒體報導：電影放映時，沙龍內的人們都驚呆了，儘管銀幕上的這些鏡頭是他們平時看慣了的生活場面，但當這些場景第一次在銀幕上活動起來時，他們還是覺得不可思議，特別是銀幕上的火車衝著觀眾呼嘯而來時，一些人驚恐萬分，抱著頭爭相出逃。被人們譽為第七藝術的電影，就在這一刻誕生了。其實，此時誕生的並非僅僅只是一門藝術，相伴著這神奇的聲光幻影一起誕生的是一個難以形容的大產業鏈，它的巨大的能量和活力，使得很多傳統的工業相形見拙。這一跡像當年已盡顯端倪。1895年，當盧米埃爾兄弟租下咖啡館售票放映時，咖啡館的主人認為這項發明毫無前途，故僅僅收了他們三十

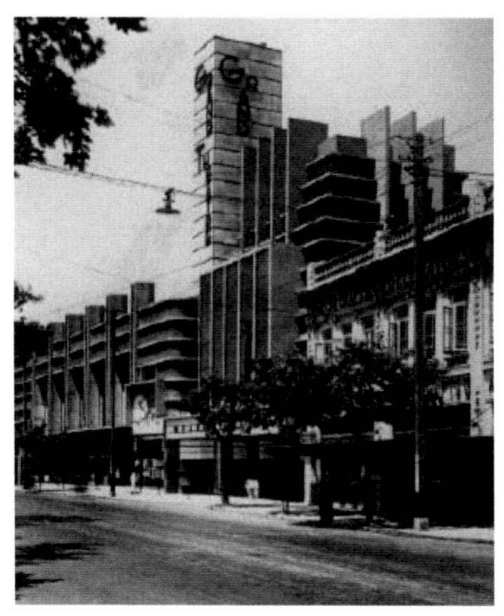

大光明外景照。

法郎的場租。事實證明這位主人犯了一個很大的錯誤，盧米埃爾兄弟在咖啡館裏把他們的發明上映了整整三個星期，每天的票房收入都超過兩千法郎，在商業上獲得了巨大成功。這給了電影商們以很大的鼓舞，電影也因此很快走出實驗室，走向了廣闊的世界。

在盧米埃爾兄弟發明電影僅僅半年之後，亞洲的一些主要國家都先後出現了電影放映商們的足跡，其中，印度是1896年7月，日本則要到1897年才有電影放映，而中國是電影最早進入的亞洲大國。根據現有的史料可以確認：1896年6月29日，上海著名的私人園林——徐園率先放映了「西方影戲」，這是電影在中國的首次登陸。被譽為西方文明之花的電影選擇上海這座東方大都市首先綻放，這絕非偶然。自明清以來，上海就以其優越的地理位置，成為世所習稱的「江海通津，東南都會」，1843年開埠以後，更逐漸取代了廣州的地位，成為全國的經濟和文化中心。由於上海在學術資訊、西學人才、出版發行以及人口數量、消費能力等等方面都具有其他城市無法比擬的優勢，故很快又成為輸入西方文化的視窗，近代西方的物質文明和精神文明大半率先由上海引進傳播，從聲光化電到天演群學，上海都領風氣之先。具有鮮明時代特徵和濃郁海派風格的中國近代文化在通向太平洋的黃浦江畔開花結果，在「火樹銀花，城開不夜」的十里洋場發榮孳長。正是在這樣的背景下，電影，這個時代驕子選擇上海生根發展，可謂適逢其地，理所當然。

上海是當年中國電影的大本營，無論是生產能力的強大還是硬體設備的完善，或者是消費市場的龐大以及衍生產品的豐富，上海都無愧於中國乃至亞洲第一的榮譽。當時神州大地上的一百多家電影公司，百分之八十活躍在上海，「明星」、「天一」、「聯華」等著名大公司，無一例外都將總部設在上海；「大光明」、「南京」、「大上海」、「美琪」等影院，其規模之大和豪華程度在整個亞洲都堪稱第一，而且上海當時已經建立起了類似今天院線的完善的放映系統；美國米高梅、派拉蒙、雷電華等八大電影公司，在上世紀三十年代初已經分別在上海設立了辦事處，最高峰時，每年在上海放映的好萊塢影片超過四百部，一些大片的公映時間幾乎和美國達到同步；今天大家熟悉的譯製外片的方法，當年在上海都已經作過嘗試；二十世紀前期在上海出版發行的電影報刊，其數量達到了令人驚訝的二百多種。這種種一切都證明：電影選擇了上海，給予了上海以榮譽；而上海也盡情回報，使電影這朵文明之花綻放得如此絢爛，充滿魅力！

一、影壇最亮是明星

儘管早在1905年，北京的任景豐請來京劇名角譚鑫培拍攝了京劇《定軍山》的片段，開始了中國人拍攝電影的最初嘗試；但中國電影的真正起步，實際上是在民國建立以後，大本營是在上海。中國的第一部故事片《難夫難妻》就是於民國二年（1913年）在上海

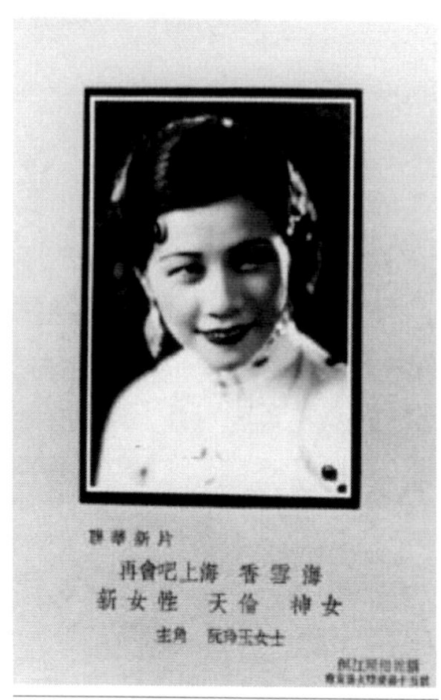

滬光照相館拍攝的阮玲玉肖像照。

拍攝完成的。在那以後，電影人以上海為基地，拍攝了一系列故事短片，演員都是當時演新劇出身的藝人，表演亦未脫文明戲的俗套，很少電影特色。中國電影在走過蹣跚學步的萌芽階段以後，在1923年前後，以明星影片公司《孤兒救祖記》的成功為標誌，進入了一個興旺和繁榮的時期。這個時期的一個很大特點就是湧現了一批能真正稱之為電影明星的演員。他們既有較高的文化水平，又有演技，年輕有為，朝氣蓬勃，社會地位已有顯著提高，並擁有了一批熱情的影迷。「銀壇霸主」王元龍、「銀幕情人」朱飛、「第一反派」王獻齋、「俠客英雄」張慧沖、「新型小生」龔稼農等成為男明星中的出色代表；女明星則更是群星璀璨，殷明珠之青春美麗、王漢倫之端莊賢慧、楊耐梅之風流妖冶、黎明暉之嬌嗔活潑，代表了當時女明星中的基本類型。其他還有張織雲、丁子明、宣景琳等，都是女明星中的傑出代表。這些演員和編導、攝影、美工等電影工作者一起組成了一支整齊的電影隊伍，共同孜孜探索和不斷實踐，終於使電影開始獨立於中國藝術之林。

胡蝶和阮玲玉是20年代末至30年代中期影壇兩顆最為耀眼的明星。她們的表演真實、細膩、樸素、自然，飾演的角色不僅形似，更求神似。如果說她們早期的表演還有程式化的套路，那麼進入30年代以後，她們的演技已日趨嫻熟，拍片時能將角色的心理活動恰如其分地表現出來，沒有過火的表演，很少斧鑿的痕跡。她們在銀幕上塑造的各種類型的婦女形象，有不少已成為中國電影人物長廊上的典型人物；她們拍攝的《姊妹花》、《神女》等影片，已成為30年代影壇最為出色的經典之作，她們獲得的榮譽已無聲地將電影演員的社會地位提高到了一個空前的高度。她們成為對都市時尚感知最早的人群，她們的一顰一笑、舉手投足，無一不在聚光燈下被成倍放大，感染著純情的少年和癡迷的觀眾。正是從她們開始，電影明星成為了無數年輕人夢寐以求的職業，而不再是任人玩弄、驅使的「戲子」。和她們幾乎同時或稍後一些，影壇湧現了一大批傑出的電影明星，金焰、趙丹、王人美、周璇、白楊、陶金等等響亮的名字，是和《大路》、《漁光曲》、《馬路天使》、《一江春水向東流》、《烏鴉與麻雀》等等經典名片緊緊聯繫在一起的。那個時代正是中國電影從幼稚走向成熟，從平庸走向輝煌的時期，以他們為代表的電影人以自己的熱情、真誠、勇氣和忘我工作，共同譜寫出了中國電影史上光輝燦爛的一幕，同時也寫下了他們人生最精彩的一筆。

二、都市時尚在影院

在中國，電影院的出現要遠遠早於電影公司和電影專業創作人員的崛起。自1908年西班牙商人雷瑪斯在上海的美租界建立起中國第一家正規影院——虹口大戲院以後，其營業上的成功極大地刺激了商人們的發財野心；而當時外國影片氾濫滬上的情景，又給影院業描繪了一幅燦爛誘人的前景，於是，一家家大小不等、豪華程度不同的電影院在上海的大地上爭相崛起。影院分佈先是集中在美租界的虹口一隅，稍後又向英、法租界和華界的南市延伸。至上世紀20年代中期，據程樹仁主編的《中華影業年鑒》一書統計，當時全國共有156家影院，上海擁有其中的39家，占總數四分之一強。到了30年代，上海已建立起了比較完善的輪映系統。

當時的頭輪影院，每家每月平均放映6部外國新片，全年逾70部。上海有6家頭輪影院，一年所放新片就超過了400部，可以說，好萊塢影片基本壟斷了中國的電影市場。當時的票價按影院的豪華等級而分高低，3輪影院票價分2角、3角、4角三種，2輪影院是4角、6角和8角，頭輪票價最高，為6角、1元和1元5角，其價位區分方式是：樓下前座6角，後座1元；樓上前座1元5角，後座1元。當時還有包廂，票價為2元。如果是晚場或者節假日，有的影院還要加5角。當時的影院早上基本不放映電影，下午起放映3場，分別是2點半、5點半和晚上9點一刻，週末和節日才增開上午10點半的一場。一般的家庭只到2、3輪影院看片，因為去頭輪影院看一場電影，不單單是電影票的消費，還要加上很多附加消費。如：男的要穿西裝，女的著旗袍或皮大衣，因進門時有小郎為你拉門，入場後又有白俄女子領位並幫你寄放衣服，故一般都必須盛裝出席。影片開映時會敲鈴提醒，中間會有5分鐘的休息，院內有舒適的空調設備，還有零食小吃和冷飲汽水供應，全然就是一個高檔的消費和享受場所。當時上頭輪影院去看電影的大都是高級白領或是外國人，就連郁達夫、夏衍這樣的作家，平時也多半在「北京」、「巴黎」這樣的二、三輪影院觀片；吳永剛在成名之前，曾在「百合」、「天一」等電影公司幹了將近十年的美工師，臨近有一家三輪影院「卡德」，最低票價僅2角，吳永剛在那裏幾乎把所有輪映的影片都看了一遍，他的很多電影知識就是從那裏學來的。當時，一般家境的人一旦去頭輪影院看影片，那麼很可能是他約了生命中很重要的那一半，對他們來說，這一天將可能是人生中的一個重要驛站。

三、「電影年」裏影刊熱

目前大家公認的我國最早出版的電影刊物，是1921年問世的《影戲雜誌》。到1949年，二十餘年間出版的影刊，據統計超過300種，其中約有百分之七十發行於上海，發行於30年代。這說明，電影作為一門新興的藝術，已受到社會的熱切關注，而30年代的上海，正是電影發展的重鎮。

《銀星》第八期。

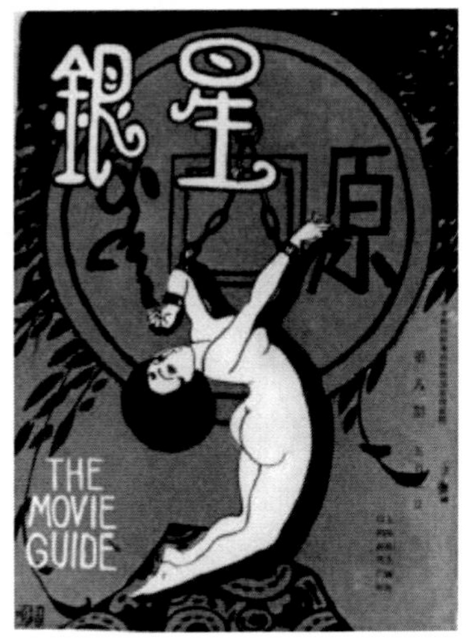

中國影壇在20年代末曾因武俠影片的氾濫而陷入低潮，30年代初，聯華影業公司率先發起「復興國片運動」；1933年，「左翼電影運動」的興起，更極大地促進了國產影片的健康發展，這一年也因此被稱為「電影年」。隨著影壇的

日益繁榮，電影逐漸成為各門藝術中引人矚目的熱點，一個顯著的標誌就是各類刊物紛紛與電影雜誌「攀親」。當時曾有人在報上發表文章說：「總之電影是被廣大的觀眾所注意的了，各種刊物若不登電影文字或圖片，便要失卻一部分的號召力。這無怪電影刊物的流行已成為近年的一種風尚和趨勢了。」（夏貞德〈一年來之中國電影〉，載1935年1月6日《申報》）從現在保存下來的實物來看，當時出現了各種各樣的「雜交」刊物，如美術類的《電影漫畫》、《美術電影》，戲劇類的《戲劇與電影》、《影與戲》，音樂類的《藝聲》、《銀壇名歌》，舞蹈類的《銀舞》、《影舞新聞》，文學類的《文藝電影》、《電影與文藝》，綜合類的《電影與婦女》、《銀幕與摩登》，以及專門介紹影星的《明星家庭》、《明星特寫》，特刊性質的《電影皇后紀念冊》、《胡蝶女士歐遊紀念冊》等等，可謂林林總總，五光十色，形成了前所未有的電影雜誌出版熱。這一時期值得提起的是《電聲》和《青青電影》，它們是民國時期發行時間最長、出版期數也最多的兩種影刊。《電聲》以電影時評為主，創刊於1932年5月，至1941年12月因太平洋戰爭爆發而停刊，10年間累計共出901期，每期暢銷達1萬冊。《青青電影》創刊於1934年4月，以報導影人行蹤為特色，至1951年，它斷斷續續共發行了18年，每期銷售7千餘冊。這兩種影刊文字通俗，內容廣泛，是消遣娛樂性影刊中最有代表性的，在市民階層中具有廣泛的影響；它們積累的較為系統的文獻資料，對電影史的研究也具有較大的價值。

四、說明書中天地寬

說明書是電影文獻中最值得重視的品種。民國時期發行的約三千餘部影片，今天留存下來的拷貝僅約十分之一，而這些影片的説明書尚還都能找到。這些説明書的「含金量」不小，舉凡影片故事、劇照工作照、編導闡述、演員心得、觀眾評論等等，都是它刊載的重要內容，故具有很強的文獻性。今天我們還能知曉這三千部影片的大致劇情，很多程度上就依賴這些説明書。

電影説明書是一種很好的懷舊物品，僅僅是它發黃的紙頁、熟悉的片名和如雷貫耳的明星大名，就足以讓人的思緒駛入歷史的隧道，產生美妙的回想。曾有一些收藏家把一些年代久遠的影片説明書托裱後鑲在鏡框裏，懸掛在書房或客廳，令來訪的朋友們嘖嘖稱奇，稱讚是一道絕妙的風景。況且，這些發黃易碎的紙頁中還蘊藏著那樣豐富的內涵和資訊，比如很少有人知道，費穆、朱石麟等電影大師早年都曾擔任過撰寫説明書的工作，孫瑜、蔡楚生等人也都為自己執導的影片親筆寫過説明書。如今摩挲著這些可能蘊藉著大師手澤的薄薄紙頁，我們的眼前常會浮現電影前輩們當年辛勤工作的身影。電影説明書是舶來品，在我國大約出現於

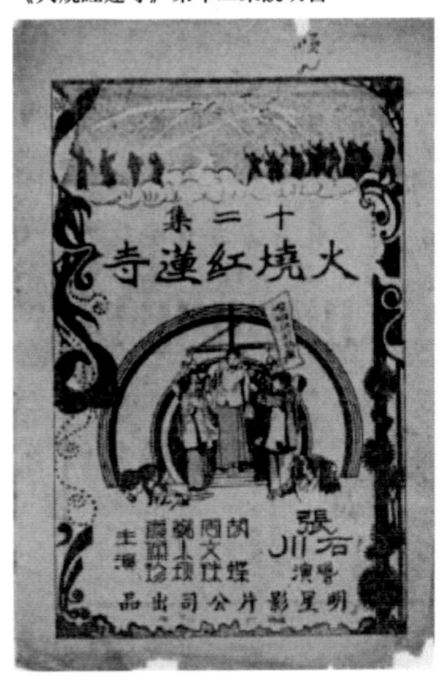

《火燒紅蓮寺》第十二集說明書。

二十世紀初，最初都是外文的，以後為吸引中國觀眾才逐漸有了中文說明書。三、四十年代是電影說明書發行的鼎盛階段，當時幾乎每片都有說明書，不少是免費贈閱的，也有以極低廉的價格出售，主要為贏取廣告效應。說明書篇幅有厚有薄，文字或長或短，有寥寥數語只大致介紹劇情的，也有圖文並茂、印刷精美，甚至附上全部劇本的。有些影迷往往就是為了得到這樣一份說明書而走進影院。電影說明書「身材」雖不大，份量卻頗重，它不僅記錄了電影發展的過程，同時反映了那個特定時代的風貌，並且保存了大量珍貴的文獻史料。它還鎖定了眾多的電影愛好者的心靈，甚至成為他們終身不渝的志趣和情結。近年來在收藏市場上，老電影說明書等電影文獻已成為搶手貨，拍賣市場上一有出現也屢以高價成交。這些現象都說明，隨著時間的推移，這些有著幾十年歷史的紙質文獻已名副其實地成為了文物，它們不僅成為人們懷舊寄意的收藏品，更被專業人員視之為研究電影的重要參考資料。對很多人來說，這些紙的精靈還是他們人生道路上的一座記憶驛站。

華商影院第一家

1917年5月17日，在虹口北四川路、虬江路口，有一家叫上海大戲院的影院揭幕開張了，其開幕廣告上，赫然寫著「唯一無二最大之華商影戲場」（見1917年5月28日《申報》廣告）幾行大字。當時，申城雖已有十來家影院，但全部由外國人經營，而這是上海大地上由國人開辦的第一家正規影院。老闆之一的曾煥堂還給影院取了一個外文名：Isis，這是埃及神話中主管生育、繁殖的女神，顯然，曾煥堂希望伊希斯女神能給影院帶來營業好運。但誰能料到，這家對中國早期影壇產生獨特影響的影院卻屢遭劫難，傷痕累累，最終被戰火所吞噬。

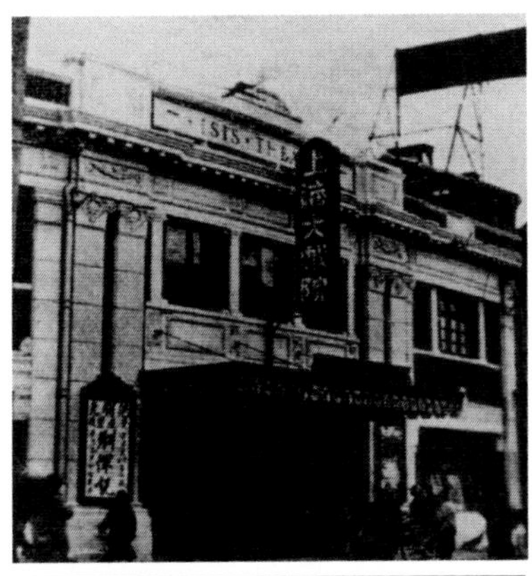

上海大戲院外景。

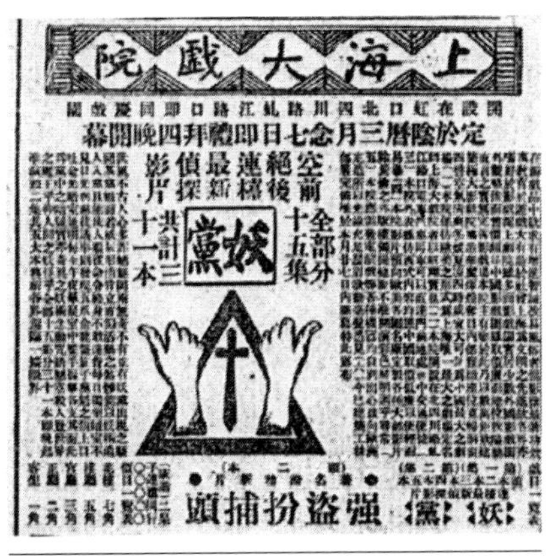

上海大戲院

開設在虹口北四川路虬江路口即同濟故園

定於陰曆三月念七日即禮拜四晚開幕

空前絕後連標最新偵探影片

全部分十五集

妖黨

共計三十一本

強盜扮捕頭

上海大戲院開幕廣告。

一、上海大戲院與中國早期影壇

中國影院在20世紀初崛起時，最初放映的都是一些娛樂短片，以新鮮獵奇為號召。其時，還很少有人把電影看作是一門藝術。大約在1913年左右，美、英、法等國開始爭相拍攝連集長片，如珀爾·懷特的《寶蓮歷險記》、羅蘭的《寶石奇案》等。這類影片類似今日的電視連續劇，以動人心魄的驚險情節見長，一放就是半個月、一個月，懸念叢生，絲絲緊扣，令人欲罷不能。上海的影院也很快捲入這股熱潮，家家放映連集長片，上海大戲院甫一開張即巧逢風潮，當然不捨放棄這樣的掘金機遇。但是曾煥堂審時度勢，頗動了一些腦筋。當時還是默片時代，字幕、說明書均為洋文，無一行中國字；而曾煥堂卻敏銳地覺察到當時華人已占觀眾的很大比例，連集長片內容複雜、情節曲折，他們對全部以外文說明劇情頗有煩言。於是當機立斷，由影院專門雇人翻譯，印製一批中文說明書：「凡正本大片但有華字說明書詳述劇情，使觀者一見而知」（見1920年2月15日《申報》廣告）。雖然為此增加成本不小，但卻一炮打響，廣受華人觀眾的歡迎，上座率也提高了很多。以後，曾煥堂還以重金購買字幕機，積極推廣中文字幕；並對國產電影打開大門，公開對記者表示：「敝院對於國製影片，當盡綿力。」（湯筆花〈與曾煥堂君的談話〉，載1925年4月12日《影戲春秋》第7期）公映了《人心》、《不堪回首》、《浪蝶》等不少國產影片，而這在上海大戲院這類檔次的高級影院中還是罕有之事。這既體現了曾煥堂作為商人的機敏靈活，也顯示了他對中國電影事業的重視和支持。

進入20世紀20年代以後，觀眾的欣賞口味逐漸發生變化，類型化的連集長片開始招致非議，放映熱潮急劇降溫。當時影院尚未實行院線制，放映影片都由各家影院自己選定，映片優劣完全依據院主選片的眼光。曾煥堂精通英語，受過高等教育；作為海上鉅賈黃楚九的女婿，又深諳生意經，故選購的影片往往既賣座又叫好。他通過談判，先後獲得美國福斯影片公司、美國第一國家影片公司和聯合影片公司等出品的影片經理權或先映權，在片源上占得了先機，上海大戲院在第一時間首映的《賴婚》、《月宮寶盒》等一大批重要影片，對中國早期影壇產生過很大影響。如格利菲斯執導的名片《賴婚》，1922年5月首映於「上海」，連映七天七夜，引發觀片熱潮。當年看過該片的中國名導演程步高40年後在香港撰文回憶，對當時觀片的情景依然記得一清二楚：「《賴婚》一片曾在上海北四川路上海大戲院放映，很多早期電影愛好者與工作者往觀，都想學些本事，我亦是其中之一。……看第一遍時，覺得該片導演懂戲劇，能處理劇情。為了研究戲與鏡頭相依為命的具體情況，第二天再度往觀，與幾個同好分工合作，把鏡頭的內容、角度、拍法等全部記下。又花一個通宵，整理一個鏡頭本。再看第三遍，與鏡頭核對，事後共同研究，冀有收穫。」（程步高《影壇憶舊》，中國電影出版社1983年10月版）當時的上海大戲院，由於佳片雲集，故成為了電影人和廣大影迷心目中的學堂和聖殿。

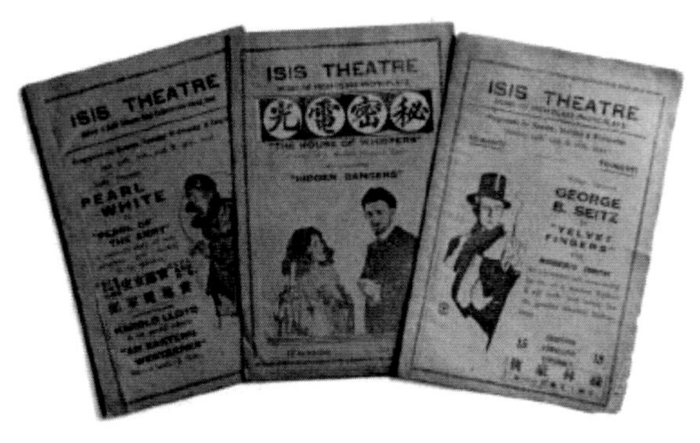

上海大戲院早期放映連集長片說明書。

曾煥堂1917年5月創辦上海大戲院時是和鄧子羲、羅樂璿等人合夥的，因了鄧子羲（他是新愛倫活動影戲園老闆、外人林發的合夥人）的關係，「上海」是作為「新愛倫」的分院揭幕開張的。這層關係雖然在營業上對「上海」不無益處，但卻一直讓曾煥堂心有不甘，且也讓「唯一無二之華商影院」這一名號叫得有點底氣不足。1920年2月，曾煥堂通過資本運作，以大利公司的名義買下了上海大戲院的所有股權，成為名符其實的華商獨資經營人，擺脫了「尷尬」的身份。曾煥堂之所以拿出這筆鉅資，一方面得到了岳父黃楚九的支援，另一方面也是對國產電影的發展胸有宏圖。他並不甘心只是做一個電影院老闆，而是想全面出擊，在製片、放映、代理經營等等方面都有所染指。經過幾年的奔走籌備，1924年9月1日，中華電影公司宣告成立，黃楚九、袁履登等九位名流出任董事，曾煥堂也名列其中，並兼任總經理一職。公司業務大致分為四種：1、經理影片。為美國國家第一影片公司出品中國的獨家經理。2、製造影片。在所招學員中培養演員，攝影場設在赫德路，地廣6畝，11月份即可拍片。3、影院合作。協助或投資在國內開設影院。4、電影宣傳。拍攝有關中國風土人情物產的紀錄片，贈送國外宣傳，同時也引進外國紀錄片（見〈中華電影公司開幕〉一文，載1924年9月2日《申報》）。而在此前數日，公司附屬的中華電影學校也已宣告成立。學校於8月14日登報招生，僅三天時間，報名人數就超過了四千人。經按號面試，8月25日登出新生名單，正取150名，備取120名，另男、女孩12名。正取名單中，1933年成為「中國電影皇后」的胡蝶赫然在列，日後從事電影工作的則有徐琴芳、劉漢鈞、黃筠貞、蕭英、周空空、高梨痕、舒廷浩、袁益君、原俠綺等多人；著名報人湯筆花在「備取」之列，而在湯筆花的回憶中，被錄取的還有王獻齋、湯傑、孫敏等（湯筆花〈我如何投入播音圈〉，載1947年6月20日《大聲》第6期），可能是有人錄取未去備案，再遞補的。影校由曾煥堂親任校長，洪深出任教務主任。正式課程有四門：《編製電影之藝術》，由留美學生、「商務」職員沈誥講授。《攝取影劇之藝術》，由留法學生、「明星」攝影師汪熙昌講授。《影劇之取材及其結構》，由小說家陸澹盦講授。《影劇表演之藝術》，由洪深講授。（見〈中華電影學校之進行〉，載1924年8月19日《申報》）。值得注意的是，洪深的部分講稿保存下來，據筆者考證，即刊載在1925年5月《明星特刊》第一期上的〈課餘漫筆〉一文，據此可窺當時影校上課內容之一斑。曾煥堂充分發揮自己開辦影院的優勢，學員除了上課外，還得以每週免費兩次觀看外國電影，從中汲取營養。中華電影學校1924年9月1日開學，原定計劃6個月為一期，後因股東之間產生矛盾，中華電影公司宣告解散，作為公司附屬的影校自然也難以為繼，故共上了五個月的課就解散了（參見《影后生涯——胡蝶回憶錄》，浙江人民出版社1986年9月版）。洪深日後認為：中華電影學校雖只辦了半年一屆即解散，但在中國電影初創之時，它「使得一般人稍為感覺，電影須要學習，也是嚴肅而不太容易的工作」（洪深〈胡蝶迷〉，載1946年4月1日《文選》第2期）。這是客觀公允的評價；而且，它還培養了胡蝶、徐琴芳、蕭英、周空空等眾多有成就的演員，其功績也是顯而易見的。

中華電影公司的解散對曾煥堂投身電影業的雄心壯志是一大打擊，20年代末，他為了給內兄黃鍾甫還賭債，不僅拿出了自己的全部積蓄，而且將上海大戲院的全部股份通通出讓給了他人，徹底告別了自己一手所創的影院（曾宏燕《上海鉅賈黃楚九》，人民文學出版社2004年5月版）。至此，曾煥堂的名字就逐漸淡出了人們的視野，而上海大戲院也因此進入了另一新的階段。

二、蘇聯電影大本營

民國時期，「蘇聯」這兩個字，在中國代表著進步，代表著革命，代表著充滿希望的新興力量。但也正因如此，有關蘇聯的一切，都程度不同地受到阻撓和禁止，其中，又尤以蘇聯電影的輸入中國為最晚，數量也非常有限。

十月革命勝利以後，中、蘇兩國於1924年5月宣佈建交，蘇聯電影在中國開始有極少量的放映。然好景不長，1927年12月14日，南京國民政府斷絕與蘇聯的外交關係，蘇聯電影隨之在中國沒了蹤影。1932年12月12日，中蘇宣佈複交，這一決定受到兩國人民的熱烈歡迎，包括蘇聯電影在內的蘇聯文化也得以陸續輸入中國。1933年2月16日，描寫改造流浪兒生活的蘇聯影片《生路》南渡來華，在上海大戲院正式公映，引起中國影壇以及整個文化界的震動。被歐美影片幾乎千篇一律的黃金、胭脂、醇酒、美人等食傷的中國觀眾，第一次接觸到蘇聯影片，感受到的是一種絕然不同於好萊塢電影的全新的創作方法和審美情趣，用夏衍（黃子布）當年的話說就是：「建設和崩潰，朝氣和志衰，健康和衰弱，歡呼和悲歎，潑辣和沉滯，愉快和傷感，這是何等明白而尖銳的對比！」（黃子布〈《生路》評一〉，載1933年2月16日《晨報·每日電影》）對此感受強烈的絕不僅僅只是夏衍這樣的左翼影人。當時中國的電影界對蘇聯電影都很陌生，《生路》一出，都爭相觀看，先是感到神秘，緊接著就是欽佩，無論是公開撰文還是私下交談，影人們對《生路》健康明快、昂揚向上的基調都充滿了贊許，認為是給沉寂已久的中國影壇吹進的一股春風。當年，宋慶齡也在楊杏佛及其子的陪同下前往上海大戲院觀看《生路》，散場後宋慶齡非常興奮，對楊杏佛說：中國將來也要這麼做，使流浪者能改造成為新人。據楊杏佛的兒子楊小佛晚年回憶：「後來孫夫人在中國福利會中興建許多少年教育中心和後來為人稱道的托兒所等，也極可能是受了《生路》的影響。」（楊小佛〈宋慶齡對我的關愛〉，載《世紀》2007年第1期）

當時到上海大戲院看蘇聯電影的有不少是進步人士，時常有被反動派瞄準抓走的事發生。上海大戲院的大門面臨租界的北四川路，而院址則全部坐落在華界閘北，國民黨特務就利用這一點盯梢抓人，認準了就從邊門拖入華界。老影人程步高在回憶錄中對此有生動描繪：「往上海大戲院看蘇聯電影，是有被捕的危險的。但是蘇聯電影只在上海大戲院放映，又不願不看。知道有危險，還是硬頭皮，冒冒險。看一次戲，不免提心吊膽。下次新片放映，又是鼓足勇氣，甘願危險，溜進上海大戲院，頗有『拼死吃河豚』之感。」（程步高《影壇憶舊》，中國電影出版社1983年10月版）但即使如此，到「上海」看蘇聯影片的還是大有人在，魯迅就是其中之一。我們從《魯迅日記》中可以發現，魯迅晚年十分迷戀電影，幾乎每週都要看一場影片，而上海大戲院又是他去得最多的一家影院。1936年10月10日，魯迅往上海大戲院觀看根據普希金小說《杜布羅夫斯基》改編的蘇聯影片《復仇豔遇》。當晚，魯迅興奮地揮毫給友人黎烈文寫信，熱情推薦此片：「以為甚佳，不可不看也。」寫完此信，興猶未盡，再鋪紙寫信給黃源：「覺得很好，快去看一看罷。」而此時，距離魯迅逝世只有九天了！

1936年9月，蘇聯人謝雅江茨和柯諾寧柯在上海創辦亞洲影片公司，專門發行蘇聯影片。當時，上海規模較大、設備較好的影院都集中在租界，但都被美國片商所控制，因此，亞洲影片公司幾經努力，選中了位於租界邊緣的上海大戲院作為放映基地，上海大戲院也由此正式成為專映蘇聯影片的首輪影院，《金山》、《夏伯陽》等大批蘇聯優秀影片在「上海」首映，給中國帶去了全新的審

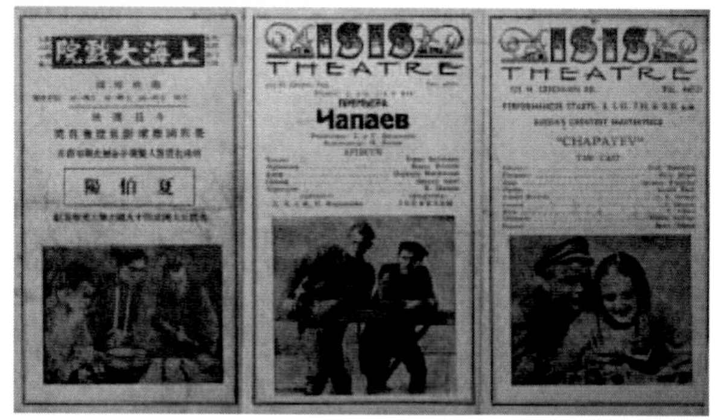

蘇聯名片《夏伯陽》1936年在上海大戲院首映時的說明書。

美體驗。當時，共產黨人姜椿芳就在亞洲影片公司從事蘇聯電影的宣傳和翻譯工作，他經常贈票給進步人士，招待他們觀看影片，上海大戲院也因此成為他們進行交流的陣地。魯迅觀看《復仇豔遇》那天，姜椿芳特地上樓看望他，向魯迅介紹影片的有關情況，並贈票給魯迅，邀請他多來「上海」看電影（楊哲、宋敏《中國現代百科全書奠基人姜椿芳傳》，中國文聯出版社2007年1月版）。中蘇文化協會等團體也經常在上海大戲院舉行蘇聯電影觀賞活動，招待各界名流，這在蔡元培、胡適等名人日記中都有所記載。30年代中期，上海大戲院已名副其實地成為蘇聯電影在中國放映的大本營。

三、幾次劫難

在中國近代的眾多影院中，像上海大戲院這樣屢遭劫難，有著如此慘痛經歷的幾乎可以說是絕無僅有，這既反映了當時中國政局動盪，災難頻發的現狀，也充分證明了「弱國無外交，國弱遭人欺」這一真理。

上海大戲院遭遇的第一次劫難是因蔣介石發動「四・一二」反革命大屠殺而起。1927年4月，蔣介石撕下偽裝的革命面具，對中國共產黨及其領導下的上海工人武裝突下毒手，一時間申城黑雲壓城，血流成河，閘北一帶更成為白色恐怖的重災區，反動軍隊重兵把守，宣佈戒嚴，整個街區一片淒涼景像。地處閘北的上海大戲院頓時門可羅雀，根本無人光顧，只能被迫宣佈暫時歇業。老闆曾煥堂冥思苦想，決定乾脆投下鉅資，乘此機會進行一番改造，將影院的進口大門從虬江路移到日趨繁華的北四川路，全部座椅也徹底更新，並廣選佳片，備足片源。經過半年改建，上海大戲院於1927年10月15日以喜劇片《最後之勝利》作為揭幕片重新開張，各檔票價雖相應上浮，營業狀況卻十分火爆。曾煥堂憑藉其機智和膽略度過了這一劫難，上海大戲院也以其新面貌重新走上營業正軌。但國難深重，民族資本的好日子絕不可能持久。進入30年代，日本侵略者對我中華大地磨刀霍霍。1931年，東北首先暴發「九・一八」事變，東三省落入魔爪。緊接著，日本兵於1932年又在上海閘北尋釁滋事，挑起了「一・二八」戰爭，上海大戲院又一次因地處要衝而慘遭劫難，在戰爭中被日軍炮火擊中炸毀。幾個月後，上海大戲院再度浴火重生，由聯合公司接手重建，並於1933年2月以首映《生路》為契機，開創了其以公映蘇聯影片為特色的二度輝煌時期。

上海大戲院遭遇的第三次劫難是因義大利法西斯在神州大地上濫施淫威而造成的，這也從一個方面說明了中國當時在國際上的弱國地位。義大利法西斯對阿比西尼亞的野蠻入侵，是1935年世界大事記中充滿血腥氣的一筆。事件發生後，蘇聯電影作者懷著對被壓迫民族的深刻同情，拍攝了大型紀錄片《阿比西尼亞》。1937年1月21日，影片《阿比西尼亞》在上海大戲院首次公映，受到中國人民的歡迎，同時也引起了義大利法西斯的痛恨。義大利駐滬領事館提出了所謂「抗議」，並要求「勒令停映」。在法西斯的淫威下，中國政府下令把影片中意軍在阿比西尼亞使用毒氣及其他可能有損義大利「尊嚴」的刺激場面一一剪去。經過如此這番「手術」以後，《阿比西尼亞》於2月20日在上海大戲院再度公映，並限定只准

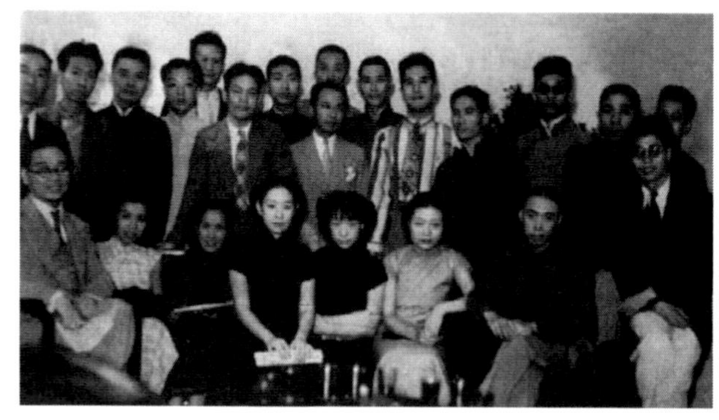

1937年9月，上海京劇團體成立「救亡救國協會」時曾煥堂（中排左六）與歐陽予倩（前排左一）、田漢（前排右二）、于伶（前排右一）等合影。

放映兩天。儘管如此，重映第一天，上海大戲院又遭義大利水兵和僑民200多人的突然襲擊，他們將戲院搗毀，在場內遍灑硝鏹水，施放「阿摩尼亞」臭氣，打傷觀眾數十人及影院放映師，影片拷貝和放映機也被當場燒毀。義大利法西斯分子這一無視中國主權的野蠻暴行，激起了中國人民的憤慨，2月27日，上海文藝界122位著名人士聯名發表〈反對意國水兵暴行宣言〉，強烈要求義大利政府向我國表示道歉，賠償損失，懲罰兇手，並保證以後不再發生同類事件。雖然中國政府當時也向義大利提出了「嚴重抗議」，但終因「弱國言輕無人理」，這一嚴重事件最後也終於不了了之。遭受損失最大的是上海大戲院，1937年7月，有一家雜誌刊出了這樣一則報導：「上海大戲院因開映《阿比西尼亞》影片，被義大利水兵搗毀，停歇三月，始行復業，但仍以元氣未復，不克維持，終於日前又告停業。」（《上海大戲院停業》，載1937年7月30日《電聲》第6卷第30期）這一次，上海大戲院沒有逃過噩運，就此一蹶不振，再也沒能重新開門迎客。抗戰期間上海淪陷，上海大戲院被日商強佔成為汽車工廠，上海大地上的第一家華人影院從此結束了它的電影使命。

1933年的中國影后選舉

1933年的元旦，上海新創刊了一家名叫《明星日報》的報紙。乍一開張，該報即以其舉辦的一項獨特活動引來萬眾矚目，滿城爭説，其銷量直逼當時最負盛名的申、新二報。這家報紙由報人陳蝶衣主編，四開二版，所刊內容和一般娛樂性小報基本類似，無非是社會新聞加上一些影壇逸事，外加幾部連載小説而已。為它帶來轟動效應的，是每天在頭版下方刊出的「電影皇后選舉大會票數揭曉」專欄。説起這次選舉，我們有必要稍稍回顧一下美國奧斯卡金像獎的歷史。

20世紀初，是美國電影迅速崛起的年代，第一次世界大戰結束後，在洛杉機附近一個原來無人問津的地方，一批富有開拓精神的

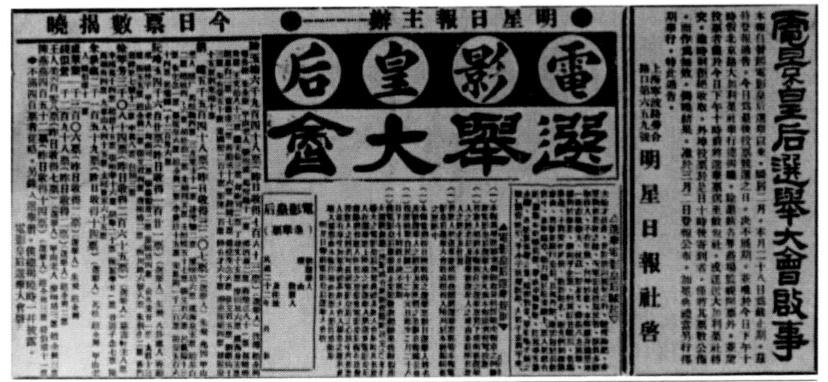
今日票數揭曉

明星日報主辦

電影皇后選舉大會

電影皇后選舉大會啟事

明星日報社啓

1933年元旦，《明星日報》創刊伊始即發起「電影皇后」選舉，並每天公佈選舉進展情況。

文化人建立起了美國的電影基地——好萊塢。經過十餘年的奮鬥，原來行銷全美的歐洲影片在美國兩萬多家影院「悄然撤離」，而美國好萊塢出產的影片卻在世界各國電影上映量中占了百分之七十以上。1926年底，有聲電影在好萊塢的問世及獲得的巨大成功，更使美國名副其實地成為世界電影的中心。1927年1月，米高梅電影公司的首腦梅耶，雄心勃勃地提出了應儘快建立人類文化史上第一個電影學術機構的設想。他的提案受到了熱烈響應，數月以後，美國電影藝術和科學學院莊嚴宣告成立。學院開展的最重要的一項活動，即是奧斯卡獎的評選，學院的主席由享有盛譽的道格拉斯・范朋克擔任。范朋克是當時中國電影觀眾非常熟悉的一位明星，他主演的影片在二十年代初即已傳入中國，有雅俗共賞之譽。他擅長扮演俠客，《三劍客》等片在中國曾風靡一時。1924年11月，他主演的《月宮寶盆》被上海大戲院搶到獨家上映權。該影院大做廣告，但就是壓著不放，吊足影迷胃口，直到次年2月28日「上海」開業五周年之際，才拿出來隆重上映，其時上海灘幾已無人不曉看「月宮」了。影片公映後，其神奇的情節、瑰麗的佈景和先進的特技手法贏得滿城喝彩；但稍後不久，又因一些鏡頭有所謂「辱華」問題而遭到報刊的抨擊，范朋克也因此而在上海出足風頭。他的妻子瑪麗・璧克福也是一位著名演員，1929年，她因主演《弄情女子》而榮獲第二屆奧斯卡最佳女演員獎。范朋克和瑪麗・璧克福夫婦在1929和1931年曾兩度訪問中國，當時報刊對瑪麗・璧克福的稱謂就是「美國電影皇后」。數年之後，《明星日報》發起的這次選舉，明顯受其影響，其選舉規則第一條就坦言承認：「本報為增進讀者興趣起見，特援歐美報章之例，發起電影皇后選舉大會。」胡蝶晚年在其回憶錄中也認為，「電影皇后」的選舉，和瑪麗・璧克福的獲獎和訪滬不無關係，當然，《明星日報》沒有權威也沒有財力舉辦像奧斯卡這樣的綜合性電影大獎，權衡之下，舉辦最佳女演員獎——電影皇后選舉，在可行性和商業性方面，無疑是最明智的選擇了。當時的上海是中國電影業的主要基地，電影公司雲集，男女影星薈萃，尤其是湧現了一大批出類拔萃的女明星，其風采演技令影迷們傾倒迷戀。因此，無論從哪一方面來講，當時的上海確實已具備了選舉最佳女明星的條件，中國奧斯卡之夢的帷幕就這樣緩緩開啟。

選舉的籌備委員會由陳蝶衣、馮夢雲、毛子佩三人組成。馮、毛兩位是小報界權威，上下左右各階層均有通達的關係網，為選舉的順利開展提供了很好的保障。他們三人鼎力合作，配合默契，使選舉得以井井有條地舉行。選舉活動原定一個月，即到1月30日截止，並預備在選出電影皇后以後，舉行盛大的加冕典禮。由於當時正適隆冬，所以籌委會決定延期一個月，到2月28日結束。選舉的開始幾日，投票的人數並不多，但由於《明星日報》不惜篇幅，每日將選舉票數和投票人及被選舉人姓名公諸報端，於是很快引起電影界和廣大市民的普遍關注，投票人數與日俱增，投票人的地域範圍也很廣泛，除上海一地外，北平、天津、漢口、南京、開封等各大城市均有選票寄來，其中很多是航空快信，最遠的選舉信甚至發

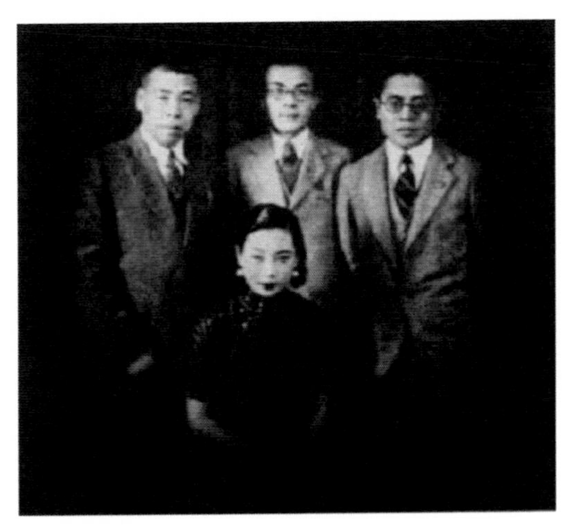

蝴蝶與舉辦「電影皇后」活動的《明星日報》三記者毛子佩、陳蝶衣、馮夢雲（後排右起）合影。

自日本東京和神戶。此外，各地的商家團體，文化機構也有踴躍投票的。最初，投票很分散，被選舉人多達二十位以上，得票較多的是陳玉梅、阮玲玉、徐琴芳、朱秋痕、盧翠蘭、王人美、陳燕燕、錢似鶯等，胡蝶的得票數甚至低於朱秋痕。但很快形勢就趨於明朗，競爭集中在明星、天一、聯華這三大公司之間，呈三國鼎立之勢，其中天一的陳玉梅一花獨秀，票數遙遙領先，明星的胡蝶和聯華的阮玲玉則緊隨其後。選舉過半時，據2月2日的得票數統計，陳玉梅是2684票，胡蝶990票，阮玲玉是697票，顯然，陳玉梅佔有明顯的優勢。以後每天各人的得票雖互有多寡，但基本仍以這個格局衍長。2月26日，選舉活動已接近尾聲，是日，《明星日報》除了在本報刊登廣告外，還在《申報》和《新聞報》上刊出廣告，聲明投票時間至28日截止，決不延長，屆時將在北京東路大加利茶社舉行總揭曉。到了投票截止日前一天，也即2月27日，統計出的得票數卻出現了微妙的變化。這天陳玉梅的總得票數是6948票，胡蝶是5548票，阮玲玉是4620票。從表面看，陳玉梅仍高踞榜首，但當天她的得票數僅是763票，而胡蝶卻是3207票，得票增長率遠遠超過陳玉梅，形勢已顯逆轉跡象，果然，2月28日這天，選票潮水般寄來，籌委會一天收到的選票竟然比選舉以來兩個月收到的選票總數還要多，競爭呈現白熱化態勢。為表公證，這天《明星日報》邀請了上海各界名流參加揭曉儀式，監視開票，以昭鄭重。新聞界、電影界、美術界、律師界，共計40餘人出席，場面非常熱烈。揭曉結果，明星影片公司的胡蝶以21334票（當天收到15786票）遙遙領先於眾人，當選為「中華民國二十二年（1933）第一屆電影皇后」；天一的陳玉梅得13028票（當天收到6080票），屈居第二；第三名是聯華的阮玲玉，得7290票（當天收到2670票）。以下名次分別是徐琴芳、朱秋痕、錢似鶯和盧翠蘭，得票都在千票以上。接著王培源、邵繩祖、蘇福疇三位名律師當眾在揭曉單上簽名，以示公證。次日，上海各報和外地的中西大小報紙，都紛紛報導了揭曉的盛況。

選舉揭曉以後，《明星日報》準備舉行盛大的加冕典禮，一為慶祝，二來也能藉此擴大影響。但致函胡蝶後卻遭到了她的婉拒。胡蝶在回信中寫道：「蝶所貢獻於社會者方有待於今後之努力，而社會之所期望於蝶者，亦惟視蝶今後之努力。當此國難嚴重時期，務請取消加冕典禮，諸承厚愛，實不敢當。」推辭的言語很得體，理由也非常充足。當時，有關「九・一八」之夜，張學良因和胡蝶跳舞，無心軍務，才導致東北失守的謠言才過去一年，前車之鑑，胡蝶不能不小心翼翼。但這卻使報社方面感到了為難，如果不舉行加冕典禮，草草收場，不免美中不足。而當時，正值「一・二八」淞滬抗戰不久，人們的愛國熱情正濃，於是，陳、馮、毛三位靈機一動，決定打出「救國」兩字來號召，發起「航空救國遊藝茶舞大會」，既可慶祝

1933年，胡蝶當選「電影皇后」拍攝的照片。

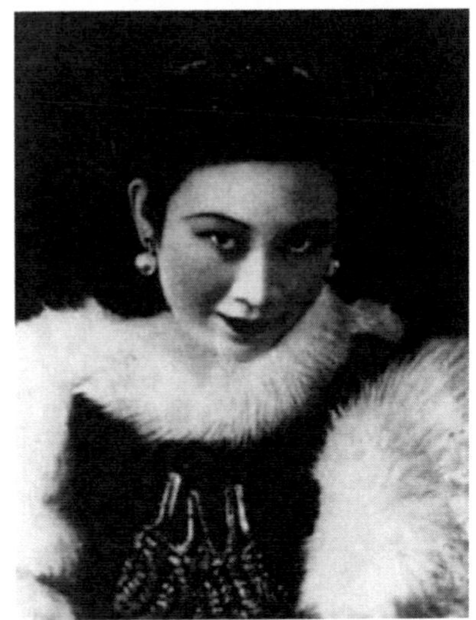

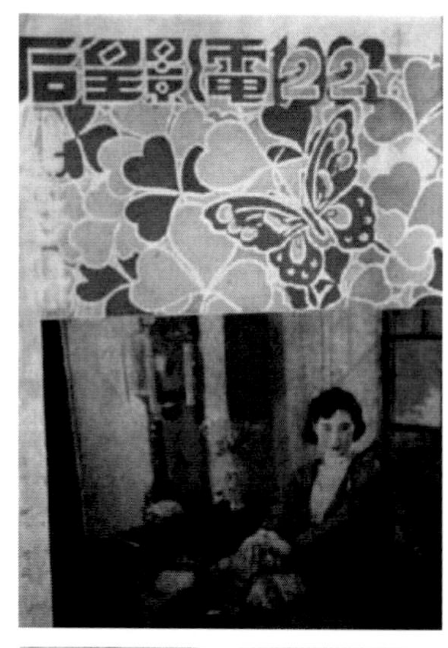

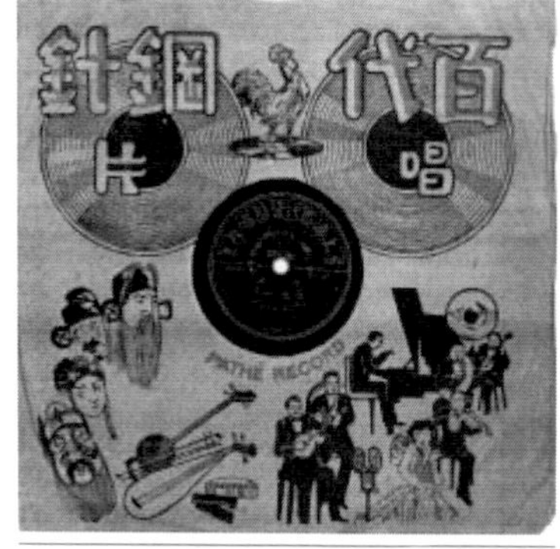

圖上：胡蝶當選「電影皇后」特刊封面。
圖下：胡蝶在「電影皇后」加冕儀式上演唱的《最後一聲》唱片。

胡蝶當選「電影皇后」，又可將門票收入用來購機抗日。當時，中國航空協會徵求隊是影響最大的抗日團體之一，它的口號是：「空談救國，無濟於事，請你節省費用捐助購置飛機」，陳、馮、毛三位都是該徵求隊的隊員，舉辦這樣的活動是名正言順的。於是，他們再次致函胡蝶，稱「是以敝會同人發起邀請上海各界，慶祝女士獲此榮譽，舉行遊藝茶舞大會，並乘機籌款，為航空救國運動花飛勝集……。」這次，胡蝶作了讓步，允諾出席大會，但仍堅持免去加冕儀式。她在信中寫道：「貴社諸君能為航空救國努力，自屬美舉，蝶亦徵求隊之一份子，力之所及，敢不贊助，惟蝶自慚才短，未能有何貢獻，如僅表演節目一種，當遵臺命，見顏一試，特恐見笑大方！至貴社諸君將藉此盛會，賀蝶獲此多量之譽則殊不敢當；況當國難，尤應自檢，敢諸免去此項儀式，則蝶深感諸君之厚愛矣。他日藝術或者有寸進，皆諸君策盛課，容再踵門道謝也。」胡蝶的覆信，即使今天讀來，也是令人感動的。當然，陳蝶衣他們沒有答應胡蝶的要求，雙方對話到了這個程度，一切事情就都水到渠成，不再難辦了。

得到胡蝶首肯之後，就要考慮大會的會場了。籌委會找到位於南京西路上的大滬跳舞場經理馮義祥、李鴻原懇商。馮、李二人概允義務出借會場，並免費供給來賓茶點，連樂隊、舞女也一概義務參加。接著，籌委會又分別致函上海市長吳鐵城、商會主席王曉籟、社會局長潘公展，以及「海上聞人」杜月笙、虞洽卿、袁履登、林康侯、張嘯林等人，邀請他們擔任大會贊助人。當時，舉行這樣盛大的慶祝活動，如果沒有社會名流的參加捧場，是很難搞得有聲有色的。上述諸人很快覆了信，或答應親臨會場，或允諾贊助此項活動。至此，萬事俱備，陳、馮、毛三位總算鬆了一口氣，決定於3月28日下午2時至7時，在大滬跳舞場舉行「航空救國遊藝茶舞大會」。

28日這天，大滬跳舞場一派節日氣氛，熱鬧非常。公共租界工部局為確保安全，特派多名巡捕到會場值勤；救火會則派出救火車備用，以防萬一。午後，來賓開始陸續到會，可容納千人的寬敞會場，異常擁擠，後來者幾無立足之地。王曉籟、虞洽卿、潘公展、林康侯親臨會場，吳鐵城和杜月笙則寫來了賀信。大會臨時推選王曉籟為主席，《新聞報》主筆嚴獨鶴為來賓代表，影壇前輩鄭正秋為司儀。大會開始後，先由文藝界名流登臺亮相，表演節目，有徐琴芳的《四郎探母》片斷，徐來的《夜來香》獨唱，陳歌辛的外國名曲《愛的奴隸》，鄭小秋、顧梅君合作表演的歌舞《小放牛》等。當曲界名伶楊慧君唱畢大鼓《大西廂》時，為千餘來賓共同矚目的「電影皇后」胡蝶，身著旗袍，翩然而至，將會場氣氛推向高潮。胡蝶面帶微笑，彬彬有禮，向到會來賓鞠躬致意。接著由大會主席王曉籟起立致辭，潘公展和嚴獨鶴先後發言，當向胡蝶頒發「電影皇后」證書時，大會氣氛達到了高潮，來賓一起蜂擁而上，一睹「電影皇后」的風采，並紛紛請胡蝶簽名留念。各報記者也爭先恐後搶拍這令人難忘的熱烈場面，最後由胡蝶演唱《最後一曲》：「親愛的先生，感謝你殷勤，恕我心不寧，神不靜。這是我最後一聲，你對著這綠酒紅燈，也想到東北的怨鬼悲鳴？莫待明朝國破恨永存，先生，今宵紅樓夢未驚！看四海沸騰，準備著衝鋒陷陣。我不能和你婆娑舞沉淪，再會吧，我的先生！我們得要戰爭，戰爭裏解放我們。拼得鮮血染遍大地，為著民族爭最後光明！」聽者無不為之動容。這首歌是由安娥女士特為此次大會創作的，以後由百代公司邀請胡蝶灌成唱片，在民間廣泛傳唱。晚上7時半，「航空救國遊藝茶舞大會」宣告結束，籌委會當眾宣佈將所有門票、舞票收入和臨時捐款所得，全部登報公佈，捐助航空救國協會，得以購機抗日。至此，「電影皇后」選舉活動正式降下了帷幕。

在這次活動舉辦的前後，中國還曾舉行過多次類似的選舉，如1926年由新世界遊樂場發起的中國電影女明星選舉，1929年由聯華編譯社發起的中外職業電影明星選舉，1933年由英商中國肥皂有限公司發起的力士香皂獎電影明星競選等，但它們最後產生的影響都沒有超過《明星日報》舉辦的這次。七十年後再來回顧這次選舉，我們當然可以從中找出種種不足，但它畢竟在中國電影發展史上留下了精彩的一頁。

中國電影音樂源流探尋

(一)

20世紀30年代以前，中國放映的絕大部分是無聲影片，可當時影院裏的聲音之喧嘩，會令現代人瞠目結舌。早在本世紀初，上海四馬路一帶最初的一批簡陋影院為招徠觀眾，雇傭一批低劣樂手，以嘈雜的洋鼓洋號作所謂的配樂，令人大倒胃口。當時的報紙曾刊出《影戲喧嘩圖》，諷刺為「喧嘩之聲，不絕於耳。」以後修建的一些高級影院則有了改良，他們出高價雇傭專業樂手，如當時的工部局樂隊，在樂池裏視劇情隨片伴奏，以增加氣氛。開此先例的是1910年由赫思伯創建的愛普廬影戲院，由於樂聲輕重緩急得體，受到觀眾的歡迎。一些高、中檔電影院無不效仿，但具體效果，則千差萬別。到了20年代，這個問題已引起更多的人注意，曾有人以〈影戲院中之音樂〉為題撰文，指出：「海上上下兩等影戲院，咸具鋼琴，而上等影戲院，則加設梵啞林隊，其音調之佳，首推卡爾登影戲院，其次為維多利亞與愛普廬。其佳處，在能吻合劇中之狀態，且悠揚得體。至若上海、夏令配克戲院之音樂，亦不惡，頗中聽，不致引起觀者之反感。惟中央則去樂旨太遠，況更犯牛頭不對馬嘴之病，如幕中方悲哀，樂則為喜樂，幕中方喜樂，而樂則為悲哀，二者適得其反，不獨影片為之減色不少，抑且觀者之神經亦為之紛擾殆盡，此實不能不加以注意也。」（俊超〈影戲院中之音樂〉，載1925年9月16日《申報》）由此可見，觀眾的欣賞水準在提高，影院的配樂已和影片的成功與否聯繫在一起，因此這個問題也引起了電影製作者的重視。在這方面，導演孫瑜不但有著清晰的認識，而且是一個先行者。孫瑜具有良好的音樂素質，他會簫、笛、二胡、月琴，也學過鋼琴，充分明瞭音樂對於電影的重要性。他當時就曾撰文強調：「音樂對於一部影片成功上的關係太重要了！片中喜怒哀樂的表情，在影戲院中如有適當的音樂伴奏起來，感人更加兩倍不止。」（〈導演《野草閒花》的感想〉，載1930年8月31日《影戲雜誌》1卷9期）不但如此，孫瑜還勇於實踐，在這方面作了出色的拓荒工作。1926年，孫瑜從美留學回國，很想投身電影圈。當時他曾為明星影片公司寫了一個名為《瀟湘淚》的電影劇本，但卻未被「明星」接納。兩年後，他在長城畫片公司親自執導了這部影片（公映時改名為《漁叉怪俠》）。該片主要是寫李華和老吳這兩個青年漁民之間的生死情誼，其中有一個重要道具是一枝斑竹簫。一次出海前夕，老吳坐在李華的船頭，在月光下用他從湖南帶來的斑竹簫為李華吹奏了一段娥皇、女英在瀟湘竹林哀悼舜帝時的古詩樂曲：「西風吹兮葉紛飛，湘水漪漣兮秋月微。秋月微，君久遊兮不復歸！」孫瑜非常重視這段情節，他用古詩的字幕疊印畫面，並創造性地以音樂去發掘不易用形象來表現的內涵。影片放映時，孫瑜先期趕到影院，與樂隊一起討論研究，他請影院的配樂師選配了一段幽美的洞簫獨奏，嗚咽的簫聲，恰到好處地傳達了朋友間一切盡在不言中的情誼。這段情景交融、聲情並茂的畫面，可謂感人至深，給人留下了深刻的印象。六十年後，孫瑜在寫個人自傳《銀海泛舟》時，曾回憶到：「我寫的這幾句古詩體字幕，或許可以稱為中國電影歌曲的『序曲』。」

音樂對電影的烘托、美化，無疑啟迪了電影製作者的靈感，於是，中國自己的電影歌曲應運而生了。第一次大獲成功的電影歌曲，毫無疑問是影片《良心復活》的插曲《乳娘曲》。該片是「明星」根據托爾斯泰的名著《復活》改編的，編劇包天笑，導演卜萬蒼，由楊耐梅、朱飛主演。「明星」為《良心復活》的上映做了大量廣告，宣稱將由主演楊耐梅親自登臺和觀眾見面並主唱影片插曲《乳娘曲》。這首歌由包天笑作詞，然後「明星」方面特地請著名新劇藝人馮春航為歌詞譜曲。楊耐梅為學這首歌，曾幾次上馮府學藝，伴奏的小型國樂隊則由清一色的「明星」公司男演員擔任：湯傑、朱飛、王吉亭、蕭英和龔稼農，組成了一個豪華的全明星陣營。《乳娘曲》是影片主人公綠娃（即《復活》中瑪斯洛娃）先遭伊道溫（即《復活》中聶赫留朵夫）遺棄，繼被主人解除傭約，回到家中又見兒子病重夭折，悲痛萬分，唱出的悲哀之曲。1926年12月22日，《良心復活》首映於中央大戲院，當影片映到綠娃被主人辭退回家，見兒子夭折，大慟而暈厥時，銀幕徐徐升起，臺上改佈當時實景，扮演綠娃的楊耐梅手撫搖籃，淒聲悲唱《乳娘曲》：「金錢呀，拆散了人家母子不相逢；階級呀，你把我的嬌兒送了

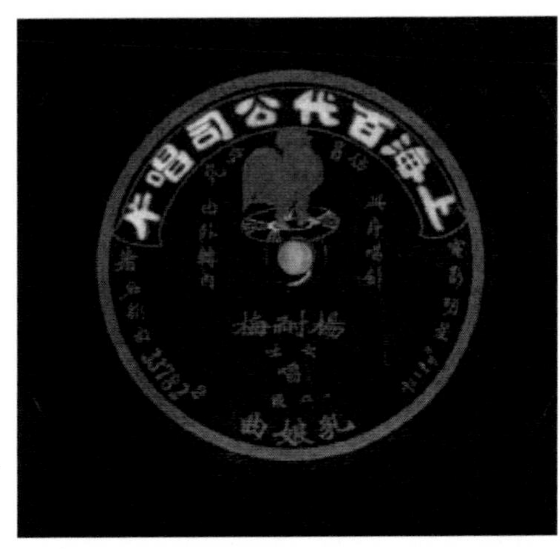

楊耐梅演唱《良心復活》插曲《乳娘曲》唱片，這是中國電影第一首插曲。

終！」唱畢，銀幕再緩緩落下，影片繼續放映。據當時《新聞報》報導：「斯時觀眾，大都已感受甚深刺激，更益以淒涼哀怨之聲，復何以堪？男賓則掌聲雷動，女賓則含涕盈盈矣。」（〈「良心復活」獻映「中央」〉，載1926年12月23日《新聞報》）「明星」此番新招一出，將無聲影片變成了「有聲」影片，觀眾相互傳告，竟刮起了一股不小的旋風。影片原準備映至25日結束，後因日夜滿座，只得延期。26日有6百餘人無票進場，中央大戲院在報上刊出向觀眾道歉啟事，宣佈27日再映一天，以謝厚意。這裏雖然難免有商業廣告之嫌，但也說明影片確實受觀眾歡迎，其中新穎的電影插曲形式不能不說是一個重要原因 ；而《乳娘曲》也在無意中成為了中國第一首真正的電影歌曲。

繼《良心復活》以後，其他電影公司也紛紛仿效，但每場開映都由演員親自登臺，畢竟很不方便，不易推廣。這個矛盾，隨著電影技術的進步，1930年被孫瑜解決了。當時他正為聯華影業公司執導《野草閒花》。「聯華」投拍《野草閒花》是以「中國第一部配音有聲片」作宣傳的，在影片的說明書上，有「聯華」宣稱的之所以配音的三大原因：1、增加電影觀眾之興味。2、樹立有聲國片之

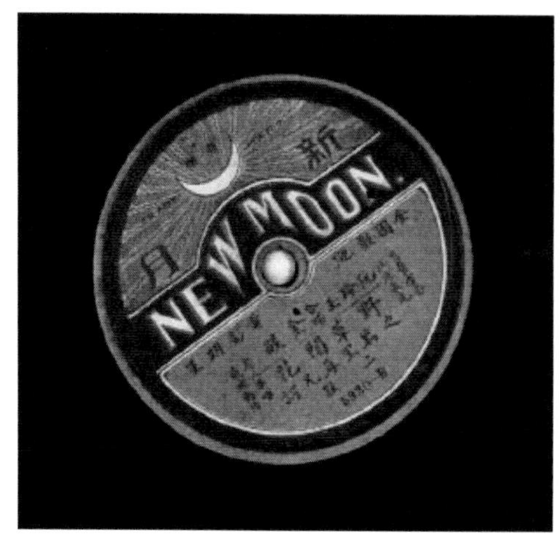

阮玲玉、金焰演唱《野草閒花》插曲《萬里尋兄詞》。

先聲。3、提高國產影片之價值。而孫瑜也確實在這方面耗費了很大精力，他把電影歌曲提高到了一個很重要的地位。影片插曲《萬里尋兄詞》共有四段，歌詞全部出自孫瑜之手，曲譜則由他的三弟孫成璧參考俄國民歌悲愴動人的旋律譜寫而成。歌曲由影片男女主角金焰和阮玲玉主唱，卡爾登戲院的西樂隊擔任伴奏。孫瑜事先請新月留聲機唱片公司將歌曲錄成唱片，一方面公開出售，一方面在影院裏配合劇情播出，《野草閒花》也因此成了中國首部「配音有聲片」。這種「唱片配音」的活很累人，影片放映時，在放映間裏得有人睜大雙眼緊張地盯著銀幕，只要金焰或阮玲玉開口唱歌的鏡頭一出現，就得立刻把唱針放在唱片上開唱的地方（事先在唱片上紅鉛筆作好記號），播出歌聲。為了保證影片配音的質量，最熟悉劇情的孫瑜承擔了這個「手工式」的配音任務。他躲在狹窄的放映間裏，滿頭大汗地為影片連續配了三天音，然後才把這個「苦差事」交還給影院的專職配樂師。《野草閒花》放映之後，《萬里尋兄詞》很快就在觀眾中傳唱開來，經常能在商店和街頭聽到它，有的學校甚至在音樂課上教唱。電影史界將此譽為是中國電影歌曲的開山之作，它已成為中國電影篳路藍縷、耕耘發展的珍貴記錄。1985年，孫瑜在寫自傳《銀海泛舟》時還特地深情記敘了當年的一些影迷因這首歌和他持續了半個多世紀的「神交」。

1934年，孫瑜編導了他的代表作《大路》，雖然這仍然是一部默片，但深知音樂重要性的孫瑜卻動足腦筋努力把它拍成一部別致的「聲片」。他請聶耳採用樂器配擬動作音響貫穿全片，又在影片中安排了四首歌曲，即序歌《開路先鋒》、主題歌《大路歌》、插曲《鳳陽歌》和《燕燕歌》，由電通影片公司錄成片上發音歌曲聲帶隨片播唱（再也不用「手工配音」了），使全片充滿了音樂性，因此有人將《大路》稱為是「音樂抒情片」。主題歌《大路歌》的歌詞是由孫瑜親自撰寫的，聶耳為此歌作曲時曾問過孫瑜，

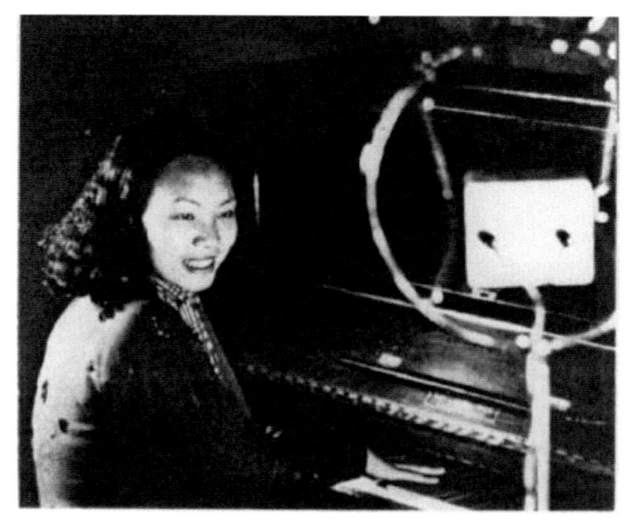

1935年王人美唱歌錄音情景。

需要怎樣的情調和節奏？孫瑜表示：希望帶一點《伏爾加船夫曲》那樣悲壯的調子。因為他覺得，中國的勞動弟兄們是和俄國的苦工們同樣地渴求著自由解放的，為此，他和聶耳一起研究歌曲的詞句和如何用音樂來表現它們。聶耳也為此傾注了自己全部的才華和激情，他在作曲時的自言自語和反覆試唱，曾嚇壞了房東老太，誤以為他不是因失戀就是失業而發了瘋。孫瑜和聶耳嘔心瀝血創作出來的《大路歌》很快就隨著影片的公映和唱片的發售而廣泛傳唱開來，並當之無愧地成為中國近代歌曲的優秀代表。30年代以後，隨著《歌女紅牡丹》、《虞美人》、《雨過天青》、《歌場春色》等中國最初一批有聲影片的問世，電影歌曲開始得到比較廣泛的應用。而電影音樂和歌曲的真正繁榮興旺，並在觀眾中得到廣泛流傳，則是以30年代中期《漁光曲》、《船家女》、《都市風光》、《馬路天使》等優秀影片的崛起為標誌的。演唱這些影片插曲的演員以明星和歌星的兩棲身份活躍在銀幕和舞臺上，並依賴唱片和電波迅速紅遍中國。

1934年，上海的《大晚報》舉行了一次「播音歌星競選」，這很可能是中國流行歌手的第一次排名選舉。結果名列前三的票數如下：

第一名：明月社白虹，9103票；
第二名：新華社周璇，8876票；
第三名：妙音團汪曼杰，8854票。

選舉票數很接近，結果也不出所料，其中前二名後來不但以歌星出名，並都成為著名的電影明星。白虹原名白麗珠，和周璇同歲，都生於1919年。她的嗓音條件很好，音域也較寬，很適合在舞臺上演出。她不但擅長流行歌曲，而且能演歌劇，還拍過30餘部影片。當時有人撰文讚揚她：「白虹就是應該屬於舞臺的，她的歌喉是宏亮而遙遠的，她的發音是結實而動聽的。」（佚名〈關於女明星的歌喉及其他〉，載1940年4月1日《影迷畫報》第3期）白虹灌成唱片的歌曲多達100餘首，其中影響較大的有《郎是春日風》、《我要你》、《莎莎再會吧》、《河上的月色》等。周璇的歌喉和演唱風格與白虹恰形成鮮明對比。周璇嗓音甜美，但聲音細小，音

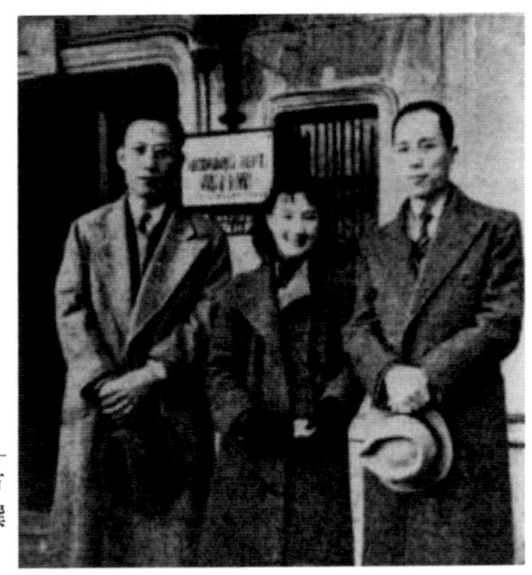

1940年冬，周璇在百代公司灌《月圓花好》唱片時與作曲家黎錦光和百代公司灌音部主任傅祥巽合影。

量不大，在她錄音或拍片時，錄音師和導演都曾因這而對「金嗓子」的美譽表示過懷疑。但周璇很懂得揚長避短，能巧妙地運用電聲擴音設備來彌補自己的缺憾，由此而形成了輕柔曼妙的演唱風格，有人因此說她是「中國輕聲、氣聲唱法的先驅」。周璇一生拍攝影片43部，演唱歌曲233首，灌錄唱片196張，堪稱歌、影兩個領域的「雙料皇后」。

白虹、周璇之後，30年代走紅的歌星就要屬龔秋霞和姚莉了。龔秋霞也是表演歌舞出身，後拍過《壓歲錢》、《古塔奇案》等影片。龔秋霞演唱過很多歌曲，如果只選一首的話，那一定就是《秋水伊人》了。這是1937年的影片《古塔奇案》的插曲，賀綠汀作曲。時至70年後的今天，只要那熟悉的旋律響起，能跟著哼唱的人一定仍然不少。姚莉是跟著哥哥姚敏出道的，白天跑電臺播音，晚上到舞廳演唱，忙得連吃飯都沒有時間。她的嗓音寬舒醇厚，具有很好的中音音色，有「銀嗓子」之譽。她最有影響的歌是《玫瑰玫瑰我愛你》，直到今天仍是很多音樂會的保留曲目。

20、30年代的上海已躋身世界大都市之列，而伴隨都市成長的電影歌曲成為最能體現城市風貌、傳遞海上韻味的時代元素之一。20年代，中國流行歌曲從這裏孕育誕生，30年代，已出現了較為成熟的歌手和市場，到了40年代，流行歌壇呈現一派繁榮。除了原來的周璇、白虹、龔秋霞、姚莉等依然老歌迷人，新歌不斷外，一批又一批新的歌手不斷湧現出來，當時廣有聲譽的就不下20、30人，而最有影響的則屬白光、李麗華、李香蘭、吳鶯音、歐陽飛鶯等人，而她們幾乎又都是同時在歌壇和影壇享有盛名的，其中又尤以白、吳二人最有個人風格。白光是以歌星和影星的雙重身份現身娛樂圈的，她是女中音，聲音渾厚，音域寬廣，屬於那種有著自己招牌特色的歌星，一開口就決不會和別人相混。她的《如果沒有你》、《假正經》等歌當年曾風靡一時，那略帶磁性的醇厚中音，最能凸現那個年代的特有韻味。吳鶯音比白光要小一歲，也以渾厚的中音而馳名，但她的嗓音帶有明顯的鼻音，由於處理得好而顯得別具一格，因此在當年獲得「鼻音歌后」的稱號。百代公司在40年代為吳鶯音錄製了30多張唱片，代表作有《我想忘了你》、《聽我細訴》、《明月千里寄相思》等。

圖上：歌星白光。

圖下：百代唱片廣告。

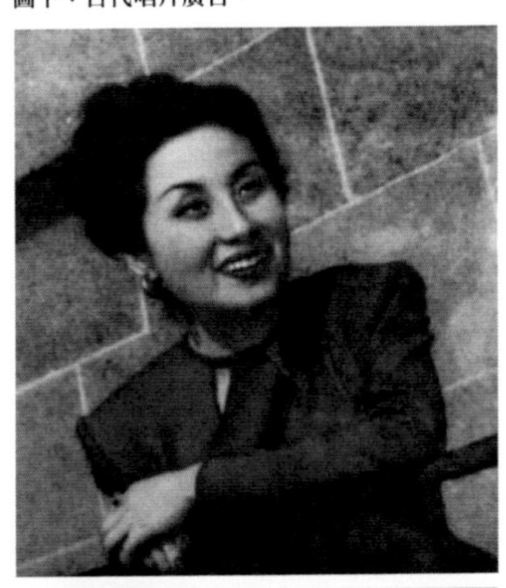

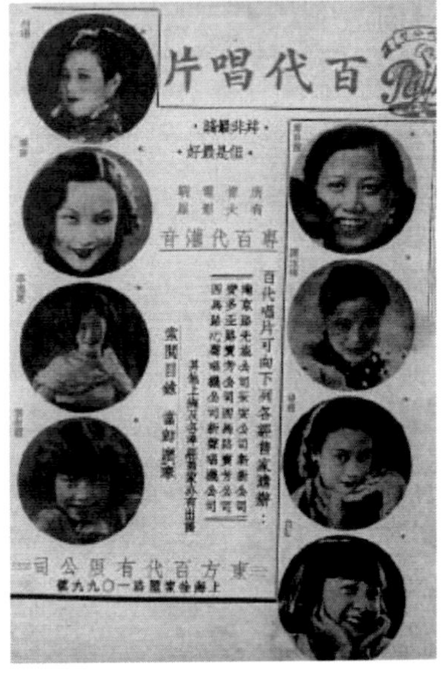

（二）

音樂是有聲藝術，僅靠紙質媒體和舞臺的傳播推介，效果的大打折扣是顯而易見的。20世紀初，科技的大發展給音樂的流行添加了強勁的催化劑，而電影和音樂又可以說是一對孿生子，它們互相依賴，共同繁榮，創造了都市的輝煌。

最早給歌聲插上翅膀的是唱機。1877年，愛迪生成功地製作出了世界上第一臺用錫箔作為記錄材料的留聲機，大概在19世紀末，這項發明傳入中國，幾年後，開始有中國人灌錄的唱片問世，最初都是一些伶人的戲曲唱段。唱片銷售在20世紀20年代步入黃金時期，報刊上幾乎每天都有各家唱片公司的廣告在爭奇鬥豔，除國外的一些著名廠家，如「百代」、「勝利」、「高亭」、「蓓開」等之外，中國人自己開辦的唱機唱片廠，如「大中華」、「新月」等，也大都萌始於這一時期。當時在中國，穩占唱片行業龍頭地位的非「百代」莫屬，它在30年代的宣傳口號是：「當代名歌全歸百代，影壇俊傑儘是一家。」這充分表現了「百代」當年的霸氣，而「百代」也確實傲人地做到了這一點。當時「百代」出版的唱片種類最多，包括曲藝、戲劇、器樂曲及歌曲等，其中尤以國語流行歌曲數量最多，也最受歡迎。有聲電影興起之後，唱片銷售更形鼎盛，當時幾乎每部電影都有插曲，每個影星都灌製唱片，連一些不擅歌唱的明星也臨時請人教唱，收灌唱片。因為只要有「電影明星」這頂桂冠，就能保證財源滾滾，雙方都能得益。整個30年代，「百代」囊括了流行音樂唱片百分之七十以上的市場份額，最盛時，它曾創下了一月銷售唱片超過10萬張的紀錄（佚名〈百代公司收灌大批明星唱片〉，載1940年2月1日《電影生活》第3期），「百代」發行的周璇、白虹、姚莉、白光等歌星的唱片，已成為最能代表海上風尚的「時代曲」。可惜的是，抗戰期間，「百代」保存的10餘萬張唱片模具（包括其他公司請「百代」代為灌製的）因係用銅所製，竟大半被日本侵略者運回國內去生產飛機大炮，中國文化的一脈由此而化為灰燼。這是日本侵略者對中國人民犯下的不可饒恕的罪行，也是對人類文化遺產的藐視和褻瀆。

緊接著為歌壇發展推波助瀾的就是電臺了。歌手姚莉曾撰文回憶自己年輕時一天要跑5家電臺播唱歌曲，而這其實正是很多歌星的生活常態，「金嗓子」周璇也有這樣的生活經歷，她主演的影片《長相思》，表現的也正是電臺播音小姐的生活。無線廣播傳入中國雖然比留聲機要晚20餘年，但發展勢頭卻很快，公營電臺、私營電臺及外國電臺紛紛搶灘各大城市，到30年代中期的1936年，全國登記註冊的廣播電臺已達89座，而在中國最大城市的上海，擁有收音機的人家約在10萬戶左右（參見佚名〈我國收音機進口年在二百萬金單位〉，載1936年4月8日《申報》）。到抗戰勝利後的1946年，全國廣播電臺已達百餘家之多，自清晨7時起直至次日凌晨2時止，天空中充滿著各種電波。當時上海眾多電臺每天播出的節目內容大致一樣，除新聞時事外，以彈詞、申曲為最多，其次就是歌星的現場播唱了，但如果算上唱片，流行歌曲的播出率可能就要占頭把交椅了（參見南黃〈上海的播音節目〉，載1946年6月22日《快活林》21期）。當時在上海，幾名歌手，一架鋼琴，頂多再加上2把小提琴，一把吉他，就能組成一個歌詠社了。這些名目繁多的歌詠社各占一家電臺為山頭，演唱一些最為流行的歌曲，如果收聽率高，就能攬到很多廣告。這些歌詠社的電臺播音使本來就很流行的歌曲傳唱更為廣泛，一些名歌星也因此更受歡迎。1941年4月，一家影藝公司曾舉辦過一次播音大會，請來周璇、白虹、龔秋霞等一批大明星前來助陣，結果在舉辦處華英電臺的四周，聞訊趕來的聽眾圍得水洩不通，其狂熱程度絲毫不亞於今天明星的走紅地毯（佚名〈星光閃耀在華英電臺〉，載1941年5月25日《中國電影畫報》第7期）。電波雖無形，其能量之大卻可見一斑。

第3種對歌壇繁榮功莫大焉的媒介就是電影了。電影傳入中國的時間幾乎和留聲機同步，那時它還是無聲電影。自1930年中國

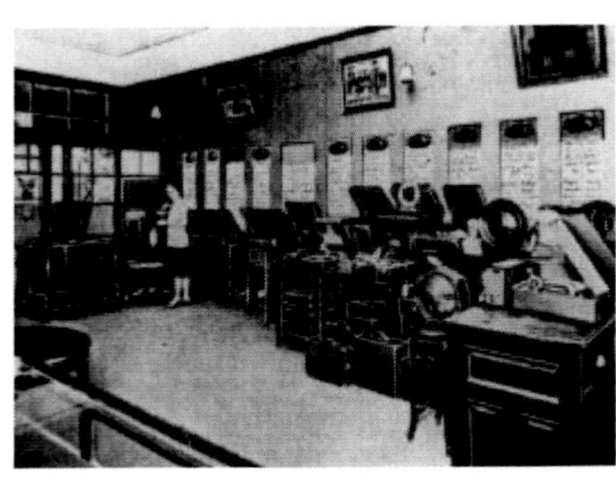

開設於霞飛路上的壽樂音樂商店。

拍攝了第一部有聲影片《歌女紅牡丹》之後，流行歌曲與電影就結成了一種共生共榮的緊密關係。我們現在還耳熟能詳，並能上口吟唱的一些歌曲，如《畢業歌》、《天涯歌女》、《何日君再來》、《瘋狂世界》等等，都是當年電影的插曲。很多時候，人們雖然已記不清電影的名字和故事，但片中優美動聽的歌曲卻還長久地留在記憶之中。也正因此，在類型電影中誕生了歌舞片這樣一個片種。在中國，以拍歌舞片著稱的是方沛霖，20世紀30年代中期他執導的《化身姑娘》和《三星伴月》曾引起過不小的風波，其實從另一角度看，這兩部電影也可算是相當成功的商業片，影片劇情曲折，音樂動人，片中插曲傳唱至今，票房紀錄也很好。40年代以後，他還執導了《凌波仙子》、《鶯飛人間》等好幾部歌舞片。1948年12月，方沛霖為籌拍歌舞片《仙樂風飄處處聞》，乘坐「空中霸王」號從上海飛往香港，竟因飛機失事而罹難，為他鍾情的事業而獻出了生命。

進入40年代以後，由於留聲機和無線電的大為普及，流行音樂的地位得到空前提高，一首好聽而又易於傳唱的歌曲往往就意味著營業上的成功。因此，一些投資方和發行方常常不顧劇情需要而強行要求增加歌曲，以贏得觀眾的青睞。這也是當時歌舞片大為流行的原因。這裏介紹幾部中國電影史上插曲最多的影片：

1. 《柳浪聞鶯》，吳村執導，1948年出品。片中插曲多達15首，作曲包括黎錦光、姚敏、李厚襄、嚴折西、劉如曾、黃貽鈞等多位大牌音樂家。演唱除了白光和龔秋霞，還有吳鶯音、黃飛然等。15首歌中最有名的是白光唱的《如果沒有你》，這也成為她的代表作。1999年，白光在馬來西亞逝世，她的墓碑上豎立有一排黑白相間的琴鍵，上面刻有《如果沒有你》的五線譜，如果有人按動琴鍵，立刻就會傳出白光悅耳的歌聲。這一自動播放歌曲的裝置成為人們對這位歌手的最好紀念。

2. 《鶯飛人間》，方沛霖執導，1946年出品。片中插曲有12首，均由主演歐陽飛鶯演唱。其中最有名的是陳蝶衣作詞，黎錦光作曲的《香格里拉》，這首歌已成為中國流行音樂史上的經典之作。

3. 《鳳凰于飛》，方沛霖執導，1945年出品，片中插曲11首，尤以周璇演唱的同名主題曲最為出名。

4. 《天涯歌女》，吳村執導，1940年出品。片中有10首插曲，雖然主演周璇演唱了其中8首，但最為出名的卻是在片中客串的姚莉演唱的《玫瑰玫瑰我愛你》。這首歌由陳歌辛創作，不久傳至大洋彼岸的美國，成為第一首被譯成英文而傳遍世界的中國流行歌曲。

5. 《西廂記》，張石川執導，1940年出品。片中有插曲10首，其中周璇演唱的《拷紅》一歌幾乎人人都會哼上幾句。

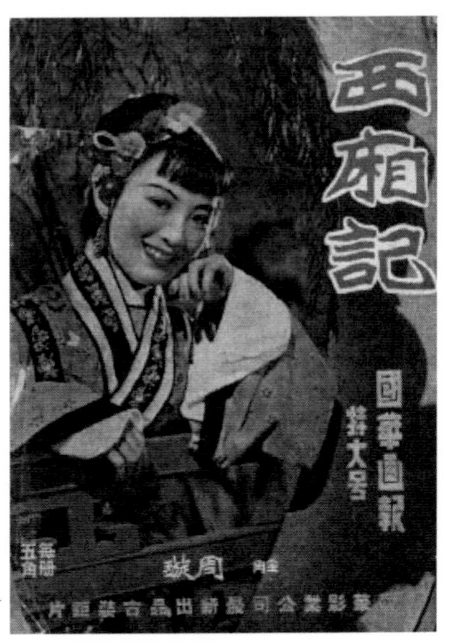

周璇主演的影片《西廂記》專號封面（1940年）。

6. 《長相思》，張石川執導，1946年出品。周璇主演的影片，片中有7首插曲，其中的《夜上海》、《花樣的年華》堪稱最能反映那個年代韻味的代表作。王家衛的名片《花樣年華》的靈感就來自後一首歌曲，並在片中引用了這首老歌，為電影增加了無限傷感。

中國現代電影音樂的誕生繁榮緣於上海地域文化的深厚底蘊，它在國際大都會的背景下融合了中西文化，雅俗情調，在十里洋場中開花，在歲月滄桑中昇華，成為幾代中國人心中一份永遠年輕的回憶！

民國電影第一刊

每本暢銷書的產生都是某個歷史時期人們的心態和社會的生態的集中表現，一套《電聲》，在不經意間與之契合。《電聲》存世整整十年，發行總期數超過九百，它的銷量也創下了民國影刊的最高記錄。一部電影史，巨星大片固然是不可或缺的頂樑柱，但那些形成整個銀色氛圍的小事細節，可能更浸潤出社會的真實，它們才超越歷史文獻，反映了大事後面隨之的更多內容，形成了歷史與人生相聯結的某種個別而又典型的狀態。

一、突兀其來的第3卷

1934年1月，元旦剛過，大上海的報刊市場上便新冒出了一種名叫《電聲》的雜誌。刊物每週出版一期，彩色封面，售價僅為五分，內容專刊電影新

《電聲》3卷36期。

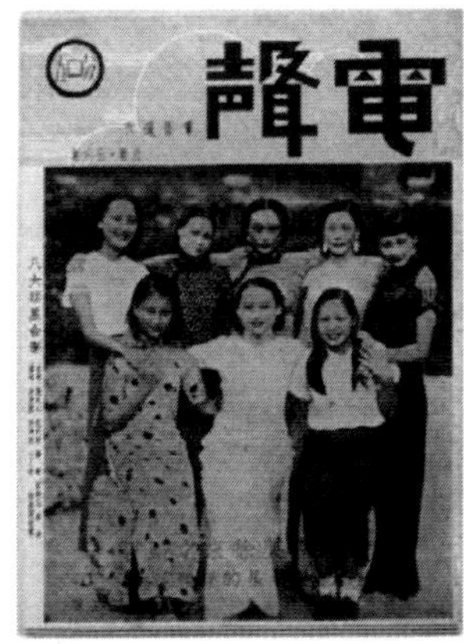

聞與有趣的消息。《電聲》第一期就引人矚目地詳細報導了「電影皇帝」金焰和女明星王人美於元旦舉行的獨特婚禮，接著，又連續刊出了「蝴蝶商標案敗訴」、「電影皇后選舉內幕」、「胡姍裸體照片大交涉」、「艾霞服毒自殺之真因」等大膽犀利的重磅新聞，在影壇和新聞界一石激起千層浪，銷量也節節上升，很快達到每期銷售3萬冊的記錄。但令人奇怪的是，這本受到廣泛重視，並引起眾多跟風的新穎雜誌，竟然沒有創刊號，它一問世就直接從第3卷起計期，給人以突兀之感。這一另類的舉動，給後人造成了很大困惑，日後有不少人因到處尋覓不到《電聲》的前兩卷而百思不解，更有一些圖書館因此在館藏目錄上作出了錯誤的解釋。

其實，《電聲》週刊既非從天而落，也不是無根之樹，它的前身是1932年5月1日創刊的《電聲日報》。這是一份新穎別致的娛樂報紙，方12開，每日4版，頭、二版刊登影片評論和電影新聞，三、四版則分別為播音版和圖片版，創辦人是林澤蒼。這林澤蒼絕非等閒之輩，他畢業於聖約翰大學，愛好廣泛，尤擅攝影，特別具有經營理念。他從學生時代起就經辦實業，掙錢養活自己。三十年代初，正是電影事業和播音臺蓬勃發展之時，林澤蒼眼光敏銳，開風氣之先，大膽創辦了這樣一份集電影和播音於一身的《電聲日報》，該報有一個副報名，就明確標明：電影與無線電。林澤蒼接受過高等教育，特別注重輿論的公正與自由，報紙創刊伊始，他就申明：「我們以善意批評電影藝術，為法律所許，決不給任何壓力所屈服。」（編者〈我們的態度〉，載1932年5月1日《電聲日報》創刊號）《電聲日報》以影評為特色，並率先倡導給影片評級打分，態度強硬，毫不顧及製片商的臉面。播音版則刊發播音界新聞和無線電知識，並逐日刊登各家電臺的播音時間節目表。當時僅上海一地，擁有收音機的家庭就在五萬戶左右，這樣一份實用價值很大的報紙廣受歡迎是可以想像的。《電聲日報》一炮打響，跟風模仿者也不在少數，而思維活躍的林澤蒼又率先變招，在報紙出版了整六百期，事業正蒸蒸日上之時，他又將《電聲日報》改成了《電聲》週刊，篇幅擴大，增加電影新聞的容量；開本則縮小，便於讀者隨身攜帶，圖片質量也有顯著進步。由於報紙搖身一變成了雜誌，計期也相應開始從第3卷起計，既點明兩者之間的承繼關係，又表示了萬象更新，從頭開始之意。以後的事實表明，林澤蒼的這次變招十分及時，大獲成功。

二、撲朔迷離的總期數

《電聲》1932年5月1日創刊，最後一期出版於1941年12月，發行時間長達十年，幾乎涵蓋了整個三十年代。但也正因為它出版時間長，刊期多變（先後發行過日報、週刊、半週刊、月刊），又生不逢時，正處災難深重的抗戰時期，從而屢有停刊，導致散佚嚴重，幾乎沒有一家圖書館有完整收藏。因此，《電聲》十年來到底出版了多少期？始終沒有人能給出一個正確回答，不要說各人的文章錯誤百出，各家圖書館的記載互不相同，就是《電聲》自己在最後一期（第10卷第5期）上標明的總期數：第1080期，也是一個錯得相當離譜的數字。筆者這麼多年來腦海中始終鬱結著這個疑問，凡有機會看到《電聲》，必作詳細筆記，企望追根尋源，解開迷團。近日，終於看全了一份完整的《電聲》，多年來的疑惑也一朝冰釋。

《電聲》在日報時期共出版了600期，時間從1932年5月1日到1933年底。改為週刊後，刊期從3卷1期起計，第3卷共出版了50期（1934年1月12日-12月28日；第4卷出版50期（1935年1月1日-12月13日），加上年末出版一期「歲暮增刊」（12月20日），實際共出51期；第5卷也出版了50期（1936年1月1日-12月18日）；第6卷因抗戰爆發，只出了32期（1937年1月1日-8月13日）；第7卷出48

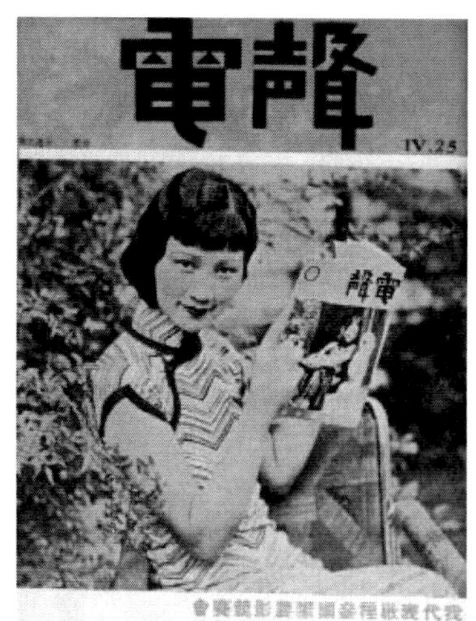

《電聲》4卷25期。

期（1938年1月1日-12月23日），此卷在37期時改為半週刊，45期起又恢復為週刊；第8卷因「孤島」時期物價飛漲，成本大增，難以維持，共出了38期（1939年1月1日-9月15日）；第9卷更只出版了27期（1940年1月1日-9月27日）；第10卷改為月刊，從1941年8月-12月，共出版了5期。接著因太平洋戰爭爆發，日軍進駐上海租界，《電聲》也因此宣告停刊。《電聲》改為週刊後，除每年分卷外，每期還有一個總期數，如第3卷出版了50期，總期數就是601-650期，按此類推，第4卷也出版了50期，總期數應該是651-700期，但實際上刊物在計算總期數時出現了重大差錯。4卷31期為681期，4卷32期應是682期，但此期卻誤標為862期，且以後一直誤標下去，到4卷50期標為880期，整整多了180號，而5卷1期也延續標為881期，從此一錯到底。《電聲》總期數的撲朔迷離即源於此。至此，我們已經解開了這個混沌了多少年的迷團：從1932年到1941年的十年間，《電聲》累計出版日報600期，週刊296期，月刊5期，總計901期，為民國期間出版期數最多的電影雜誌。

三、核心陣營的鐵三角

《電聲》雖然發行長達十年，但與它長期同甘共苦的主要是三個人：林澤蒼、梁心璽和范寄病。林澤蒼是《電聲》的老闆，也是這本雜誌的創辦人。他1922年創辦三和公司時尚在聖約翰大學就讀，所謂「三和」，即指天和、地和、人和，這也是他長期堅持的做人和經商的理念。1925年林澤蒼創辦《攝影畫報》，向內政部領取的登記證為國內出版物的第一號。其把握機會之敏感於此亦可見之一斑。1926年林澤蒼大學畢業，獲商學士學位，開始專門致力公司發展，先後經營過攝影用品、乒乓用品、明星照片和出版物等。公司創意曾屢被人模仿，但林澤蒼主持下的「三和」推陳出新，無時無已，故能始終立於不敗之地。1932年，林澤蒼創辦《電聲日報》，以言論強硬，批評公正，消息靈通，圖片美麗而一紙風行，震驚電影界和新聞界。但林澤蒼的主要興趣始終在攝影方面，他曾任聖約翰大學攝影研究會會長，並發起成立中國攝影學會，組織舉辦過多屆全國攝影展覽大會。《電聲》創辦之後，他就把編輯重任交給了梁心璽和范寄病，並公開聲明，所有編務完全由梁、范二人作主，顯示了其過人的器度和雅量。

梁心璽是林澤蒼最初的合作者，《電聲》的具體編務，最早就是由他承擔的，他也是唯一一位經歷了《電聲》從創刊到停刊整個過程的主編者。《電聲》停刊以後，梁心璽輔佐林澤蒼，苦心孤詣，為恢復《電聲》這塊金字招牌而備嘗艱辛，戰後曾一度依附他刊而重新亮出「電聲」二字，雖然最終仍告失敗，但其堅韌的意志仍令人欽佩。

范寄病是從3卷41期起加入《電聲》陣營的，他與梁心璽長期合作，《電聲》每期代表編輯部意見的〈我們的話〉，就是他們兩人輪流執筆的。范寄病在《電聲》中主要負責文字的組稿和編輯，一度曾全面主持電影方面的內容（梁心璽主持娛樂內容）。抗戰爆發後，電影製作中心暫移香港，為消息報導的及時和準確，范寄病親赴香港。直接向上海發稿，保證了刊物影訊方面的優勢。曾創造《電聲》最高銷售記錄的「阮玲玉哀榮特輯」（4卷11期，發行5萬5千冊）和「胡蝶潘有聲結婚特輯」（4卷48期，發行4萬冊），也是由范寄病直接策劃並坐鎮指揮的，為此他曾忙得接連兩天顧不上吃午飯。

《電聲》的銷量在當時影刊中遙遙領先，故他們能夠做到：不登影片廣告，不收受任何方面的津貼，不接受片商或院方的試映贈券，拒絕電影公司的宣傳稿件。這一系列舉措都是為了一個目標，即：獨立思考，不受支配，而之所以能做到這一點，則是因為他們能依靠自己的力量維持體面而尊嚴的生活。《電聲》的三個主要支撐者：林澤蒼、梁心璽和范寄病，一做就是近十年，這在其他出版年份較長的各類期刊中是不多見的，而《電聲》正是賴此得以保持長期一貫的水準和風格！

四、辦刊風格的持久性

《電聲》每期卷首有一篇〈我們的話〉，由梁心璽、范寄病兩人輪流執筆，代表刊物的立場，發表對於影壇最近動向的看法，涉及到的事件動態頗廣，如關於阮玲玉自殺、致敬於訪華的卓別林、米高梅公司來華攝製《大地》、影壇統一譯名問題，改善影院租映制度、《天倫》在美公映、陳波兒北上勞軍、從《新土》事件説到租界電檢處、謹勸邵醉翁先生改變製作態度、為《火燒紅蓮寺》重映説幾句話、從《阿比西尼亞》禁映説到中央電檢會的威信、關於取締不良影片、應嚴懲影商投機、電影製片家應有的覺悟、從競攝民間故事片説起、影業工會的使命等等。這幾百則〈我們的話〉，言論犀利，態度鮮明，且對影壇動向的把握十分敏感，大凡影界略有影響之事件動態幾無一不有所議論，代表了當時社會對影界動態走向的關注程度和普遍看法，匯總起來，大體就是一部三十年代的影壇大事記。

《電聲》從創刊時即以「輿論公正」為標榜，日報時期以影評為主，改為週刊後，注重對電影新聞的評述。刊物宗旨：「1.供給讀者充分的電影新聞與有趣的消息。2.對於新舊的影片，予以公正的評價，為一般觀眾的參考與指導。」（第3卷第1期〈卷首語〉）為了凸顯《電聲》作為影壇公共媒體的客觀公正立場，編者強調：「《電聲》是讀者共有的刊物，絕對不是主持人和編輯人的私產，所以我們一向以讀者的立場為立場，以影迷的利益為前提，不受威嚇利誘，不為人所利用，消息力求翔實，言論力求嚴正，我們不肯吹毛求疵，我們也不徇賣面情。」（第4卷第15期〈我們的話〉）為保持刊物的獨立性，《電聲》不登影片廣告，不收受任何方面的津貼，不接受片商或院方的影片試映贈券，拒絕影片公司的宣傳稿件，甚至不向演員和導演主動約稿（自動投稿和轉載例外），因為「有了友誼少不得要生出一種面情或掛牽，而這種面情或掛牽或者要使我們將來説起來不太方便」（第3卷第41期〈編輯答讀者問〉）。正是基於這樣的辦刊立場和編輯理念，《電聲》以客觀報導影壇動態為己任，刊發的電影新聞範圍廣泛，雅俗兼蓄，追求真實，有聞必錄，諸如〈「電影皇帝」金焰和王人美婚慶紀實〉、〈艾霞服毒自殺之真因〉、〈胡蝶與華南化學工業社的商標糾紛〉、〈《漁光曲》出現兩張唱片之迷〉、〈「明星」宣傳科全體辭職內幕〉、〈陳查禮扮演者華納夏能抵滬紀詳〉、〈陶伯遜等十股東包租《化身姑娘》〉、〈大夏大學增設電影講座〉、〈租界當局禁映《壯志凌雲》〉、〈介紹滬人初映電影的第一人勞羅逝世〉、〈《夜半歌聲》廣告釀成人命〉、〈趙英才籌備電影圖書館〉、〈五大影院合組亞洲影院公司〉、〈快活林影片公司發生火災〉、〈范朋克生前對辱華片之表白〉、〈黃柳霜在美為祖國難胞呼籲〉、〈梁氏姐妹在星義演為祖國傷兵籌款〉、〈上海的幾條明星弄堂〉、〈王獻齋的生前死後〉等等，幾乎涉及整個三十年代影壇的方方面面。《電聲》的新聞報導有其鮮明的特色，它對一些比較引人矚目的影壇新聞，往往採取跟蹤採訪，連續報導的方法，分析事件的背景，回顧事件的始末，隨時補充、更正相關內容，從而形成了比較完整的專題文字。這類系列專題報導有：「早期默片演員夏佩珍淪落的前因後果及期間發生的種種波折」、「阮玲玉服毒自殺詳情及其原因剖析」、「攝影家陳嘉震與女演員貂斑華訂婚案糾紛始末」、「胡蝶、潘有聲相識、戀愛、結婚的原原本本」、「黎錦暉、徐來夫婦與《大都會日報》之間的筆戰回顧」、「漫畫家葉淺予與系列影片《王先生》之間的種種關係」、「好萊塢影片《大地》在中國引起的軒然大波及其修改情況」、「《阿比西尼亞》影片被毀事件的連續報導和剖析」、「影片《木蘭從軍》在渝被焚事件的前前後後」等等。這些專題報導有的以整整一期刊物的篇幅重點推出，有的連續數月跟蹤採訪，因此其內容既有相當的深度，又積累了大量第一手文獻，如有關阮玲玉逝世的專題報導中，披露了導演但杜宇曾拍過阮玲玉對白歌唱片一卷，是阮僅有的有聲片資料；還揭露了梁賽珊受唐季珊所迫偽造阮玲玉兩封遺書之事，並轉載了首發於《思明商學報》上的阮玲玉的真正遺書。在刊登美國米高梅公司拍攝賽珍珠作品《大地》的專題報導中，詳細介紹了經我國政府抗議，米高梅公司對《大地》影片重加修改的八處具體內容。對抗戰時期華南地區濫拍粵語片的批評，是《電聲》的一大特色，刊物列舉了大量事實，如1936年上海影界共出品國語故事片44部，而同年華南電影界卻出品了130餘部粵語片。華南影壇無論是專業人員還是相關設備都要比上海弱很多，但出品卻要比滬地多兩倍，粵語片的粗製濫造可想而知。

《電聲》在日報時期曾以影評作為主要內容，改為週刊後，雖然重點傾向電影新聞的報導，但影評仍佔有一席之地，編者且自豪地認為：「本刊的電影批評，素以公正嚴格為主，已被觀眾公認為觀影之標準，已成權威之批評者。」（第7卷第9期編者〈介紹一部佳片給全國觀眾們〉）《電聲》的影評以A、B、C、D對影片分出等級，每一等級又有上、中、下三級，共有四等十二級之分，「悉系根據本刊記者對於該片之觀感及影片本身之實際價值而後評定」（第6卷第16期〈我們的話〉）。如其評《桃李劫》：「國產有聲片中，《桃李劫》總算是能夠合乎有聲電影條件的片子，它利用

《電聲》7卷26期。

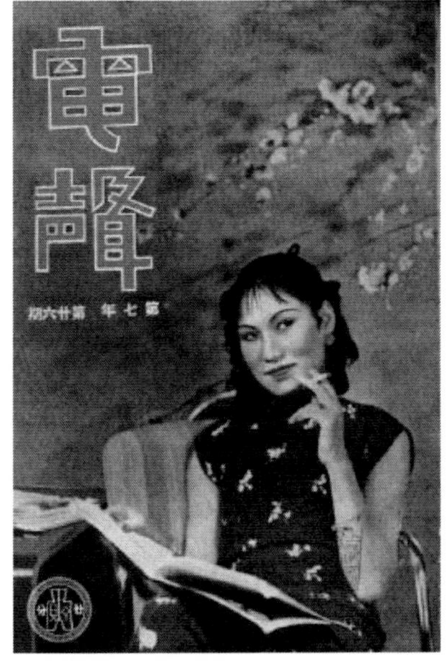

音響效果去減少無謂的場面和加重觀眾們的感動力的地方很多。」評《上海廿四小時》：「大體說來，畫面雖失了連貫性，但是每一個單獨的畫面，尚不失為清晰美麗。」評《香雪海》：稱讚導演費穆「修養深刻，善用電影之長，為一般人所不能及」，同時又指出「這裏最大的一個缺點是畫面的美麗，調子的恬靜，倒反而掩飾了農村中的慘況」。評《大路》，在對影片總體進行讚揚後又指出，導演孫瑜「太偏於幻想而忽視了現實，……他雖嫉忌醜惡，卻也如『詩人』般耽於空想而不切實際」。此外，在品評影片《中國海的怒潮》等文章中，除評析內容外，還揭露了影片遭政府刪剪而顯支離破碎的內幕。國產電影中，被《電聲》評為A等的影片有《迷途的羔羊》，A下的有《桃李劫》、《木蘭從軍》，B上的有《神女》、《聯華交響曲》、《天倫》、《十字街頭》、《馬路天使》，B下的有《壯志淩雲》、《夜半歌聲》等；外國電影中，《亂世佳人》是唯一一部被評為A上的影片，其他被評為A等的影片有《戰地笙歌》、《彼得大帝》、《摩登時代》、《叛艦喋血記》等。很顯然，《電聲》當年的評分頗為嚴謹，基本經得起時間的考驗。在對優秀影片給予較高評價的同時，《電聲》對一些劣片的抨擊也毫不留情面，如它對「天一」粗製濫造，拼湊而成的所謂上，下集巨片《榮華富貴》進行了尖銳的批評，並打出了罕見的最低分：F，顯示了刊物一貫堅持的「鐵面無私」、「嚴正強硬」的態度。

作為一份發行時間長達十年的電影刊物，《電聲》在總共901期的刊物中為中國影壇保存了大量文獻史料，特別是其中的一些計量分析和統計資料，以確鑿的數位去剖析一些問題，既簡明扼要，又具有很強的說服力，如〈影院最多的城市〉一文，列舉了當時世界上影院最多的一些城市，從中可以看出，在1934年，上海擁有的電影院達44家，名列全世界第7位，這多少反映了當時上海在文化方面的實力和影響。〈二十四年度外國影片進口總額〉一文則提供了這樣一份資料：1935年共有10個國家的412部影片輸華放映，其中美國影片就達364部，占了約90%，可謂一枝獨秀。〈中國電影院總數〉一文言中國影院數量總計144家，而美國全國影院數達2萬家以上，僅紐約一城就擁有400家，傾一國之力尚不及別國一城，其間差距發人深省！類似這樣的統計文章有〈南京電影行政機關概況〉、〈中國境內外國影片公司調查〉、〈外片在華賣座狀況〉、〈外片在華公映的檢查手續和費用〉、〈上海各影院的有聲機〉、〈全球影院統計〉、〈民國念五年度上海公映外片一覽〉、〈上海影院座位統計〉、〈上海各影院的開幕日期〉、〈「孤島」婦女最喜歡看的電影〉等。刊物還曾發起「中國明星選舉」，選出「我最愛慕的明星」金焰、阮玲玉等；發起「1935年中外巨片選舉」，選出當年最佳中外影片《天倫》、《大路》、《新女性》和《十字軍英雄記》、《仲夏夜之夢》、《塊肉餘生》等。此外，刊物第4卷第11期的「阮玲玉哀榮特輯」、第4卷第48期的「胡蝶潘有聲結婚特輯」、第5卷第11期的「卓別林東遊特輯」、第10卷第2期的「周璇嚴華離婚特輯」等，風格鮮明，文獻豐富，在當時都產生了一定影響。刊物發表的重要文章還有王瑩的〈留日生活的自述〉、何非光的〈脫離「聯華」原因的自白〉、蔡楚生的〈中國電影往何處去〉、趙丹的〈一個男明星的日記〉、胡蝶的〈希望為祖國效力〉、顧蘭君的〈苦與樂〉、龔秋霞的〈從影感言〉、陳燕燕的〈終天抱恨的一腔隱痛〉、黃柳霜的〈我對中國之信仰〉、李綺年的〈告別香港書〉等，以及〈一九三九年電影回顧〉、〈今日上海電影界分析〉、〈香港電影刊物總檢閱〉、〈上海電影院卅年滄桑史〉和姚蘇鳳的「明星小論系列」：〈陳雲裳小論〉、〈李綺年小論〉、〈路明小論〉等。

電聲發行十年總計出版901期，始終保持如一的風格和品質，無論在內容定位、裝幀設計、版面風格和主編人員等等方面都維持著相對的穩定性。它注重影壇日常活動的記錄，堅持「市民情趣」、「大眾閱讀」的辦刊風格，其銷量長期維持在1萬到2萬之間，最高時曾達到5萬5千冊的記錄，是當時最為暢銷的電影刊物，堪稱「民國電影第一刊」。

紙媒裏的民國電影——中國電影雜誌綜論（1921-1949）

電影與紙媒，是都市社會的兩朵奇葩，是現代文明的一對雙生子，她們共生共榮又相互制約，之間的微妙關係，既一眼明瞭又一言難盡。電影本依賴膠片傳承生命，但現代中國的顛沛流離和當年技術的落後脆弱，又讓紙質媒體陰差陽錯地承擔起了記錄電影的神聖使命。這一對奇異的都市之花，註定了要攜手同度春秋，讓後人共究其生命旅程。本文即嘗試從「紙媒裏的民國電影」這一角度切入略作闡述。需要説明的是，為便於敘述，本文所指紙媒，僅限於雜誌。

一、孕育和萌芽

在敘述正文之前，請先讓我們把鏡頭追溯到100多年以前的上海：1885年11月21日，在這一天的《申報》上非常引人矚目地刊出了清朝官員顏永京的一則啟事，申言為賑災兩粵山東的災民，他將在格致書院放映影戲，內容為其遍游英、法、德、俄、美等各國時所看到的風景和民俗。顏永京的這一舉動，在當時引起了不小的轟動，雖然票價每張高達5角（這在當時實屬非常昂貴），但前往獵奇的人還是非常踴躍。著名畫家吳友如將其作為新聞事件在當時極有名的《點石齋畫報》上作了大量報導。吳友如在其所畫的一幅題為《影戲同觀》的畫上，非常逼真地為我們留下了當時放映的盛況景象，那手執教鞭親自作講解說明的正是新聞人物顏永京。顏永京放映的當然只是「幻燈影片」，因為這時離專家們所公認的電影正式發明的年代尚早整整10年，但它卻可說是我國後來電影放映的濫觴，這一事件本身及有關的報導，對電影史學家來說，自有其特殊的價值。1896年6月，上海的徐園第一次開始放映電影，有關電影的報導遂在中國開始出現，雖然，這樣的報導在當時還只能說是「寥若晨星」。1913年，上海的亞細亞影戲公司和香港的華美影片公司攝製了中國最初的一批故事影片，從這一年起，關於電影的消息才逐漸多了起來，諸如「活動影戲」、「機器電光影戲」、「活動幻影」等字眼在當時的報刊上頻繁出現，一些著名的刊物，也以發表有關電影的內容為榮，如1914年7月出版的《新劇雜誌》第2期上，刊出了題為〈中國最新活動影戲段落史〉的文章，詳細介紹了亞細亞公司所攝的各種影片，同時還刊出了張石川導演影片時的大幅工作照，這是留存於世的有關中國早期電影導演唯一的一張工作照；再如1915年1月出版的《大中華》創刊號上，發表了青霞翻譯英國德爾伯的長篇論文〈活動幻影之發達及影片之製造〉，這是中國最早的電影翻譯論文之一。這些都說明了電影作為一門新興的藝術，已開始引起一些有識之士的注意。

中國最早的電影雜誌究竟出現於何時，目前尚無定論，但至遲在1921年初，在中國最大的都市上海，就已經出版有專業的電影期刊了。這年的2月3日，《申報》上刊出了「《影戲叢報》出版」的大幅廣告，並報導了刊物的主要內容。但它還只是石印的刊物。僅僅在兩個月之後，1921年4月1日，由顧肯夫、陸潔、張光宇合編的《影戲雜誌》也在上海創刊，這是目前所能看到的第一本鉛印的專業電影雜誌。同年11月1日，北京的《電影週刊》宣告創刊，翌年1月28日，又出版了《電影雜誌》。縱觀這最初的一批中國影刊，可以發現：發揚民族精神，振興中國自己的電影事業，幾乎是它們的共同宗旨。如《影戲雜誌》宣稱他們發刊的目的是：「（一）發揚影戲在文學美術上的價值。（二）介紹有價值的影片給讀者。（三）防止有害影片的流行。（四）在影劇界上替我們中國人爭人格。」（顧肯夫〈發刊詞〉，載1921年4月1日《影戲雜誌》創刊號）《電影雜誌》則強調「表彰電影之功用，勸導電影之宏業，通其消息，聯其感情，冀能駸駸日盛，與歐美各國相頡頏」（〈發刊詞二〉，載1922年1月28日《電影雜誌》創刊號）。然而，與此相矛盾的卻是，這些刊物在內容上幾乎無一

《影戲雜誌》一卷一期。

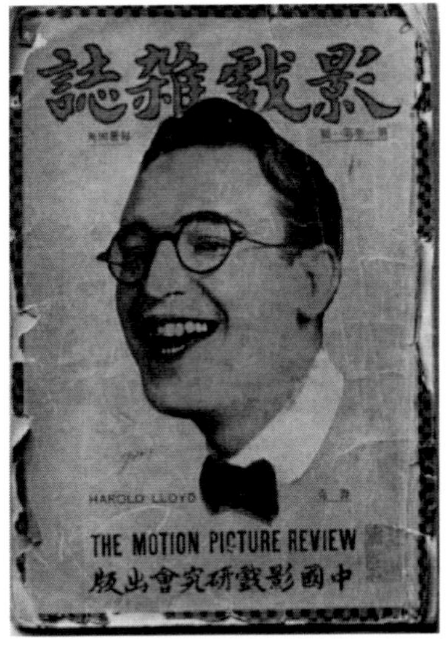

例外地都以報導外國影壇消息為主。以《影戲雜誌》第1期為例，全部共發表19篇文章，其中只有一篇是談中國電影的，其餘18篇，都是外國影壇消息報導和外國電影劇情介紹。這種矛盾現象無疑是受中國電影事業初期發展的現狀所制約的。中國的第一部長故事片遲至1921年7月1日才攝製完成與觀眾見面，以此為契端的中國影片製造業，在內容、技術上，對西方影片亦步亦趨，刻意模仿，幾無創新可言，而且攝成的影片數量也極少，因此，中國最初的這些電影雜誌，雖然一再誓言倡導國產影業，但在實際內容上卻難以做到這一點。

真正完全以國產電影為報導對象的電影雜誌，是1922年底創刊的《晨星》。這本雜誌雖然標明由晨社編輯出版，實際上卻可以說是明星影片公司的機關刊物，主編任矜蘋是「明星」的交際主任，從已發現的十多期《晨星》來看，它宣傳的也大多數是「明星」的影片。關於刊物的具體內容，我們可以解剖一下1923年12月出版的《晨星》第3期「《孤兒救祖記》」號，除了劇照、演職員表以外，它全文發表了影片本事和字幕，還專文介紹了影片的4個主要演員：鄭鷓鴣、王漢倫、鄭小秋和任潮軍。「明星」負責人周劍雲在〈導言〉一文中指出：發行《晨星》「一方面要借新影片傳佈的能力，顯出廣告的效果；一方面也要趁此機會，竭力介紹新影片的內容，使得觀眾格外明白些」，而最重要的是「使得中國影戲之路，早日開闢成功」。很明顯，從其辦刊設想和具體內容來看，倡導並發展中國自己的電影事業是其唯一宗旨，而且，它每期宣傳一部影片，並標明「XX影片號」的編例，實際上是開了1925年以後才盛行的電影公司特刊的先河。

繼《晨星》以後，相繼有《電影雜誌》、《中天電影》、《影戲春秋》、《銀幕週刊》、《影戲世界》等十餘種電影期刊出版，它們的出現絕非偶然。1923年「明星」《孤兒救祖記》的成功，極大地刺激了影壇，新的電影公司紛紛成立，國產影片開始佔領市場，影壇的繁榮直接充當了中國電影雜誌的催生婆。如果我們同時還知道：中國報紙的第一種電影副刊創刊於1923年，中國文學雜誌開闢的第一個電影專欄也始於1923年，那麼我們就更能理解，《晨星》等電影雜誌的出現完全是應運而生。繼《晨星》以後出版的這些電影雜誌，都以相當大的篇幅刊載有關國產影片的內容，並增加了「影評」等欄目，其中自然不乏阿諛之詞，應景之作，但已經有不少文章對當時國產影片的質量和影壇的現狀持不滿的態度。如由程步高、湯筆花等主編，於1925年3月1日創刊的《影戲春秋》就曾發表過不少這樣的文章，該刊創刊號〈我們的宣言〉曾揭露：「製片者自知作品之惡劣，乃卑鄙地借助錢神，賄買一二所謂批評者，替他們捧場，哄騙民眾。」而由鄧廣等編輯的《銀幕週刊》則更聲明：對國產影片，「非極可觀之影片，決不輕加褒獎，成績平平者，一概置之不論之列，而對有損國體之劣片，則嚴加警斥」（編者〈編輯瑣記〉，載1925年5月9日《銀幕週刊》第三期）。作為具體的措施，該刊發起了給國產影片打分的活動，他們選了近三年來各公司拍攝的44部影片打分，其中70分以上的5部，65分的1部，其餘的均在60分以下；而他們的評分標準是：最優96-100，優等90-95，甲等80-89，乙等70-79，丙等60-69，丁等60分以下。也就是說，44部影片中，只有5部乙等，1部丙等，其餘均屬丁等，也即最末一等。可見編者對當時國產影片的質量是相當不滿的，用他們自己的話說是：「偶一回顧，真乃令人不寒而慄。」（編者〈編輯瑣記〉，載1925年5月23日《銀幕週刊》第五期）中國的影片製造業在其發展之初，奉獻給社會的實在多是一些糟粕之作，即使影界中人，也有相當多的有識之士對此心存憂慮，當時的電影雜誌在這方面為我們留下了鮮明的歷史痕跡！

二、發展與探索

如果我們將一些調查資料做一下歸納分析，就會驚訝地發現：1925年確乎是中國電影進入繁榮階段的起始之年。這一年，周劍雲開始主編中國第一本《電影年鑒》，小小電影研究社出版了中國第一張專業電影報紙《電影》，洪深發表了中國第一部正規的電影劇本《申屠氏》，《小説世界》編輯部則開創了文學雜誌社出版「電影專欄」的先例；而中國最早的一些電影專著、專集和譯本，也大都出版於1925年前後。另一個驚人的數字是，據1927年1月出版的《中華影業年鑒》統計，1925年前後，全國各地成立的電影公司多達175家（大部分集中在上海，有141家）。龐大的電影隊伍中，自然不乏「趨之若鶩」的投機家，但這支隊伍畢竟預示了中國電影事業的繁榮。

影壇的繁榮，必然促進電影雜誌的發展。據筆者調查，僅1925年出版的電影雜誌就達20種以上，以後每年還陸續有不少新的刊物創刊。根據內容和形式，大致可以將當時的電影雜誌分為三類：一類是各電影公司自辦的重在宣傳的特刊類刊物，如《明星特刊》，《神州特刊》等；一類是劇作家、評論家主辦的重在評述的專業刊物，如《中國電影雜誌》、《影戲生活》等；另一類則是專登影壇逸事、明星趣史的消遣性刊物。三者之中，自然是前兩類占著主導地位，而從1925年5月「明星」創刊《明星特刊》開始，一直到1927年這三年間，則又主要是電影公司特刊的一統天下。

當時大凡拍過幾部影片的公司，一般都出有電影特刊。這些特刊大都帶有濃厚的商業宣傳性質，在編例上也往往形成千篇一律的俗套，諸如影片編、導、演的照片和小傳，影片本事、字幕和劇照，以及一些特約的叫好文章和輯自報刊的褒揚文字等。每本特刊大致如此，每個公司出版的特刊也大致如此。這樣的編輯方法當然有其可取的一面，如能比較詳細地積累影片資料等，但每本如此，必然缺乏新意，並導致了這樣一些弊病：一、不同程度地存在著以營利、宣傳為唯一宗旨的傾向；二、評論者大多是公司的同人或特約者，因此文章中不乏阿諛頌揚之詞，或礙情面只作敷衍之詞，實質性的意見極少；三、一片一刊的格式，大大限制了刊物範圍，很多問題不能展開討論。這種種弊病，當時就已為有識之士所察覺，如孫師毅就曾指出，電影特刊「非對於己劇作逾分之揄揚，即對於個人作無聊之頌贊；連篇累牘，不知所云！於影劇看客，於一般讀者，貢獻毫無，徒資輕藐」（孫師毅〈《神州特刊》導言〉，載1926年2月《神州特刊》第2期）。他因此把這樣的特刊稱作電影的「附加刊物」，並竭力在自己主編的刊物上避免這種毛病。

電影刊物是電影宣傳的媒介，而影壇的現狀又影響、制約著電影雜誌的發展。1925年開始繁榮的中國電影，在其初期，所出品的影片，在當時的歷史條件下尚可以說是比較健康的，「明星」、「神州」、「民新」等公司都拍出了一批具有一定現實意義和藝術性的影片，他們這時出版的特刊，也具有相當的可讀性。但半封建半殖民地的社會環境和電影生產的特殊需要，都決定了中國電影之路的坎坷崎嶇，影壇很快就充斥了大量一味迎合小市民趣味的庸俗之作。這種局面引起了影壇有識之士的憂慮，主編《中國電影雜誌》的鄭漱芳在1927年曾憤慨地責問：「為什麼外國的片子進步非常，中國自製影片，不但沒有可賀的進益，反入於瘋狂的病態狀況之下？」（芳草〈對於改組說幾句話〉，載1927年5月1日《中國電影雜誌》第5期）《中國電影雜誌》是當時出版的唯一大型電影刊物，它曾一再申言刊物的宗旨是：引進外國的電影藝術，促進中國的電影事業。但影壇的現狀卻使它只能以大多數的篇幅介紹外國的影片。

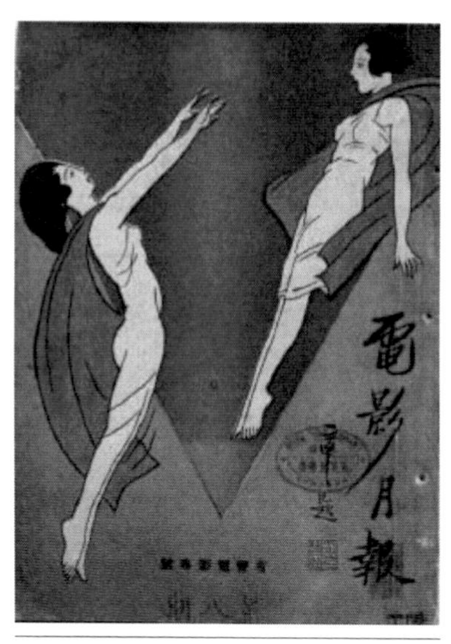

《電影月報》第八期。

危機喚起了影界人士的深思與探索，1928年，古裝、神怪片已經走到了它們的末路，公司特刊性的刊物也已基本絕跡。幾家最大的電影公司如「明星」、「上海」、「大中華百合」、「民新」等聯合組織了六合影片營業公司，並於1928年4月以六合公司名義出版了《電影月報》，由管際安、沈誥等主編。這份刊物的創刊，宣告了電影特刊時期已經終結，也表明了電影界決心重新起步的姿態。該刊〈發刊詞〉表示：「吾國電影界當此萌芽甫出即遭摧殘之秋，當具風雨同舟之感。」因此，對舊的過去的反思和新的未來的探索，是《電影月報》的主要特色，也成為這一時期電影雜誌的基調。《電影月報》「一洗從前特刊粉飾之習」，而以主要篇幅來對理論問題進行探討，它發表了大量涉及編劇、導演、攝影、表演、美術等電影各個領域的論文，還對彩色片、有聲片等影壇新動向表示了極大的興趣，發表了各種意見予以討論。洪深、田漢、歐陽予倩、鄭正秋、陳天、周劍雲等一批著名人物是刊物的主要撰稿人，權威性、理論色彩和坦誠的態度，使這份刊物成為當時最有影響的電影雜誌。

由湯筆花主編的《影戲生活》也是當時的一份重要刊物，它創刊於1930年12月。作為一份週刊，它和《電影月報》有著截然不同的特色，報導迅速，文字精練，針砭現實，是其主要風格。針對當時很多電影公司請求刊物多多捧場的現象，湯筆花公開作答，表示為了保持刊物的「一些小小的價值」，對這類請求決不理睬，並奉勸這些公司還是「努力地把精神貫注在出品上面」（湯筆花〈我們的宣言〉，載1930年12月26日《影戲生活》創刊號）從這裏可窺見該刊的態度。《影戲生活》對影壇消息的報導很多並很及時，如洪深為「明星」赴美購買電影器械，8月21日剛回到上海的消息，該刊22日出版的一期即做了報導，這樣的速度是月刊不能比擬的！

三、繁榮的透視

上篇：左、右翼的交戰

中國電影在20世紀初濫觴期間，主要是文明戲演員在獨領風騷。進入20年代以後，電影界又成了鴛鴦蝴蝶派的一統天下，接著又是神怪片、武俠片大出風頭。這種和時代發展背道而馳的現象，理所當然地引起著左翼作家的關注。從30年代初開始，他們就逐步進入電影領域：1930年3月1日，魯迅翻譯發表了〈現代電影與有產階級〉一文，此文是日本左翼電影評論家岩崎昶所著《電影和資本主義》一書中的一節，魯迅改譯此題發表在「左聯」機關刊物《萌芽》上，並在「譯者附記」裏呼籲：「如《電影和資本主義》那樣的書，現在是萬不可少了！」這充分表現了魯迅對電影事業的重視。同年3月15日，由夏衍主編的《藝術》創刊，該刊開闢了關於「有聲電影前途問題」的專輯，左翼作家馮乃超、洪靈菲、蔣光慈、鄭伯奇等都對此發表了意見。1930年6月16日創刊的《沙侖》是中國共產黨主辦的第一本和電影有關的刊物，這本封面上印有「新興戲劇、美術、電影、音樂、文學的綜合雜誌」字樣的刊物，即《藝術》被查禁後的替身。馮乃超在刊物上翻譯了盧那卡爾斯基的〈俄國電影Prooduction的路〉一文。文章著重闡述了列寧對電影事業的指示，這是中國最初譯介的有關蘇聯電影的論文。夏衍和馮乃超的影片《哥薩克》和《拿破崙》觀後感，也是左翼作家最初發表的影評文字。沈西苓在該刊發表了〈關於電影的幾個意見〉，具體提出了拍攝「普羅電影」的建議。儘管《沙侖》只出一期即被查禁，但它已發表的內容卻明確表明了：電影領域已開始納入中國共產黨關注的範圍。1931年9月「劇聯」通過的《最近行動綱領》，更進一步提出了黨在電影戰線上的鬥爭綱領。這些都預示了：一場紅色風暴即將在電影界掀起。

1932年初成立的共產黨的電影小組，揭開了左翼電影運動的序幕，從這年5月起，上海各大報陸續開闢了左翼的電影副刊，如《時報》的《電影時報》、《晨報》的《每日電影》等。同年7月8日，左翼電影工作者主編的第一本專業電影刊物《電影藝術》創刊，該刊以全新的姿態給當時單調、缺少活力的電影雜誌界吹進了一股清風。它重視影壇動態的報導，有著鮮明的傾向性；它注重理論，以大量篇幅譯介了諸如有關蘇聯電影導演、電影技術等方面的先進經驗。在版面安排上，該刊也非常醒目活躍，具有特色，並且還開展有獎評選，請讀者評選「最佳國片」和「最佳影刊」。《電影藝術》以其出色的內容實踐了自己的宗旨：「公開的鬥爭，理論的研究，客觀的批判，學術的介紹。」繼《電影藝術》後，相繼還創刊了不少左翼電影刊物，如1933年5月的《明星月報》、1933年9月的

《藝華週報》、1933年11月的《舞臺與銀幕》、1934年9月的《影迷週報》、1935年5月的《電通》、1936年10月的《電影戲劇》、1937年3月的《舞臺銀幕》等。這些刊物的主編多為著名的左翼電影工作者，如夏衍、塵無、淩鶴等；在內容上，這些刊物都有著鮮明的立場，對反映現實的優秀影片，熱情讚揚推薦，而對低級庸俗之作則予以無情揭露。在形式上，有週刊、半月刊、月刊等等、並都有著各自的獨特風格，如《電通》豐富多采的照片和統計表格就非常吸引觀眾，鄭伯奇曾譽其為影刊中「異軍突起」的新秀（鄭君平（鄭伯奇）〈影刊明暗錄〉，載1935年8月25日《婦人畫報》第31期）；而《電影戲劇》的「影評」和「導演之話」專欄也辦得很有特色，專欄注重藝術探討，鼓勵發表不同意見，在當時發揮了很好的作用。

《電影藝術》等一批左翼電影刊物和當時各大電影副刊一起，為當時的左翼電影運動推波助瀾，造成了很大的聲勢；而當時一些右翼影人則堅決反對把電影當作宣傳的工具，他們主張恢復電影藝術的純真表現，使之符合具有大眾娛樂功能的本質。這方面的影刊可以1933年3月創刊的《現代電影》為代表。該刊由劉吶鷗、黃嘉謨等主編，致力於刊登中外電影理論、評論和動態（黃嘉謨〈《現代電影》與中國電影界〉，載1933年3月1日《現代電影》創刊號）。他們譯介了一批具有相當深度和獨創性、乃至於比較前衛的電影理論文章，其中黃嘉謨強調的「電影是給眼睛吃的霜淇淋，是給心靈坐的沙發椅」的理論，劉吶鷗主張的藝術至上的思想，以及他們對左翼影壇發起的批評，形成了中國左翼電影運動的對立面「軟性電影」論者的理論基礎，由此挑起了兩派人士長達數年的「軟硬之爭」。劉吶鷗、黃嘉謨、穆時英他們還在其他刊物上開闢「電影特輯」，抨擊左翼電影，如《矛盾》2卷3期的「映畫《春蠶》之批判」專輯，《婦人畫報》第31期的「電影特大號」等。

對此，左翼陣營理所當然地予以堅決回擊。這種左、右翼之間的交戰，有時甚至在同一本影刊上也會發生，如在1936年6月創刊的《新華畫報》創刊號上，同時發表了左翼的塵無和右翼的黃天始等人的文章，文章中的觀點自然大相徑庭，充滿了火藥味，以致編者龔天衣不得不從中企圖加以調解：「在這一期豐富的文稿中，所不免的是各位朋友的『碰』、『撞』，雖然在編者是盡可以跳在中間觀火，但我總希望這『碰』『撞』在下一期是消滅了。」（龔天衣〈編者小啟〉，載1936年6月5日《新華畫報》創刊號）調節自然不會生效，但這則「小啟」卻作為珍貴的歷史資料再現了當時影壇左、右翼之間的激烈交戰！

下篇：熱點中的諸種形態

30年代是中國電影發展的一個轉捩點，當時社會危機和民族危機空前緊迫，電影事業面臨崩潰，左翼電影的興起給影壇注入了新的活力，以此為契機，國產影片形成了30年代中期空前繁榮的盛況。當時居影業之首的是所謂「三大公司」——「明星」、「聯華」和「天一」，其中「明星」和「聯華」出版的公司刊物發行廣泛，擁有大量讀者，是當時最有影響的兩種影刊。

「明星」是電影界面臨危機之際率先提出變革要求的公司，因此它於1933年5月1日創辦的《明星月報》迥異於以前公司特刊的固定模式。該刊著眼於整個電影策略的探討，並不拘泥於某一公司或某一影片的宣傳。以創刊號為例，鳳吾（阿英）、席耐芳（鄭伯奇）、張石川、鄭正秋及塵無等人的文章，就鮮明地顯示了在時代變革之際那種焦灼的使命感和執拗的追求。該刊主編為陸小洛。1935年4月創刊的《明星》半月刊，延續了月報的特點，內容編排得更為生動活潑。主編柯靈開設了作家意見、半月閒話、影壇雜觀、新聞剪影等多種專欄，內容都與電影有關，但又常常借題發揮，蘊含深意，且輔之以照片，説明及漫畫等，使版面盡可能新穎悦目。他還十分重視與讀者的思想感情交流，特設「讀者信箱」一欄與之交心。《明星》半月刊擯棄教誨色彩，以啟迪誘導的方式尋求更多的交流溝通，成為一本以宣傳為中心但又頗具有思想性和娛樂性的影刊，發行量高達25000冊，是「中國電影刊物擁有最多讀者之一種」。

當時以新軍姿態崛起於影壇的「聯華」，繼1929年7月出版的《影戲雜誌》和1932年12月出版的《聯華週報》後，又於1933年1月創辦了《聯華畫報》，王紹清、沈浮、趙英才等編輯。和《明星》半月刊相比，該畫報更注重宣傳性。它以大量篇幅刊登了公司創作人員的研究和回憶文字，並注重對廣義的電影問題的探討，但在貼近時代方面則稍遜於《明星》。它的版面編排也很生動，影人漫畫和童星作品為其生色不少。但「胡云集」、「無名文」之類的欄目裏卻不乏庸俗的內容。儘管如此，畫報仍不失為一種有特色的影刊，當時有人攻擊它「眼睛裏吃不到多少霜淇淋」，由此可見其總的傾向仍是較嚴肅的。

「三大公司」中「天一」最為保守，除了一些説明書式的影片特刊，他們只在當時的《金城》雜誌裏出了一期特輯，影響甚微。相反，當時年輕的「藝華」、「電通」、「新華」等公司則非常注重宣傳，相繼出版了頗具影響的影刊，形成了當時各電影公司刊物此起彼伏的互相競爭場面。

隨著影壇的日益繁榮，電影逐漸成為各門藝術中引人矚目的熱點。一個顯著的標誌是各類刊物紛紛與電影雜誌「攀親」，出現了各種各樣的「雜交」刊物，如美術類的《電影漫畫》、《美術電影》，戲劇類的《戲劇與電影》、《影與戲》，音樂類的《藝聲》、《銀壇名歌》，舞蹈類的《銀舞》、《銀舞新聞》，文學類的《文藝電影》、《電影與文藝》，綜合類的《電影與婦女》、

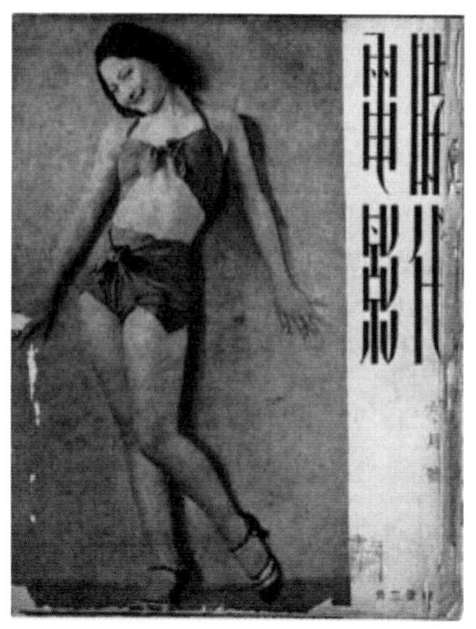

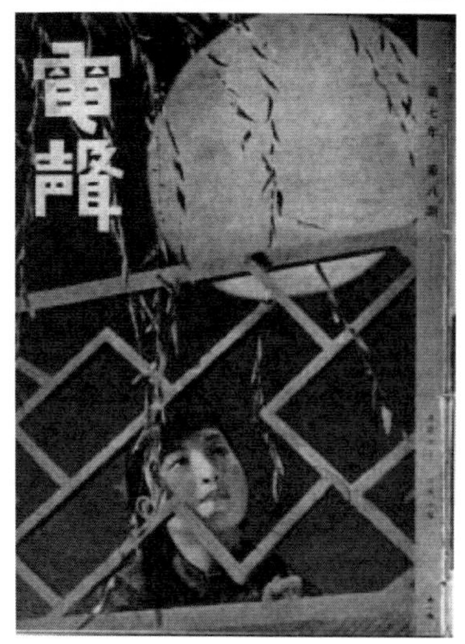

圖上：《時代電影》六月號。
圖下：《電聲》第七年第八期。

《銀幕與摩登》，以及專門介紹影星的《明星家庭》、《明星特寫》，特刊性質的《電影皇后紀念冊》、《胡蝶女士歐遊紀念冊》等等，五光十色，林林總總，形成了前所未有的電影雜誌出版熱潮。這些雜誌多以國產影片為主要報導內容，這恰恰和20年代初的電影雜誌形成了鮮明的對照。它説明了中國的電影事業已從可憐的附庸變成了驕傲的王子，具有強大的生命力。但另一無可諱言的事實是，這些雜誌中還有不少格調低下，專登各類逸事軼聞，甚至不惜捕風捉影，造謠生惑的文章，暴露出編者和讀者的先天缺陷。

這裏我們要特別提一下《電聲》和《青青電影》。它們是解放前發行時間最長，出版期數最多，並具有較大影響的影刊。《電聲》創刊於1932年5月1日，當時名為《電聲日報》，是每日4版的方型小報；1934年1月12日起改為16開週刊，並正式定名為《電聲》，1941年12月太平洋戰爭爆發後停刊。創辦人林澤蒼，主編為梁心璽和范寄病。《電聲》從創刊始即以「輿論公正」為標榜，日報時期以影評為主，對各家公司所出影片公開評論打分，文字比較公充。它改為週刊後，注重對電影新聞的評述，倡導「影迷利益」，堅持「讀者立場」，以「言論獨立」為其特色（編者〈卷首語〉，載1934年1月12日《電聲》第三卷第一期）。從1932年到1941年的近10年間，《電聲》累計共出901期，始終保持如一的風格和特色，注重影壇日常活動的記錄，其銷量長期維持在兩萬冊左右，最多時曾達到5萬5千冊的記錄，是當時最為暢銷的電影刊物。它積累的較為系統的文獻資料，對電影史的研究也具有較大的價值。《青春電影》創刊於1934年4月15日，由嚴次平主編。最初尚屬綜合性刊物，至第八期起他們聘請了周伯勳任文字編輯，始以主要篇幅刊登電影內容，並陸續發表塵無、凌鶴、唐納和鄭君里等左翼影人的文章。但它很快即偏重於刊登影壇新聞，並時有電影從業員的文章發表，另外還發行了大量諸如《周璇、嚴華婚變特輯》之類的增刊。該刊至1951年停刊，出版時間長達18年，每期暢銷約1萬冊，可稱是消遣娛樂性影刊中最有代表性的一種。《青青電影》出版期數多，發行時間長，更難能可貴的是一直由嚴次平主編，因此保持了相對統一的風格，它對中國影壇長達十八年的記錄，見證了二十世紀上半頁中國電影的發展歷程，是研究早期中國電影的重要史料。

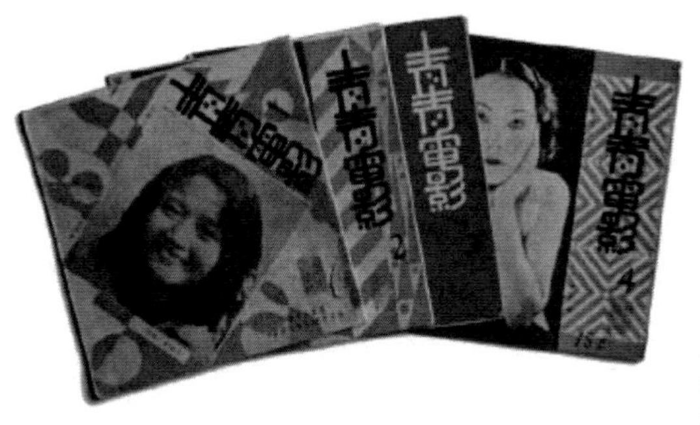

《青青電影》集錦。

四、激蕩中的分化

1931年「九一八」事變發生以後，抗戰的呼聲成為相當一部分電影刊物的重要內容，到了1937年「七七」事變爆發前後，這種呼聲已匯成了「國防電影」的強勁號角。當時出版的電影雜誌，無論是新創刊的《中國電影》、《電星週刊》，還是老資格的《青青電影》、《新華畫報》等，總的傾向都是積極宣傳抗戰的。它們報導影人的抗戰活動，呼籲攝製抗戰影片，在民族存亡之際，奏出了高昂的音符。而1938年3月在漢口出版的《抗戰電影》，更是直接將「抗戰」的字樣嵌進了刊名。該刊是當時剛成立的中華全國電影界抗敵協會的會刊，由唐納主編。編者明確表明：「本刊之出版，是想在國防電影積極建設之中，盡一些推動與扶持之責。」（編者〈編後記〉，載1938年3月31日《抗戰電影》創刊號）刊物在具體編排上的確「與過去一般刊物有不同之面目」，無論是開展「關於國防電影之建立」的討論，還是辟出「中華全國電影界抗敵協會成立大會專輯」，所有內容無一不緊緊圍繞著抗戰，並充分體現了共產黨的在電影界建立抗戰統一戰線的策略思想。《抗戰電影》雖僅出一期，但它在團結影人，宣傳抗戰方面所起的作用無疑是巨大的。

1937年11月，隨著國民黨軍隊的撤離上海和日軍的進駐，上海租界變成了「孤島」，但當時電影的製作中心還在上海，因此，出版的電影刊物也仍以上海為多。據筆者統計，僅在「孤島」期間，上海出版的電影刊物即達50多種。這些刊物大致可分為這樣幾類：1.積極利用「孤島」的特殊環境，堅持宣傳抗戰，抵制庸俗影片。這類刊物可以《中國藝壇畫報》和《金星特刊》為代表。前者創刊於1939年6月10日，余以文主編。該刊經常刊登夏衍、于伶等共產黨人的文章，並大量報導蔡楚生等進步電影藝術家拍攝抗戰影片《孤島天堂》等消息，因此引起日偽方面的仇視，屢次打電話進行威脅。編者不為恐嚇所動，凜然表示：「《中國藝壇畫報》將以我的看法表現在紙面上，不能動搖，不能改換，若是她存在一天。」（余以文〈我的話〉，載1939年9月23日《中國藝壇畫報》第106期）最後在出版了107期以後，毅然以停刊作為抗議。《金星特刊》是金星影業股份有限公司出版的刊物，由老資格的電影事業家周劍雲負責，1940年9月創刊。「金星」攝製的影片，無論是內容或藝術，在「孤島」期間都是屬於比較出色的。《金星特刊》以介紹「金星」出品為主，切切實實地提倡「對於人生或社會有點意義」的影片，認為「『無聊』在這種時代，是可以算作一種毒的」（周劍雲〈金星第一年〉，載1941年6月1日《金星特刊》第四期）。「金星」的這種態度，和當時競相攝製庸俗影片的「藝華」、「國華」等電影公司相比，無疑有天壤之別。2.以宣傳英美影片為主的刊物。這類刊物大都由專映好萊塢影片的一流影院主辦，在「孤島」期間相繼創刊的有《國光影訊》、《南海銀星》、《亞洲影訊》、《好萊塢》和《電影藝術》等近十種。它們主要報導歐美影壇動態，介紹影片故事，並以一定篇幅刊登諸如好萊塢影人參軍、義演，反抗德國法西斯侵略等消息，還對當時上海禁映的一些反法西斯影片，如卓別林的《大獨裁者》等進行宣傳介紹。在當時，刊登這些消息報導，實際就是對敵偽方面的一種間接抵制，因此所起的作用是積極的。3.以電影作為解脫苦悶的良藥，在險惡的環境中掙扎。這些刊物大都以影壇動態和影星的軼事逸聞為主要內容，具有很強的娛樂性，當然其中也不乏庸俗無聊的。它們主要有《銀鑾殿》、《國聯影訊》等。

綜觀而言，「孤島」上海發行的影刊，基本以電影時評和影訊報導為主，注重新聞性和娛樂性，缺少有分量的電影藝術類刊物，並難以旗幟鮮明地表明觀點。而當時處於大後方的重慶出版的兩種刊物正好填補了這個空白，它們是同時創刊於1941年1月的《中國電影》和《電影與戲劇》。前者由官辦的「中電」主辦，注重對戰時電影、農村電影、記錄電影等戰時特殊問題的探討，並發表了不少外國電影理論的譯作；後者由馮亦代主編，更重視對抗戰影劇整個方向、路線問題的討論，具有鮮明的政治傾向和強烈的時代感。兩刊團結了大後方的影劇界人士，在當時具有很大影響。此外，香港的《真光電影》、重慶的《今日電影》、成都的《電影與播音》等刊，都堅持了抗戰的方向，擁有廣泛的讀者。

1941年12月太平洋戰爭的爆發，導致了上海「孤島」局面的結束，日軍侵入租界，上海影壇發生了重大變化。1942年4月和1943年5月，偽「中聯」和「華影」相繼成立。這些由日本人和汪偽政府一手控制的電影公司，拍攝了大量庸俗影片和墮落的漢奸影片，由此，漢奸電影刊物也應運而生。1942年9月創刊的《東亞影壇》和1943年9月創刊的《日本影訊》，都明目張膽地鼓吹所謂的「大東亞共榮圈」理論，並以大量篇幅介紹日本影壇消息和影片故事。這類刊物在當時極端孤立，都只出了一期即壽終正寢了。這方面，倒是打著宣傳國產影片招牌的《新影壇》和《華影》等刊物更有迷惑作用。這些刊物都以報導偽「華影」出品的影片為主，雖然宣稱倡導娛樂，但卻有著鮮明的傾向性，如經常刊登林柏生、川喜多長政、馮節等敵偽方面頭面人物的文章，遇到一些所謂有「背景」的影片，如《萬世流芳》、《博愛》、《春江遺恨》等，則以異乎尋常的篇幅和規模予以大肆宣傳，其奴才的地位和嘴臉是很明顯的。當然，這些刊物發表的文章中，也有一些藝術論文頗有見識，值得重視。當時日本控制下的其他地區，也出版有這類電影刊物，如北平的《電影雜誌》、東北的《滿州映畫》等，情況都和上海的《新影壇》相類似。

五、複雜背景下的對立

自1941年12月太平洋戰爭爆發後，除了日本影片，上海有近4個年頭與外國電影界隔絕。因此，抗戰一勝利，隨著外國影片在上海恢復上映，以報導外國影壇消息為主的影刊就大量湧現。在不到一年的時間裏，相繼創刊了《國際影訊》、《世界影壇》、《好萊塢電影畫報》、《新好萊塢》、《米高梅影訊》等十幾種電影雜誌。《世界影壇》的編者在闡述發刊動機時就說：「小別四年，我們不妨看看人家是怎樣地在進步著。」（編者〈學取更高度的藝術水準〉，載1945年10月1日《世界影壇》創刊號）這可以看做是這類影刊的共同宗旨。它們一般都是週刊或半月刊，具體內容主要有兩類：一是報導外國影壇在戰時的情況，以滿足人們對自己以前熟悉的一切再度瞭解的渴望。二是報導戰後的影壇動態，力爭將最新消息介紹給影迷。這些影刊追求時效，譯筆生動，但內容則幾乎全是好萊塢影刊的翻版。這期間也出現了一些以國內影壇為主要報導對象的影刊，如1946年1月創刊的《影劇週刊》、《中國影壇》等。但由於當時國內影業的衰弱，其影響和數量，都遠不如前述影刊。在以後的兩年半，《電影雜誌》、《電影小說》、《世界電影》、《世界電影副刊》、《西影》、《水銀燈》、《西影小說》等一批新的影刊陸續創刊，它們不僅繼續大量刊載外國影訊，而且注重了從藝術上對影片進行分析、評論。《西影》的編者曾這樣說：「我們所求於藝術的是『欣賞』，電影本身是供欣賞的藝術品，因此我們認為作為電影的副產品的西影雜誌，也應該是一種以欣賞為前提的藝術品。」（〈編後語〉，載1948年11月7日《西影》創刊號）從這樣的觀點出發，反映在刊物內容上的偏頗，對好萊塢影片幾乎一面倒的讚譽就難以避免了。

作為這種現象的鮮明對立面，「以對好萊塢的批判為重心」的影刊也應運而生，其中最有代表性的是1947年11月創刊於廣州的《電影論壇》和1948年9月創刊於上海的《影劇叢刊》。兩刊以大量篇幅揭露了好萊塢影片的危害性。實際上，抨擊好萊塢有著更為深刻的國際國內背景。國際上，代表兩大陣營的美、蘇冷戰局面形成。1947年，美國實行所謂「文化戡亂」政策，成立「非美活動調查委員會」，對大批好萊塢進步影人進行傳訊、審判，並拍攝了《鐵幕》等反蘇影片。美國國務院曾表示：「對共產主義最好的防禦是散佈美國影片。」在中國國內，美國政府提供大量援助，支持國民黨政府打內戰。在這種情況下，進步影壇發起對美國好萊塢影片的抨擊，在很大程度上是著眼於政治。從這個角度出發去審視，對當時在抨擊中出現一些偏激言論，如全盤否定好萊塢影片等，就不難理解了。

從形式上看，抗戰勝利以後出現的電影雜誌，除注重新聞報導和娛樂性外，還強調文學性和可讀性。當時人們不僅需要看電影，也要求能「讀」電影，因此出現了一批專刊電影故事的的影刊，如《電影小説》、《電影故事》、《電影風》、《世界電影副刊》、《西影小説》等，這些雜誌將正在上映或即將上映的影片內容編寫成故事刊載，文字通俗，注重情節，在好萊塢影片大量湧入而票價又十分昂貴的當時，十分暢銷。同時，鑒於一部分讀者對明星崇拜欽慕，熱衷於知曉明星的一舉一動，因此專門報導明星逸聞軼事的刊物，如《電影明星小史》、《影星畫傳》等，也很暢銷走俏。與此形成鮮明對比的是，學術性的影刊寥如晨星，而且大多壽命短暫。由區永祥主編的《電影論壇》曾明確聲明：「我們是把電影當作一件學術來研究，最低限度我們是向著這個目標前進。」（編者〈創刊詞〉，載1947年11月1日《電影論壇》創刊號）它刊出的「金像獎特輯」、「米老鼠特輯」、「卓別林特輯」、「國際電影泛論特輯」等，具有很大的學術價值和資料價值。當時在蘇州一所大學任教的著名電影編導許幸之，在看了此刊後曾專門致信主編，認為刊物「內容異常豐富，頗具學術性」，並要求每期函購。但是，這樣一份受到專家好評的刊物，先被廣州政府查禁，被迫遷往香港，以後由於物價飛漲而被迫停刊半年。其他一些嚴肅的學術性影刊，如劉厚生等編輯的《影劇叢刊》，魏照風等編輯的《影劇春秋》等，也都只出版了3期或4期就停刊了。這也從一個側面反映了當時局面的嚴峻和動盪。

20、30年代，影刊中最具影響的首推一些電影大公司的出版物，但抗戰勝利以後這類影刊卻很少。當時「文華」、「大同」等大國片公司，絕少出版定期刊物，象「國泰」、「文華」等，都只出版了一些說明書式的特刊，內容非常貧乏。唯一的例外是出品過《一江春水向東流》、《萬家燈火》等優秀影片的昆侖影片公司，他們出版了總共20期

《劇影春秋》1卷1期。

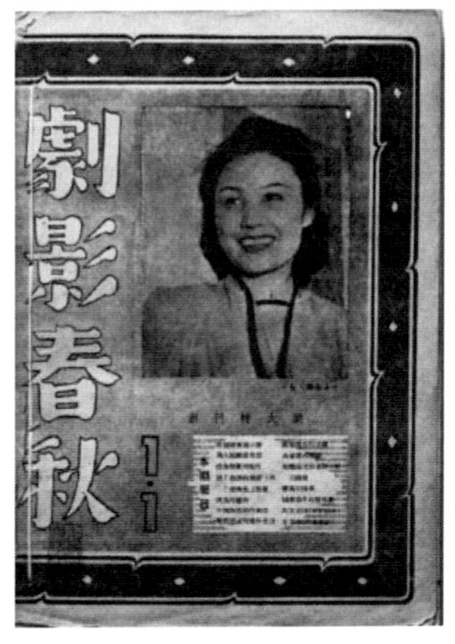

的《昆侖影訊》。主編孫樟將刊物辦得非常活潑，並保留了很多珍貴的史料。1949年5月，上海宣告解放，全國的解放也指日可待，這期間由阿英等主編、於1949年6月創刊的《大眾影劇》，由毛羽主編、於1949年8月創刊的《影劇新地》等，在內容上已煥然一新，和以前的影刊不可同日而語；而老牌的《青青電影》等，也在內容上作了較大革新。這實際上是宣告了一個新時代已開始來臨！

當年「人猿泰山」熱

在英語辭典裏，「Tarzan」這個詞只有兩個解釋，其一：叢林冒險小說《人猿泰山》中主人公的名字。其二：（口語）指體格魁梧，動作敏捷的男子。事實上，這個詞正是小說家愛德格・伯勒斯在其「泰山」系列小說中創造出來的。近一個世紀以來，「人猿泰山」已成為風靡全世界的文學典型，受到各國人民的衷心喜愛。

1912年的炎熱夏天，小說家伯勒斯（1875-1950）在芝加哥展開天才想像，寫出了他的第一本「泰山」小說。正像大多數天才的早期經歷幾乎都很糟糕一樣，伯勒斯的小說在開始時也缺少賞識者。他一連跑了好幾家書店熱心推銷自己的作品，但卻根本無人問津，幾經周折，最後麥克勒公司終於同意印行。豈料天上掉下餡餅，書剛出版就大受歡迎，很快成為暢銷讀物，出版商樂得眉開眼笑。伯勒斯於是欲罷不能，一續再續，直到他去世的前三年（1947年），總共寫了二十本「泰山」小說。甚至在他死後還有人根據他生前寫的小說提綱一再推出新的續集。「人猿泰山」系列小說大半個世紀的暢銷不衰已成為一個奇跡，作者伯勒斯僅憑此一套書就當仁不讓地享有了世界聲譽。據統計，「人猿泰山」系列小說共被譯成五十七種文字，傳佈全世界，僅在上世紀的三十年代，銷數已達二千五百萬冊以上。我國從1925年開始也陸續翻譯出版「泰山」

小說，最早推出的是商務印書館，以後百新、大通、啟明、大華、天下等出版機構也相繼加入。據北京圖書館主編的《民國時期總書目・外國文學卷》（書目文獻出版社1987年版）統計，至1948年，二十多年間我國共出版了「泰山」系列小說四十六種（包括重譯）；小說作者的名字，各出版社有多種不同譯法，如巴羅茲、巴勒斯、勃羅斯、勃羅尼維等，而小說主人公，卻幾乎毫無例外都以「泰山」一詞譯之。以中文「泰山」對應英語「Tarzan」，既諧音又合意，可謂天才譯法，神來之筆。

「泰山」系列小說的暢銷得益於作者伯勒斯的天才想像力，得益於小說生動的語言、曲折的情節和濃郁絢麗的叢林背景。「泰山」是在非洲叢林中的大猿群體裏長大的英國貴族後裔，他既勇武健壯、維護正義，又善良聰明、情感豐富，也有著人和獸的種種毛病。他本來已經習慣了無拘無束、自由自在的叢林生活，卻因為不可自拔地愛上一個美麗活潑又溫柔的英國姑娘琴恩，生活也隨之發生了天翻地覆的變化。「人猿泰山」因此而經歷了種種難以想像的驚險生活，快樂與苦痛如影隨形，相伴而行。很顯然，小說情節引人入勝，具有強烈的感染力，能馳譽世界絕非偶然。如果這套作品僅僅只是以文字載體暢銷，那麼，我們這本談電影的小書就不會在此浪費筆墨了。事實上，「泰山」系列小說在問世六年之後就被搬上了銀幕，並從此和電影結上了不解之緣。我們甚至可以說，從電影中感受「泰山」的人可能遠遠要比從小說中結識他的人多得多。「泰山」第一次上銀幕在1918年，是一位名叫潘生思的保險商投資開拍的，片名叫《猿王泰山》。影片公映後贏利達到一百萬美金，據說是早期無聲片時代最叫座的一部電影。有這樣的榜樣在前，影壇從此一發不可收。據筆者粗略統計，從1918年到1947年，好萊塢拍攝的「泰山」系列影片不下於四十三部，共有十六位演員出演過「泰山」一角。正如雖然出演過中國大偵探陳查禮的演員有多人，而真正得到人們重視的只有華納·夏能一樣，在扮演過「泰山」一角的十六位演員中，真正活在人們腦海中的只有約翰·韋斯摩勒一人而已。

約翰·韋斯摩勒（1904-1984）身體十分強健，長得熊腰虎背，而且容貌端正，儀表堂堂。他還是名游泳健將，得過1924年和1928年兩屆奧運會的世界游泳冠軍，身體的條件要遠遠超過其他演員，在表演登山入水，同強悍的土人和兇狠的猛獸進行搏鬥等場面時的優勢十分明顯。而且，包裝他的電影公司是實力最強大的米高梅，其他公司根本難與其競爭。韋斯摩勒拍「泰山」片時已是有聲片時代，他自1931年首拍《人猿泰山》一直到1947年拍攝最後一片《泰山與美人魚》，十六年中共為米高梅拍攝了十九部「泰山」影片，他那攀山越嶺，召集群獸時的一聲洪亮高亢的長嘯，當年不知激動過多少觀眾的心靈，因此而贏得了「標準泰山」的美譽。中國當年放映的「泰山」影片，基本上都是韋斯摩勒主演的作品，因此，一些上了年紀的老人至今仍對這位身材雄偉漂亮的明星記憶猶深。2001年，譯林出版社一下子推出了八本「泰山」系列小說，譯者和作序者都是當年的「泰山」迷。當他們從孩子成長為老人，幾十年後再談「泰山」時依然讚不絕口：這可真是好看而又神奇的作品！

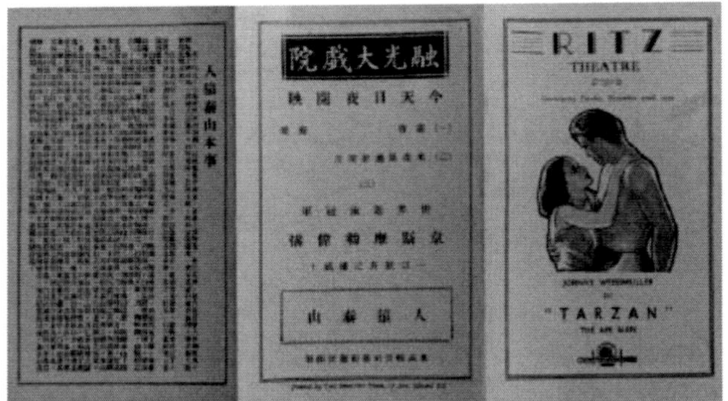
人猿泰山本事
融光大戲院
今天日夜開映
人猿泰山
RITZ
THEATRE
"TARZAN"

1932年11月22日《人猿泰山》放映說明書。

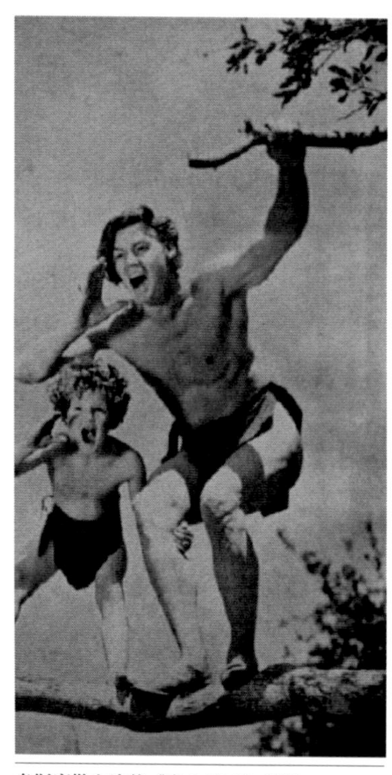

韋斯摩勒主演的《泰山得子》劇照。

上世紀三十年代，《人猿泰山》、《泰山情侶》等「荒蠻影片」相繼在中國上映，報上刊登大幅廣告，影院貼出巨型海報，人口相傳，影評助威，掀起了一陣又一陣「泰山」熱。我國的一些電影公司甚至模仿推出了中國版的「泰山」影片，如由王引、談瑛主演的《化身人猿》（1939年）、由彭飛、黎灼灼主演的《中國泰山歷險記》（1940年）等等。如何來認識和評價這些叫好又叫座的「荒蠻影片」呢？當年著名的影評人塵無對此有一段精采的論述。他認為僅用「人類的好奇和企業家的『生意眼』來解釋」未免太過簡單，他指出：「爛熟的資本主義的舊文明，已經完全喪失了他的進步性和向上性了。不知道有若干人，是一天天向靡爛的場合過生活。因此，他們已經成為了精神上的殘疾，他們好像放盡了熱血的人，雖則眼睜睜地望著自己的『軟癱』，但是一無辦法。他們需要『輸血』，他們需要新的力量的注射。但是，他們找不到這『血』和『力量』。……於是，他們就追求原始的力量了。……《人猿泰山》、《泰山情侶》，是在這一特徵之下產生的。我們不要說旁的，只是『泰山』的長嘯，已經看到我們的製作者是何等的對於這原始的『力量』的追求：激昂的，然而是悲涼的；高昂的，然而是淒厲的。」（〈半月主要影片簡評〉，1934年11月10日《青青電影》8期）塵無的評論是相當深刻的，從根本上點出了「泰山」系列影片產生的社會背景。

時光雖然流逝，「泰山」題材卻依然不冷。七十年代，有關於「泰山」的電視劇推出；八十年代，美國的華納兄弟公司投資三千萬美金，重拍彩色寬銀幕的「泰山」片，扮演「泰山」的克里斯托·蘭柏特是從應徵的三百多名健美英俊的青年中挑選出來的，是迄今為止的第十七位扮演「泰山」的演員。進入九十年代，美國迪士尼公司拍攝了動畫大片《人猿泰山》，成為那一年最為賣座的電影。返樸歸真永遠是人類的夢想。在原始生態被嚴重破壞，人被不斷異化的工業時代，「泰山」系列作品卻讓我們在物化世界之外看到了大自然中一個真正魅力無窮的大寫之「人」。對今天的讀者和觀眾來說，人們恐怕更會被「泰山」對艱險困苦的頑強挑戰精神而感動。

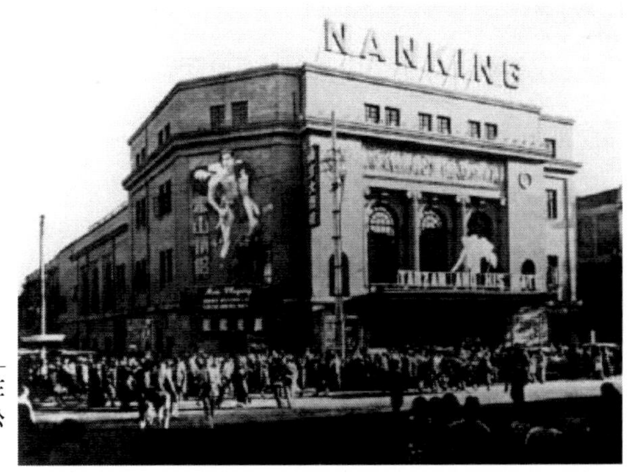

影片《泰山情侶》1934年在上海頭輪影院南京大戲院公映時搭建的立體海報

中國大偵探陳查禮

2000年前後，「陳查禮」這個名字曾頻頻在中國的新聞媒介上亮相，不少出版社還推出了不同版本的《陳查禮探案集》，中、美兩國的電影界似乎也有意向，準備在合適的時候合作拍攝有關陳查禮探案的影片。說起陳查禮，在20世紀30年代幾乎婦孺皆知，而今天的年輕人對這位傳奇人物卻未免陌生。

「陳查禮」原是一個虛構的人物。1919年，美國作家比格斯在檀香山度假時，從報上讀到一則中國偵探張阿斑巧妙破案的故事。他靈機一動，就在自己的《沒有鑰匙的房子》一書中塑造了一位中國偵探的形象，並為他取名為「陳查禮」。此書於1925年出版後，馬上被百代影片公司買下了版權，並於1926年改編拍成了電影《陳查禮》。影片受到了出乎意料的歡迎，於是，「陳查禮系列影片」就開始源源不斷地推出，先後由勞勃特・埃里斯、愛德華・羅維、約翰・拉金等幾十位作家參與編寫劇本。到1949年，共有4家電影公司拍攝了48部《陳查禮》系列偵探影片，相繼有桑喬治、上山騷人、E・L・派克、華納・夏能、薛尼・托勒和羅蘭・溫脫等六位演員扮演過「陳查禮」這一角色，其盛況可與現在大出風頭的「007」系列偵探片相媲美。

《陳查禮》影片開始受歡迎，很大程度上取決於影片的曲折情節和觀眾對神秘東方的好奇。只有到了1931年，福克斯公司決定啟

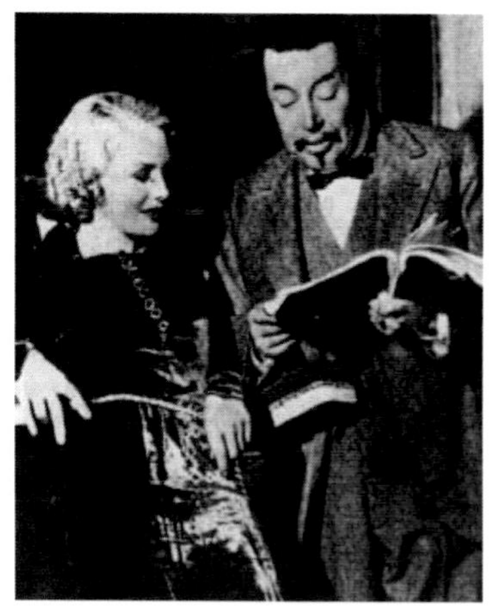

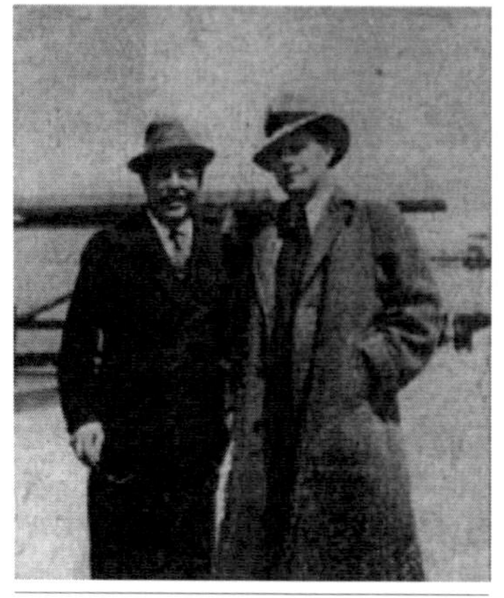

圖上：1934年，華納夏倫主演《陳查禮在倫敦》劇照。

圖下：1936年3月，華納夏倫來上海時與福斯公司代表合影。

用華納・夏能扮演主角以後，「陳查禮」這個形象才真正成為一個值得電影史家們研究的典型人物。華納・夏能（Warrner Oland，1880-1938）生於瑞典，由於他的臉型酷似黃種人，因此一直扮演東方人物，開始多半是反派的角色。福克斯公司的決定，給了他一個改變戲路的機會，他也充分發揮了自己的才幹。華納・夏能為了準確地把握人物的內心感受和外在形態，在日常生活中也總是打扮成角色的樣子，穿著那身陳查禮式的西服，蓄著那具有特徵的鬍鬚，半眯著眼睛打量一切。在拍片後的空閒時間裏，他寧願等著，也不接受其他的角色，惟恐破壞精心培養起來的特有的人物感覺。透過華納・夏能富有魅力的表演，出現在銀幕上的中國偵探陳查禮是一位聰明而神秘的人物。他穿著講究，待人接物彬彬有禮，溫文爾雅。當他在剖析那些疑雲密佈的混亂案件時，往往顯出過人的機敏，而且語言幽默，常常喜歡引用中國古代哲人（例如孔子）的某些話語，出口成章，貼切自如。在20世紀30年代的美國，陳查禮式的「洋涇濱英語」有著驚人的影響，以致「孔子曰」這種言談方式，居然成為當時頗為流行的口頭禪。直到五十年代中、後期，美國的一些電視臺和影院，為滿足觀眾的懷舊情緒，還數次放映《陳查禮》。

在《陳查禮》系列影片中，有一個基本模式，即「陳查禮」總是站在法律這一邊，運用其智慧來為好人服務。當然，對「法律」、「好人」這些概念含有不同的理解和看法，也有人對影片中西方化的東方情調頗有微詞，但以現在比較寬容的眼光來看，「陳查禮」可以說是第一個以正面人物形象在美國亮相的中國人。一位美國著名的影評家曾說：「好萊塢銀幕上所描寫的陳查禮是美國對中國式的智慧和古老的一種尊敬。」（《美國銀幕上的中國和中國人》，中國電影出版社，1963年12月）據調查，當時在華僑比較集中的東南亞一帶，對《陳查禮》系列影片的歡迎遠遠超過其他好萊塢電影。另外，從藝術上說，《陳查禮》影片可說是開了以後系列偵探片的先河，從著名的比利時偵探波洛（《東方快車謀殺案》、《尼羅河上的慘案》等影片主角）身上，也依稀可以發現「陳查禮」的影子。

華納・夏能扮演「陳查禮」以後，時常以華人自詡，並非常嚮往訪問中國。1936年3月22日，他乘坐「亞洲皇后」號遊輪抵達上海，終於實現了自己的夙願。華納・夏能的到來驚動了上海的新聞界和電影界，各大報紙和電影公司都派出了記者採訪，報紙上刊出的新聞標題是「中國大偵探到達上海」，而見面後記者們卻都親切地稱他為「陳先生」。當天下午五時，華納・夏能在記者招待會上，面對幾十名中外記者娓娓敘述了自己扮演「陳查禮」這一角色的難忘經歷，並不無幽默地表示：此次來華，目的在「一瞻本人祖先」。過了幾天，這位好萊塢名演員又再次表示了這個意思，這是在上海各界為他所舉行的歡迎宴會上。華納・夏能穿著那身人們熟

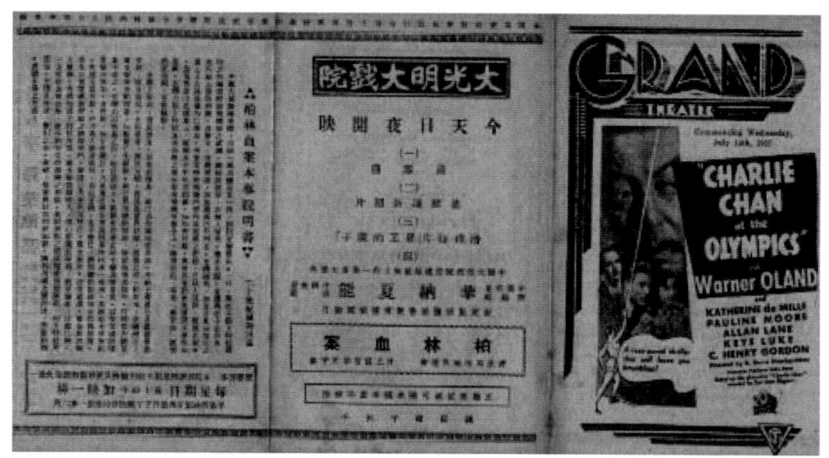

1937年7月14日在大光明放映華納夏能陳查禮探案《柏林血案》。

知的陳查禮式服裝，在人們的熱烈掌聲中站起來，他含著激動的淚水，深情地說：「我來到祖先的土地上訪問，感到非常愉快。」此時此刻，在他心裏，華納・夏能和「陳查禮」已合二為一，變成了同一個中國人！

華納・夏能主演的「陳查禮」系列影片，不少都在中國上映過，而且上座率很高，很受歡迎。魯迅先生就常去看，且評價不低，據許廣平在〈魯迅先生的娛樂〉一文中回憶：「偵探片子如陳查禮的探案，也幾乎每映必去，那是因為這一位主角的模擬中國人頗有酷肖之處，而材料的穿插也還不討厭之故。」當時國產片中摹仿美國片的頗為不少，如陳娟娟、胡蓉蓉摹仿活潑可愛的秀蘭・鄧波兒；韓蘭根和劉繼群（劉死後改為殷秀岑）專學一瘦一胖的勞萊、哈臺；彭飛和黎灼灼則學韋斯摩勒和瑪格麗·沙莉文的「人猿泰山」系列。華納・夏能的「陳查禮」探案系列當然也有人學，最出名的是徐莘園扮演的陳查禮。他從1939年開始主演「陳查禮」影片，先後拍攝了《中國陳查禮》、《陳查禮大破隱身術》、《陳查禮智鬥黑霸王》等好幾部探案片，其在影片中的一舉一動，一言一行，幾乎和華納・夏能的陳查禮形象難以區別，以致常被人直呼為「陳查禮」，徐莘園也頗以此為榮。

在中美交往史上，「陳查禮現象」是中西文化的一種奇異組合，值得兩國人民重視並加以研究。現在，陳查禮這個傳奇人物重新在中國亮相，這對中美文化交流將是一個有益的促進！

《大地》和中國

1931年，美國作家賽珍珠完成了她一生中最重要的一部作品——《大地》，從此，她的名字和她的作品就和中國緊緊聯繫在了一起。

賽珍珠1892年出生於美國弗吉尼亞州，本名珀爾・賽登斯特里克・布克（Pearl S. Buck），在她剛滿3個月的時候即隨傳教士的父母來到中國，在鎮江生活了14年之久。後來，她成家以後又在南京、安徽等地教書、寫作，前後共在中國度過了近40年的時光。她是一個「中國通」，「賽珍珠」即是她自己起的中文名字，她曾說過：「我一生到老，從童稚到少女到成年，都屬於中國」（《中國的今昔》）。中國文化滋養了賽珍珠的精神世界，而賽珍珠終其一生也與中國結下了不解之緣。在她從事寫作以後，她就立志要把中國人寫得與以往外國作家筆下的中國人完全不同，她表示：「我不喜歡那些把中國人寫得奇異而荒誕的著作，而我的最大願望就是要使這個民族在我的書中，如同他們自己原來一樣真實正確地出現，倘若我能夠做到的話」（《勃克夫人自傳略》）。《大地》就是這樣一部體現她願望的作品。小說於1931年在美國出版，當年就銷售了180萬冊，並連續22個月榮登暢銷書排行榜首位；第二年更榮獲普利茲獎，為她贏得了很大聲譽。全世界先後有60多個國家翻譯出版《大地》，而中國僅在1949年以前，《大地》的譯本就有6、7種

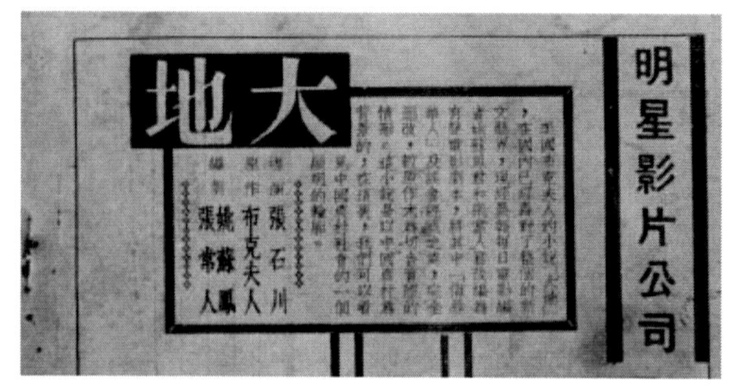

明星影片公司1933年準備將《大地》搬上銀幕的預告。

之多。1938年，賽珍珠因「對中國農民生活的豐富和真正史詩般的氣概的描述以及她的自傳性的傑作」獲得諾貝爾文學獎，登上了她文學生涯的頂峰。

賽珍珠的名字和《大地》這本書在20世紀30年代傳遍了世界，這為電影改編打下了良好基礎。1933年，明星影片公司發佈消息，準備將《大地》搬上中國銀幕，劇本由姚蘇鳳、張常人編寫，張石川出任導演。以後未知何故此事沒有成功。「明星」擱淺的計畫結果卻由米高梅完成了。1933年，米高梅公司以15萬美元買下了《大地》攝製權，於是，影片《大地》拉開了拍攝的序幕，而當時誰也沒有想到，這部影片的拍攝週期竟會長達3年半。

由於《大地》是一部以中國為背景的作品，因此影片的攝製引起了當時中國政府的注意，而米高梅公司也一改以往好萊塢的驕橫作風，同中國政府舉行商議，保證片中不出現污蔑中國的場面，並訂立了正式協定。這是好萊塢歷史上第一次為了拍攝影片而同外國政府簽定協議，作出承諾。接著，國民黨宣傳部又在協議的基礎上派杜庭修將軍去好萊塢，以中國全權代表的身份監製影片的拍攝（後來此職由中國駐三藩市總領事黃朝琴接替）。與此同時，米高梅公司也採取了比較認真負責的態度。1933年12月，導演喬治·希爾率領一個攝製組前往中國，以便拍攝一些背景素材和收集影片所需要的大量道具，隨同前往的是米高梅請的華人技術顧問李時敏，他負責選擇拍攝地點，鑒定收集的服裝、道具以及招考華人演員。攝製組在華中、華北地區工作了半年多，他們收集道具的方法很奇特，道具人員每天一早推了車子出去，車上裝滿了新的家用器具，如碗、碟、鍋、油燈等，他們在各村轉來轉去，向農民換回陳舊破爛的類似器具，以及鋤、鏟、水車、打禾棒等農具。這種以舊換新的做法對農民來説難以理解，可是米高梅公司卻因此得到了大量有用的東西，它們使影片有了一個真實的環境。更有趣的是，他們為了效果逼真，買了兩頭中國老黃牛運回好萊塢，而等影片拍好時，牛已繁殖成了36頭。

依照協議，《大地》的演員最初準備全部選用中國人，米高梅公司曾在中國和美國分別登報招聘，會説英語是其中一個主要條件。女主角最初選定的是楊秀。她生長於檀香山，是哥倫比亞大學語言學碩士，1930年梅蘭芳訪美時擔任翻譯的就是她。後來由於各種原因，男女主角王龍和阿蘭改由美國人擔任，但仍聘請楊秀扮演片中的重要配角，而且是一飾兩角。在影片中擔任要角並與米高梅簽有長期合同的華人共有16人，其中，王龍好友亞清由李清

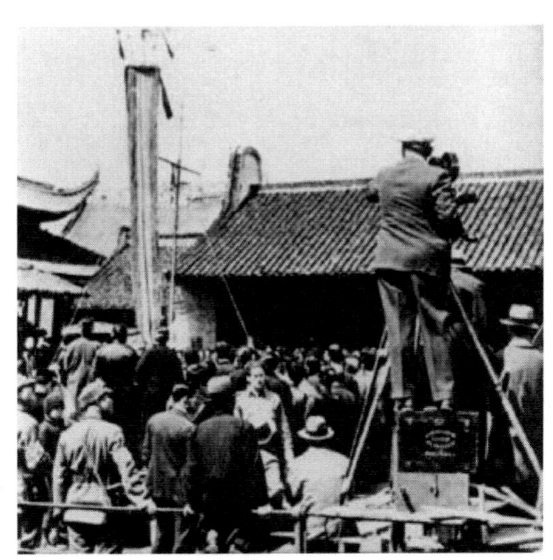

米高梅公司《大地》攝製組1934年在中國拍攝外景情形。

華扮演。李出生在美國，但中文極好，是華僑刊物《華美週報》的主編，他飾演的角色是片中華人演員中戲份最重的。劉宅守門人由羅瑞亭扮演。羅是華僑富商，對電影素有興趣，他和米高梅老闆梅耶關係密切，因此，他扮演的角色雖不重要，酬金卻是華人演員中最高的。王龍長子由陸錫麟扮演。陸是二十世紀福斯公司的演員，以扮演「陳查禮」的兒子而出名。他擅長美術，《良友》畫報上曾發表過他的作品。其他擔任群眾角色而臨時招聘的華人多達兩千以上。男女主角的扮演者經多次競爭，最後獲勝的是當時嶄露頭角的好萊塢新秀保羅・茂尼和路易絲・蕾納，他們因分別在《萬世流芳》和《歌舞大王齊格飛》中的出色演技而榮獲第9屆奧斯卡最佳男、女主角獎。導演的選擇最費周折，喬治·希爾在影片未正式開拍前即自殺身亡，接替他的是維克多・弗萊敏，也即以後《亂世佳人》一片的導演，但不久即因病而不得不中斷合同。最後擔任導演的是薛尼・弗蘭克林，他銳意經營，將全片分成幾大部分，聘任幾位副導演，分別負責特技、外景和群眾場面的拍攝，自己則主要負責男女主角的表演。他在加利福尼亞州的契特華斯附近，租下了5百英畝土地，並在那裏修建了中國道路，種下了中國莊稼，造起了中國農舍，甚至打了一口中國水井，修築了一段中國長城，連演員坐的椅子、穿的衣服，都是從中國收集去的，以便盡可能真實地體現出中國的「情調」。另一方面，路易絲・蕾納和保羅・茂尼也多次去唐人街體驗生活，模仿中國人的一舉一動，路易絲・蕾納甚至為了體形的需要，長時間節食，使體重減輕了20磅。

經過長達3年半的努力，《大地》終於在1937年1月在美國公映，獲得很大的成功，被稱為是一部「偉大的影片」，並榮獲該年第10屆奧斯卡評選的最佳女主角獎和最佳攝影獎。幾個月以後，經過中國政府的檢查和作了一些刪剪，《大地》在中國也開始公映，但影片遠未獲得它在美國那樣的歡迎。賽珍珠和美國的電影藝術家雖然自詡要真實地表現出中國農村的面貌，但由於沉重的歷史原因和不同文化背景的差異，決定了他們的努力難以獲得成功；同時，影片中出現的殺人、行乞和災民逃難的場面，雖然都是事實，但出自異邦人之手，則令國人難以接受。20世紀30年代的中國正處在民族覺醒的時期，強烈的民族自尊形成的高度敏感是完全可以理解的。但平心而論，《大地》是一部嚴肅的電影，它是好萊塢歷史上第一部用現實手法認真描寫中國的重要影片，而賽珍珠作為中國人民的友好朋友，也應該是當之無愧的。可惜，在相當長的一段時間裏，這位以創作中國題材見長，對中國人民有著濃濃眷戀之情的女作家，被我們所誤解和冷淡，受到了不公正的對待，以至逝世之際仍鬱鬱不歡。好在這一頁沉重的歷史已經掀過，如今，中美兩國人民都已經認識到了賽珍珠及其作品在中西文化交流方面所起的重要作用。1972年，美國總統尼克森訪華前夕，曾將《大地》作為他瞭解中國的必讀書之一；30年後，在美國總統布希2002年訪華之際，中國國家郵政局發行了一套印製精美的賽珍珠郵資明信片，以紀念這位為中美友誼作出貢獻的女作家。賽珍珠若地下有知，當可欣慰合眼了。

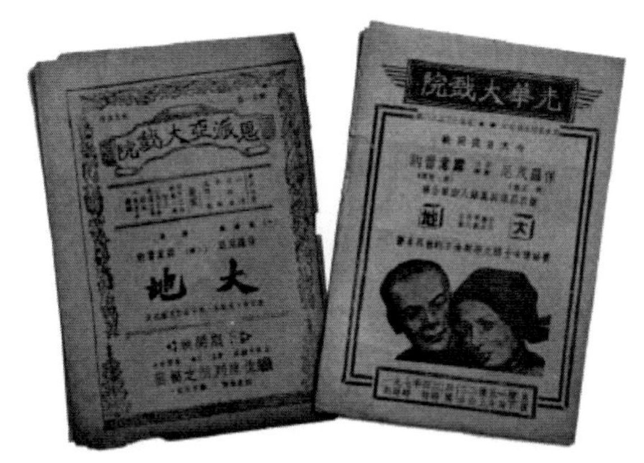

30年代上海各影院放映《大地》說明書。

魅力長存迪士尼

華特・迪士尼（Walt Disney，1901-1966）的動畫影片是好萊塢最成功的電影之一，他的《白雪公主》、《皮諾曹》、《幻想曲》、《艾麗絲夢遊仙境》、《彼得·潘》，當然還有《米老鼠和唐老鴨》，影響了全世界一代又一代人，至今仍深受人們的喜愛。迪士尼的影片很好地做到了寓情於景，雅俗共賞。它們大都有著相似的主題，即總是天真、忠誠和親情受到邪惡勢力的威脅，其間穿插一系列滑稽的故事，但最終必定是正義戰勝邪惡，給人以善良正直的教育。迪士尼因他的影片及影片製作的科技發明曾三十二次獲得奧斯卡金像獎，因此而成為美國電影史上最偉大的人物之一。

說起來，華特・迪士尼在動畫片領域裏的起步時間並不算早。1877年，法國人埃米爾・雷諾發明的「光學影戲機」，是人們公認的現代動畫影片的雛形；以後，美國人斯圖爾特・勃萊克頓在1906年拍攝成功的動畫片《一張滑稽面孔的幽默姿態》和1914年美國人埃爾・赫德發明的透明賽璐珞片，奠定了現代動畫影片及其發展的基礎；而稍後法國人愛米爾・科爾和美國人溫瑟・麥凱拍攝的動畫藝術片已達到了相當高的水平，並取得了良好的商業回報。據統計，僅科爾一人，在1908年到1921年間，就拍攝了二百五十部左右的動畫短片，科爾本人也因此被奉為「現代動畫之父」（參見張慧臨《二十世紀中國動畫藝術史》，陝西人民美術出版社，2002

年4月）。迪士尼是在1920年以後開始製作動畫片的，其間經歷了很多挫折，但最終獲得了輝煌的成就。迪士尼的獲勝之道既簡單又複雜。他的創作有其一定的格局，美國著名的電影史學家路易士·雅各將其歸納為：迪士尼「已經把他影片裏各種結構的形式成份加以標準化，成為半戲劇化的款式。首先，樹立起兩種對抗的勢力：他們相互衝突，於是產生了危機，經過追逐、糾纏、複雜化，接下來是一個更大的危機，和最後一秒鐘的高潮，爾後來個迅速解決」（《美國電影的興起》，中國電影出版社，1991年6月）。但這只是相對固定的形式的一面，難題是怎樣去不斷創造新的內容？迪士尼精心創作或選擇改編的故事往往有著現實的依據，因而也更適合於當代社會。在這方面，人們往往忘不了《三隻小豬》。這部影片是在美國經濟嚴重不景氣的低潮期上映的，影片暗喻的「團結就是力量」和主題歌《誰害怕那只大灰狼》彷彿在一夜之間就傳遍了全美國，成了國家多事之秋用來振奮人心的號召。迪士尼影片中的一些典型形象，如唐老鴨、米老鼠、普盧托狗等等，也是強烈吸引觀眾的法寶之一。這些可愛的動物身上都被賦予了各自不同的複雜性格，並經常變換角色，相互碰撞，自然引起衝突，造成懸念，引發一個個有滋有味而又富於哲理的故事，於是逐漸把影片推向高潮，最後達到一個出乎意料又合乎情理的結局。迪士尼的最成功之處在於他能緊跟時代發展，持續不斷地在其影片中引進新的技術，輸入新的意境。翻開一部動畫影片發展史，幾乎每一項重要發明都烙上了迪士尼的名字，如1928年推出的第一部有聲動畫片《威利號汽船》，1932年創作的第一部彩色動畫片《花與樹》，1937年完成的第一部動畫長片《白雪公主》等等。迪士尼無愧於世界動畫影片大王之譽稱。

1920年前後，美國動畫片隨著故事片一起傳入中國。大約十年以後，迪士尼的影片也在中國登陸，唐老鴨、米老鼠等經典動畫形象給人們帶去了無窮歡樂。當時，不但兒童們喜歡迪士尼的作品，成人對此也頗為好感。許廣平在〈魯迅先生的娛樂〉一文中回憶：看電影是魯迅喜愛的娛樂休息的方式，他喜歡看偵探片、喜劇片、歷史題材片，而動畫片也是他的喜愛之一，「五彩卡通集及彩色片，雖然沒甚意義，卻也可以窺見藝術家的心靈的表現，是把人事和動物聯繫起來，也架空，也頗合理想，是很值得看的。」另一位天才的少女，未來的作家張愛玲對動畫影片也有很精闢的論述，她一方面感慨於迪士尼作品在中國的風靡：「大概沒有一個愛看電影的人不知道華德·狄斯耐的《米老鼠》。」另一方面又指出：「有一片廣漠的豐肥的新園地在等候著卡通畫家的開墾。未來的卡通畫決不僅僅是取悅兒童的無意識的娛樂。未來的卡通畫能夠反映真實的人生，發揚天才的思想，介紹偉大的探險新聞，灌輸有趣味的學識。」她幻想在不遠的未來，「連大世界、天韻樓都放映著美麗的藝術的結晶——科學卡通、歷史卡通、文學卡通」（〈論卡通

美國1937年推出《白雪公主》時的宣傳海報。

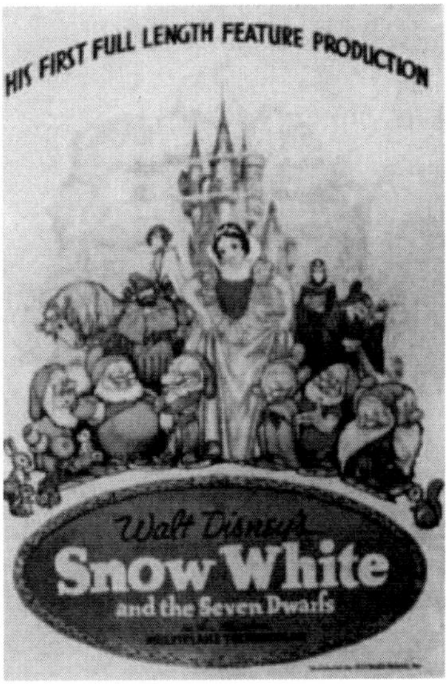

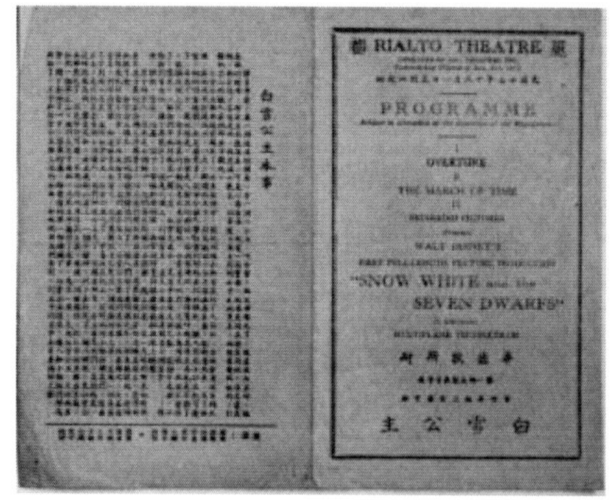

1938年12月1日二輪影院麗都開映《白雪公主》。

畫之前途〉，載1937年上海聖瑪利亞女校年刊《鳳藻》）。張愛玲寫這篇文章時年僅十六歲，尚是一個籍籍無名的中學生，但她對動畫影片未來發展的預測和期望卻是敏感而又準確的。此時在大洋彼岸，華特・迪士尼正以其全部精力和財力，克服著種種難以想像的困難，拍攝電影史上的第一部彩色有聲動畫長片《白雪公主》。

取材於《格林童話》的《白雪公主》，故事早已家喻戶曉，但迪士尼仍然以極大的熱情再次演繹這個善良戰勝邪惡的美麗故事，並努力將它拍得優美、清新，充滿了抒情詩一般的氣息。為了拍好這部史無前例的影片，迪士尼動用了當時最先進的製作技術，並用真人先將整個故事排演出來，以達到人物的神似。迪士尼公司製作此片共花了將近四年的時間，投資金額達到一百五十萬美金，動用了七百多人參與。這在當時堪稱令人震驚的大投入。一份耕耘帶來一份收穫，1937年問世的《白雪公主》為迪士尼帶來了豐厚的回報：它不但贏得了當年度大小七項奧斯卡金像獎，並在美國國內以八百萬美元總收入成為1937年的票房冠軍。據說，在當時還沒有任何一部影片的收入能超過《白雪公主》。可以說，迪士尼能成為世界動畫業乃至娛樂業的龍頭老大，《白雪公主》是居功至偉的第一功臣。路易士・雅各在其《美國電影的興起》一書中對《白雪公主》有很高的評價：「它容納了過去短片中的全部創作原則。它和迪士尼的其他作品一樣，具有不可思議的攝影效果、節奏完美的剪接、變化多端的音響，以及靈活自如的運用色彩；而且也同樣有著成為迪士尼作品獨有風格的那樣豐富的想像力、審美觀和幽默感。」

1938年6月，影片《白雪公主》在美國公映僅數月後就遠渡重洋來到中國，首映式選擇了上海的兩家特級影院：南京大戲院和大上海大戲院。影院方面為獻映這部巨片作了強有力的宣傳，除了在報上刊登大幅廣告外，還出版豪華的宣傳特刊，發行色彩絢麗的海報，在上海造成了很大聲勢，影迷們紛紛以先睹為快。當年12月，麗都等二輪影院再次放映此片，這樣，一些收入較低的觀眾也有機會欣賞到這部「聞名已久」的巨片了。《白雪公主》在上海的放映，觸動激勵了中國動畫片的先驅萬氏兄弟，他們經歷重重磨難，終於在1941年也成功拍出了中國的第一部動畫長片《鐵扇公主》，其放映時間還比《白雪公主》要多六分鐘。《鐵扇公主》當年曾傳入日本放映，日本的動畫影片大師手塚治蟲正是看了此片後才萌發投身動畫片事業的意願。《白雪公主》引發的美、中、日三國連環因緣，堪稱世界動畫片界的一段佳話。

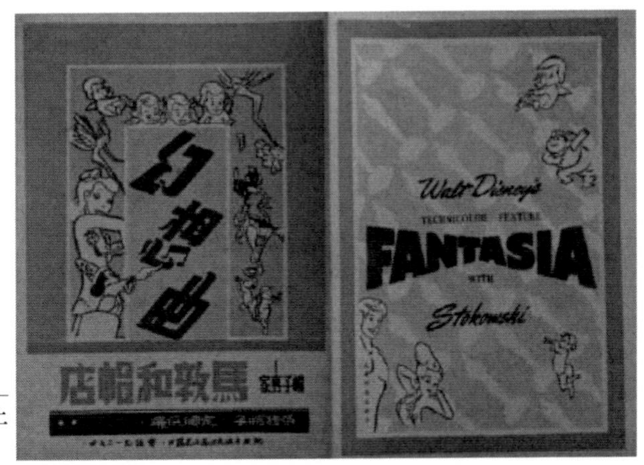

迪士尼影片《幻想曲》在上海放映時的說明書。

1998年，美國電影學院組織了一次大規模的評選活動，由一千五百多位影評人、演員和電影製作人對1912年至1996年的四百多部電影進行評選，從中評選出二十世紀最優秀的一百部影片，其中，《白雪公主》（第49名）和《幻想曲》（第58名）是一百部佳作中僅有的兩部動畫片。《幻想曲》拍攝於1940年，是一部真人和動畫相結合的影片。它開創性地將動畫和世界名曲結合在一起，以一則則動畫故事形象地闡述音樂的內涵。全片共介紹了八段名曲，分別是巴赫的《D大調托卡塔賦格曲》、柴可夫斯基的《胡桃夾子》、保羅・杜卡的《魔術師的徒弟》、斯特拉文斯基的《春之祭》、貝多芬的《田園交響曲》、龐開利的《時辰之舞》、穆索夫斯基的《荒山之夜》和舒伯特的《聖母頌》。擔任演奏的是著名的美國費城交響樂團，指揮斯托考夫斯基，音樂介紹由名樂評家迪姆斯・泰勒擔任。拍《幻想曲》是迪士尼想提高動畫片文化層次的一次嶄新嘗試，影片共花了三百多萬美元，幾乎耗盡了迪士尼公司的元氣。《幻想曲》雖然獲得了第14屆奧斯卡獎，但公映的業績卻並不理想，直到大約二十年後才獲得較高的評價。看來，迪士尼的構思似乎是超前了一些。《幻想曲》當年也很快被引進中國放映，但結果似乎也並不太妙，其影響要遠遠遜於《白雪公主》。在當時戰亂的背景下，如此一部「陽春白雪」式的作品，這樣的結果是可以預料的。

《白雪公主》的問世可以說是迪士尼公司的一個轉捩點，它的巨大成功，使長片的生產成為迪士尼公司的主攻方向。從1938年到1966年，公司基本上保持著一年一部長片的速度，其中馳譽世界的名片有1940年的《木偶奇遇記》，1942年的《小鹿斑比》，1950年的《仙履奇緣》，1951年的《愛麗絲夢遊仙境》等等。1967年公映的《森林王子》是迪士尼本人生前創作的最後一部動畫影片，在他去世之後才和觀眾見面。1966年12月，一代動畫大師華特·迪士尼離開了人間，然而，他開創的迪士尼王國並未因他的去世而停止運轉，他的繼承人成功地沿續著迪士尼雅俗共賞的創作路線。幾十年來，看過迪士尼影片的人們已一代代老去，而迪士尼仍青春依舊，魅力如初。它以不斷創新的精神來和時間抗衡，源源不絕地推出一部又一部叫好又叫座的動畫巨片，其青春活力令人肅然起敬。七十年代，迪士尼推出的長片《救難小英雄》（1977年）在歐洲創下空前的票房紀錄，使同時期的好萊塢大片《星球大戰》也相形見絀。八十年代，《誰害了兔子羅傑》（1983年）場面極盡華麗，真人與動畫的結合堪稱完美。進入九十年代，電腦技術的介入，使電影王國成為高科技的世界；同時，華納公司動畫部和斯皮爾伯格主持的夢工廠咄咄逼人的競爭，以及日本動畫片如火山爆發一般的崛起，使動畫電影市場呈現出群雄爭霸的局面。但迪士尼仍以不斷探索的精神為世界貢獻出令人耳目一新的一部部巨片，從而牢牢佔據著動畫王國霸主的地位。如近年來成功引進或即將引進中國的《美女與野獸》（1993年）、《獅子王》（1994年）、《玩具總動員》（1995年）、《鐘樓怪人》（1996年）、《人猿泰山》（1997年）、《花木蘭》（1998年）、《恐龍》（1999年）等等，都是老少咸宜，有口皆碑的佳片，也是迪士尼永保青春，魅力長存的見證！

由《魂斷藍橋》引發的「中國現象」

有一部美國影片，在好萊塢並無顯赫名聲，但在中國卻幾乎家喻戶曉，這就是由費雯・麗和羅伯特・泰勒主演，從上世紀四十年代起曾多次在中國上映的《魂斷藍橋》。

影片拍攝於二次大戰期間，講述的故事卻發生在一次大戰。這是芭蕾舞演員瑪拉和英國軍官羅伊之間的一曲浪漫而淒涼的愛情悲劇。瑪拉是一個天真而又美麗的姑娘，滑鐵盧橋上的一次邂逅讓她和軍官羅伊相識，兩人一見鍾情，感情迅即上升。就在他們準備結婚的時候，羅伊隨軍隊開赴前線。瑪拉由於和羅伊約會影響芭蕾舞劇團的演出，被開除後生活沒有著落，不久又從報紙上得知羅伊陣亡，絕望之餘淪落風塵。羅伊從前線歸來後，瑪拉由於不忍因為自己恥辱的經歷傷害羅伊，自殺於他們初次相見的滑鐵盧橋。這是一出典型的情節劇。影片採用傳統的戲劇式封閉結構，故事起於滑鐵盧橋，又結束於滑鐵盧橋，所有的情節都納入男主人公在二次大戰期間對往事回憶的框架裏，首尾呼應，渾然一體。主人公的愛情故事纏綿悱惻，但卻發生在廣闊的戰爭環境裏，人物命運跌宕起伏，故事情節一波三折，令觀眾不知不覺地同影片男女主人公同歡樂共悲泣。我們可以發現，《魂斷藍橋》所敘述的愛情悲劇頗具中國色

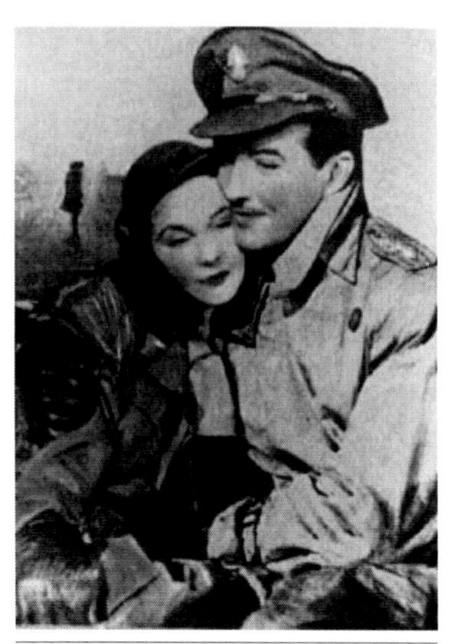
1940年美國推出《魂斷藍橋》時的宣傳海報。

彩，若仔細回味，可以感覺到影片的故事結構和人物命運同中國的某些古代傳奇有著異曲同工之妙；影片中展示的一些根深蒂固的道德思想，如貞操觀念、門第觀念等等，和中國歷史長河中的封建積澱如出一轍；此外，出身高貴的男主人公和年青美貌的女主人公的組合，簡直就是一對典型的中國才子佳人。所有這一切都太吻合中國觀眾的欣賞口味了，因此，影片在中國放映後受到了熱烈歡迎，並形成了巨大的觀眾群體，「魂斷藍橋」也因此成為愛情悲劇的代名詞。

《魂斷藍橋》拍攝於1940年，其時費雯・麗因一年前主演《亂世佳人》已出名。1944年，米高梅公司重新洗印戰時拷貝，《魂斷藍橋》是首選之片。當時，費雯・麗正因《亂世佳人》一片而榮獲第十二屆奧斯卡最佳女主角，名聲愈噪。《魂斷藍橋》在中國的首映是在1940年11月，這已經幾乎和美國同步了。影片放映後立刻大受歡迎，報上刊出的大幅廣告是：「山誓海盟玉人憔悴，月缺花殘終天長恨！」宛如一部中國章回小說的宣傳廣告。當時影院方面對此片十分重視，在翻譯片名時曾思之再三，反覆推敲，最初照原名直譯為《滑鐵盧橋》，不久又改譯為《斷橋殘夢》，最後才確定為《魂斷藍橋》，三者孰優孰劣是很明顯的。由於《魂斷藍橋》與中國傳統的才子佳人戲在思路上殊途同歸，暗合相當數量中國觀眾欣賞心理的潛在定勢，因此僅僅數月之後，在上海舞臺上就相繼出現了越劇版和滬劇版的《魂斷藍橋》，中國版的《魂斷藍橋》電影也很快搬上了銀幕，改編速度之快，品種之多，令人驚奇。一些國外人士對此曾頗感詫異，以至將其作為特有的「中國現象」加以研究。其實，當時中國電影界拍了不少模仿好萊塢的影片。專門有一些人當時被分派在辦公室翻閱各種新發行的好萊塢電影雜誌和好萊塢影片本事，希望能從中獲取靈感。曾有人問：「何必一定要抄美國人的舊文章呢？」據說當時中國最大的電影巨頭張善琨的回答是：「這是中國電影觀眾所欣賞的，他們喜歡看含有悲劇情節的愛情故事！」其對電影市場脈搏的把握可說是相當準的。如有人對這方面的資料作一番計量分析，應當是很有價值的。抗戰勝利後，《魂斷藍橋》再度在中國公映，1949年後，也曾數次複映，每次都頗受歡迎，其哀婉淒絕的愛情悲劇深深觸動著每一個進入影院的觀眾。

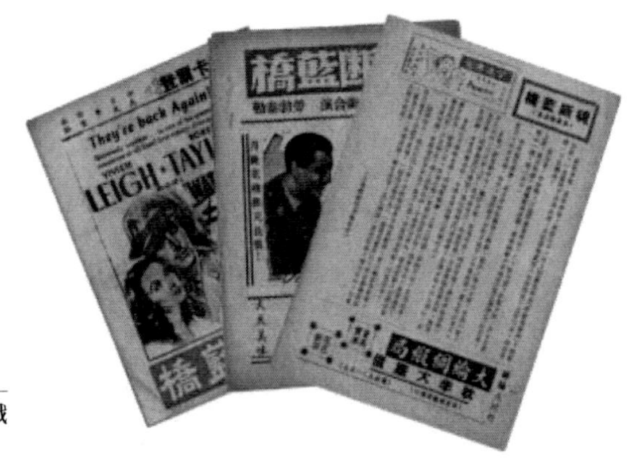

上海各影院分別於二戰戰時和戰後放映《魂斷藍橋》。

人們常說，好萊塢的魅力在於它的造星機制及其成功運作，這固然不錯；也有人認為，好萊塢電影能走向世界的最重要因素是它成熟的全球市場運作，這當然也很有道理。但仔細回想一下，對全世界影迷真正產生深遠影響的難道不是好萊塢的故事模式嗎？它的懸念設置，它的動人情節，它的令人能夠設身處地體驗的情景氛圍……不正是這一切給影迷們帶來了心理情緒的強烈刺激和快感嗎？好萊塢電影經常被人視為拙劣和膚淺，因而招致不少人（特別是學者專家）的鄙夷和不屑。但從整體意義而言，你不能不承認好萊塢電影的故事模式自有其合理的成功之道。電影從本質上來說是一門大眾的藝術，好萊塢的生產商們正是緊緊把握住了這一點，不斷推出一部又一部能夠強烈吸引電影觀眾的影片。你不能說它僅僅只是迎合、遷就了老百姓的口味，實際上它又引導左右了民眾的審美情趣。好萊塢通過強大的傳播手段，以藝術的無形手段巧妙地向全世界傳輸著某種價值觀念和人文精神，如人性關懷、情感交流、靈魂昇華等等。在以追逐財富為第一法則的資本主義社會，正是這許多充滿了人性情感的故事給很多人帶去了溫馨回味，這也正是好萊塢藝術能永久常青的重要原因。在上世紀的三、四十年代，好萊塢拍攝了很多類似的影片，《魂斷藍橋》可說是其中比較有代表性的一部。

最後必須提及的是《魂斷藍橋》的插曲，因為它的影響太大了，直至今天還迴響在全世界千千萬萬人的心坎裏。這首根據蘇格蘭名歌《友誼地久天長》改編的曲子貫穿全片，特別是當蠟燭舞會將結束時和瑪拉辭世前，反覆出現的這一主題音樂，很好地渲染了人物的環境氛圍，豐富和昇華了主人公內在的感情世界，使觀眾無不為之動容。至今，這首曲子還屢屢出現在各種音樂會和舞會上。電影和歌，如影隨形，相伴而行。一首好插曲，對於一部名片，如紅花綠葉，相得益彰；而一部已退出歷史舞臺的老電影，它的插曲往往能享有更長久的壽命。在這方面，《魂斷藍橋》及其音樂堪稱典範！

令人崇敬的《居里夫人》

諾貝爾獎曾被稱為是「男性的傳統領域」，但在諾貝爾獎走過的百年歷程中，卻共有29位傑出女性成為諾貝爾獎的得主，其中，首次為女性摘得這一世界桂冠的是居里夫人，而且她不僅是女性中的第一位也是唯一一位兩次獲得諾貝爾獎的女性科學家。

瑪麗・居里於1867年11月7日出生在波蘭華沙一個貧寒的教師家庭，通過刻苦學習而成長為一個科學家。1894年，她認識了比自己年長8歲的法國青年物理學家皮埃爾・居里，一年後，他們結為伉儷。愛情給他們的事業增添了神奇動力，1903年，這對夫婦以純鐳鹽的提煉成功這一卓越成就，與法國另一位物理學家貝克勒爾同獲諾貝爾物理獎。正當他們滿懷熱情向著新的科研目標勤奮工作時，人類科學史上最慘痛的悲劇發生了：1906年4月19日，皮埃爾・居里因意外交通事故，猝然去世。面對這沉痛的打擊，瑪麗憑藉著對科學的熱愛和頑強的毅力，勇敢地面對現實，繼續著居里未竟的事業。1911年，她成功地提煉出純鐳元素，並發現其化學性質。這一偉大成就，使她獲得了當年的諾貝爾化學獎。居里夫人在其一生中，除兩獲諾貝爾獎外，還獲得英、美、法、意等國科研機構頒發的科學獎二十餘次，世界各國授予的榮譽頭銜一百多項。除此以外，居里夫人還是一位教子有方的偉大母親，在她的言傳身教下，兩個女兒都成為品德高尚的傑出人材。長女伊倫娜和丈夫也是諾貝爾獎的獲得者；次女伊芙是一位優秀的音樂家，其丈夫是諾貝爾和平獎獲得者。居里夫人以其偉大的人格贏得了世界各國人民的崇敬，愛因斯坦曾欽佩地讚揚她是「在所有名人當中，唯一沒有被榮譽所毀損的人」。

1934年7月4日，居里夫人因白血病而逝世，噩耗傳出，世界各國為之震驚。幾年以後，美國的米高梅公司將居里夫人的不凡一生搬上了銀幕。這是一部樸素的黑白傳記片，飾演居里夫人的葛麗亞・嘉蓀是美國著名女明星，曾因主演《忠勇之家》而榮獲1942年第15屆奧斯卡最佳女主角獎。她在影片中將居里夫人刻苦耐勞，堅毅沈著的性格非常傳神地展示了出來，其演技受到廣泛好評，影片《居里夫人》也因此在1944年獲得當年度的全美十大名片之一。導演此片的茂文・李洛埃以善於通過細微事件和場面來表現深刻思想而馳名好萊塢，《鴛夢重溫》、《忠勇之家》和《魂斷藍橋》等片都是他的傑作，選擇這樣一位人選來導演《居里夫人》，可謂米高梅的知人善任。本來，一個科學家的傳記，是很容易拍成一部嚴肅而枯燥的片子的，而茂文·李洛埃導演的《居里夫人》則正好避免了這一缺憾，全片充滿溫馨的人情味，稱得上既深刻又富有感染力。很多看過《居里夫人》的觀眾都十分欣賞影片中那雄渾的旁白解說。無論是介紹年青美麗而又貧困的瑪麗時，還是在解說居里夫婦那五千多次科學實驗，採用「旁白」的形式，其效果都要比主人公「獨白」或「對白」來得好。這樣一方面避免了枯燥細節的展開，另一方面也更利於電影鏡頭的切換，使影片更富感染力。茂文・李洛埃的細膩在《居里夫人》中有多處成功的展示。影片中有這樣一個鏡頭：皮埃爾・居里在雨中送別瑪麗後獨自回家，一路上都在專心思考瑪麗所問的有趣而深奧的問題，以致一輛馬車擦身而過，險些被撞都毫不知覺。這就為他以後慘死在車輪下而埋下了一個令人信服的伏筆。茂文・李洛埃在表現居里夫人聞悉丈夫惡耗

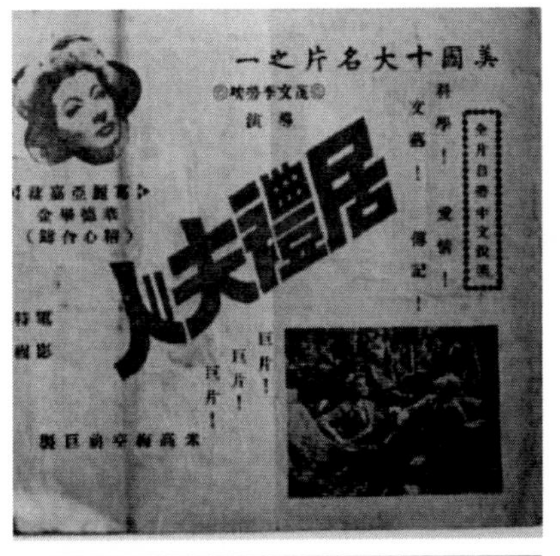

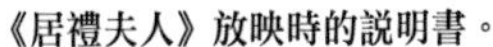
《居禮夫人》放映時的説明書。

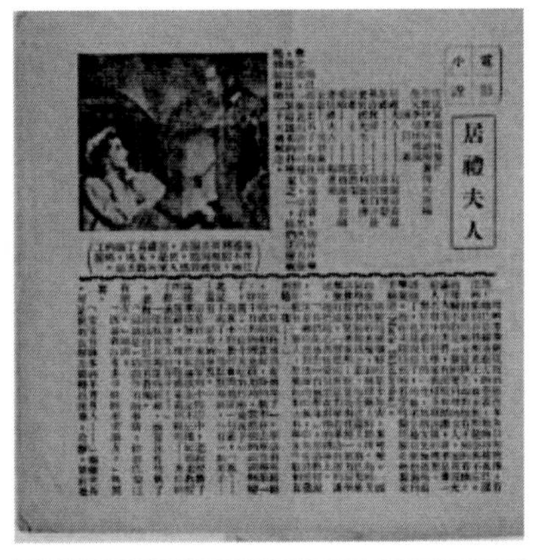

《居禮夫人》説明書內頁。

時，也沒有採取一般影片所常用的先是悲痛欲絕，然後昏蹶倒地的常見手法，因為居里夫人是個堅強的女性，這樣顯現不出她的獨特個性。影片向觀眾展示的是這樣一組鏡頭：居里夫人悲痛地整理著丈夫的遺物，突然，一個耳環被特寫鏡頭凸現在觀眾面前，這就是居里親自為瑪麗所買而又沒來得及為她親手戴上的那個耳環！居里夫人目睹丈夫留下的愛物，眼淚情不自禁點點滴落下來，並終於失聲痛哭起來。這別具匠心，一氣呵成的畫面，當年不知感染了多少人。著名越劇演員袁雪芬當年就曾為這組鏡頭所傾倒，並在自己的演出中借鑒了其手法，她曾在一篇文章中這樣寫道：「我改革初期演出《斷腸人》（根據《釵頭鳳》改編）一劇時，為了表演劇中人方雪在聽到姑母悔婚後那種極度痛苦、絕望的心情，就吸收了外國電影《居里夫人》中的表演手法，先是一個默默無語的長停頓，表現劇中人精神上突然受到強烈刺激，內心彷徨、空蕩、無路可走的神情。然後移動視線，當視線落在木魚上時，便放聲痛哭起來，通過這樣的處理，把觀眾的情緒緊緊抓住，收到良好的藝術效果。」（《越劇革新之路》）

《居里夫人》是在抗戰勝利後在上海放映的，影片的深刻內容和精湛藝術影響了很多人，尤其是婦女。居里夫人那偉大的人格和奮鬥精神，在很多女性的成長道路上起著潛移默化的重要作用，成為她們的精神支柱和人生楷模。著名滬劇演員丁是娥晚年曾回憶：「那時，美國電影充斥上海，我有空必看。尤其對傳記片《居里夫人》感興趣，先後看了七遍。……七看《居里夫人》，確實使我受益匪淺。」（〈終生追求，矢志不渝〉）孫中山夫人宋慶齡在看了《居里夫人》後也深受感動，1948年，她親自佈置在大華電影院放映《居里夫人》，所得收入全部捐作兒童福利基金。著名藝術家洪深也曾三次前往影院觀摩《居里夫人》，他是以編導的身份專門去學習借鑒外國同行的經驗的。

影片《居里夫人》在當時之所以受到廣泛關注，還有一個微妙的時代背景。當時正是原子彈的威力被渲染得空前膨脹的年代，美國1945年在日本扔下的兩顆原子彈印證了這一切。居里夫人發現的鐳元素是原子彈的重要原料之一，當時不少報刊正是以「原子彈技術」作為賣點來宣傳這部影片的。

永遠的卓別林

現在已經很難考證卓別林的影片最早在華開映的具體時間，但至少在九十年前，他的喜劇藝術已經讓中國人開懷暢笑了。在我收藏的早期電影文獻中，有一張上海海蜃樓影戲園開幕周年（1916年9月）之際散發的電影說明書，這大概能有幸列為迄今尚存的最早電影說明書之一了。這張說明書共介紹了4部影片，有滑稽片《呆大之新職業》、戰爭片《英法聯軍大戰》、偵探片《血手印》，令人矚目的是由「全球伶界大王、滑稽大家」卻潑侖君（卓別林）主演的二本短片《大鬧酒店》；在另一張1917年愛倫影戲園的說明書中，則介紹了卓別林主演的另一部影片《命運》。這些都說明，卓別林的喜劇影片很早就已傳入中國，而且大受歡迎，好評如潮：當時由於沒有標準譯名，他的名字在媒體上有各種譯法，如卻潑侖、賈波林、卓別麟、卓別林、卓別靈等，尤以最後一種使用最廣，有人曾據此詼諧地說：卓別林的喜劇藝術「卓」越「別」致而「靈」活。

在中國電影從萌芽走向繁榮之際，對中國影壇影響最大的是格里菲斯和卓別林。格里菲斯在影片《重見光明》、《賴婚》等片中展示的影片立意和鏡頭語言，對中國早期電影導演的影響是深遠的，而卓別林的喜劇表演藝術和他對小人物的關切、對社會不公制度的抨擊，則促使中國影壇從對明星的崇拜開始轉為對藝術的推崇，從單純向電影取樂轉向追求思想性和藝術性方面發展。如電影企業家周劍雲就認為：卓別林的影片與一般打鬧喜劇「焉能同日而語」，他的電影「以思想取勝，以情緒動人」，「寫人類心理，鞭辟入裏，針針見血」（〈評《三個婦人》〉，載1925年《電影雜誌》第一期）。這是當年具有普遍性的看法。因此，當年影壇既有「明星」的《滑稽大王訪滬記》、「上海」的《棄兒》之類對卓別林影片的簡單模仿之作，更有對卓別林表演藝術和鏡頭語言反覆觀摩、深入鑽研的眾多專業人士。當年卓別林編導《巴黎一婦人》，拍火車進站一景，他別出心裁，用俯角鏡頭，只拍月臺地面火車影子的徐徐前行，其獨特的構思和乾淨俐落的畫面，不知傾倒了多少影人。導演程步高就曾欽佩地寫道：卓別林的「鏡頭完全為戲劇服務，熔化在戲劇內容中，合二為一。看時只覺有戲，已無鏡頭之感」（《影壇憶舊》，1982年中國電影出版社版）。這實乃電影藝術的高境界、大手筆。

卓別林的幾乎所有重要影片都曾在中國上映，如1921年的《尋子遇仙記》、1925年的《淘金記》、1928年的《馬戲團》、1931年的《城市之光》、1936年的《摩登時代》等等，首映地也都在上海，其中只有一部是例外，這就是《大獨裁者》。該片拍攝於1940年，其時，二戰的烈焰已經熊熊燃起，法西斯的魔影籠罩著整個世界，而卓別林則通過精巧的藝術構思和誇張的細節刻畫，將法西斯大獨裁者希特勒的狼子野心揭露得體無完膚。影片公映之後，盟軍將士和全世界的觀眾大快人心，稱讚這是一部「笑與怒的史詩」。1941年春，《大獨裁者》的拷貝運抵「孤島」上海，然租界當局怕激怒德國法西斯，頗感為難；此事為南京偽政府所悉，向經理此片的西片商發出嚴重警告，並揚言若滬地有任何一家影院敢公映《大獨裁者》，都將遭到焚毀的懲罰。就這樣，卓別林的這部傑作與處於特殊時期的上海擦肩而過。這年3月，《大獨裁者》在香港利舞臺首映，觀眾趨之若狂。當時梅蘭芳正在香港，他激賞於卓別林的藝術，連看此片三遍，第一次看二元一角之樓座，第二次看一元五角之後座，第三次看七角半之前座，一時傳為佳話。1942年，影片運抵抗戰大後方的重慶，在國泰大戲院公映。隨後又轉往成都，開映於「新明」、「中央」兩影院。由於開映場次過多，唯一的一套拷貝終於「罷工」了，只能另外從印度經昆明運來一套新拷貝救急。至於上海的觀眾，則要等到抗戰勝利以後才有福欣賞到卓別林的這部傑作。

上海不但是放映卓別林影片最多的中國城市，而且還有幸在20世紀30年代和這位喜劇大師有過一次親密的握手。1931年卓別林拍完《城市之光》後，曾攜兄一起作過一次世界旅行。事後他寫過一本遊記：《一個丑角所見的世界》（生活書店1936年11月出版有杜宇的譯本），書中詳敘了他周遊世界各大城市的感想，但對上海，他卻只能留下遺憾的空白。雖然在旅行中他曾兩次路過上海，隔江遠眺過這座世界聞名的東方大都市。事隔5年，卓別林在完成《摩登時代》之後，再度周遊環球。這次他不但彌補了5年前的遺憾，而且在3個月內兩次踏上上海的土地，見到了梅蘭芳、馬連良、胡蝶等新老朋友，並欣賞了中國的京劇。我們不知道卓別林是否再次著書記敘過這次旅行，但有一點卻是可以肯定的，即這次上海之行在他心中留下的記憶是美好而又難忘的。1954年7月，周恩來總理在日內瓦會見卓別林時，這位喜劇大師曾充滿感情地對周總理説：「我在1936年到過中國！」可見，卓別林對他的上海之行一直是非常留念的。現在，讓我們把鏡頭搖向30年代的上海，追溯一下卓別林當年的上海之行。

卓別林是1936年3月9日下午乘「柯立芝總統號」海輪抵達上海的，陪同他的是《摩登時代》影片中的女主角寶蓮・高黛。當時他與高黛已同居，但尚未正式宣佈結婚，因此他們在上海並未以夫妻

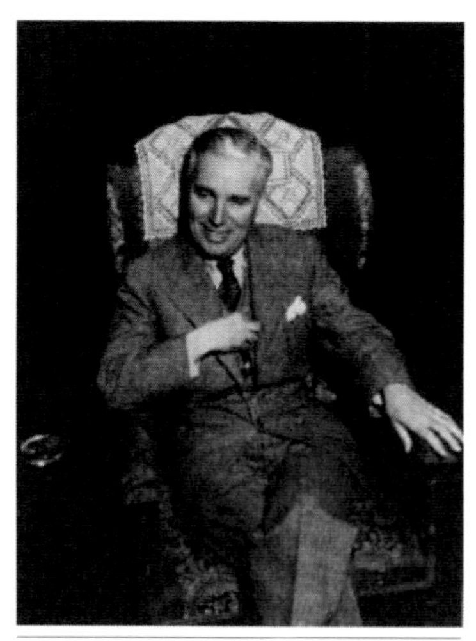
1936年3月9日，卓別林在上海華懋飯店。

身分出現。敏感的記者已注意到了他們之間不尋常的關係，故卓別林一到上海就不斷有記者追問此事。其中有人問：「卓別林先生，聽說那位同你一起作環球旅行的高黛小姐，不久將要同你結婚，此事屬實嗎？」而卓別林則以其特有的幽默避免了正面回答：「這件事情，我想請諸位先生問她本人，我實在講不出什麼，抱歉得很啊！」（〈聽得卓別林說〉，載1936年4月1日《電影畫報》28期）卓別林在上海住在當時最高級的華懋飯店（今和平飯店），經理是卓別林同鄉，英國人，他為卓別林準備了最豪華的5樓A字房間，有趣的是寶蓮・高黛住在同樓9號房，恰和卓別林房門相對。也許這是考慮到中國的風俗，但也說明了他們之間當時的微妙關係。卓別林在上海一共只逗留了十幾個小時，活動內容安排得非常豐富。他在飯店稍事休息後，即驅車往市區觀賞市容，參觀邑廟名勝，並特地到江灣、吳淞一帶憑弔了上海「一・二八」戰爭的炮火遺跡。

卓別林在上海的一個重要活動就是參加萬國藝劇社（international art theater）為其舉辦的歡迎茶會。該社由滬上知名的「沙龍領袖」弗萊茨夫人一手創辦。據作家邵洵美在一篇文章中介紹：弗麗茨夫人為「匈牙利人，留華有年，嗜文學，著作甚富，自小在美國，與各國大文學家多相往還，在上海為《中國評論週報》編文學欄兩年，極受稱許。每星期至少有兩次由她邀客聚談，歐美文藝家來華，多半由她招待」。（〈花廳夫人——介紹弗麗茨夫人〉，載陳子善編《洵美文存》，遼寧教育出版社2006年版）卓別林身為好萊塢著名喜劇演員，譽滿全球，此次東來中國，雖時間短暫，藝劇社仍提前向他發出邀請，「一則籍此表示藝術界對他的歡迎，再則因為其時藝社中有一個中國畫展，順便給他看一看中國的繪畫藝術」。（翟關亮〈與卓別靈半日遊〉，載1936年4月《良友》115期）此次茶會主席是施肇基的公子施思明先生，出席嘉賓近百人，皆為滬上中外藝術界人物。而其中卓別林最熟稔的面孔莫過於梅蘭芳了，1930年梅蘭芳赴美巡演時，他倆曾在好萊塢有過一面之緣。此次再度重逢，卓別林一見面就用兩手拍著梅蘭芳的肩膀無限感慨：「這真太不公平了！幾年前我見你的時候，我們的頭髮都是黑的，現在我的頭髮白了，而你還是全黑的，甚至沒有一根白髮！」說罷彼此粲然。其時，電影明星胡蝶也在一邊，卓別

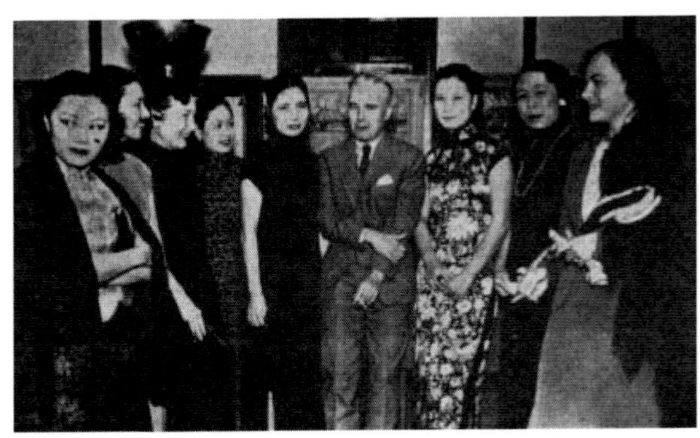

卓別林在上海萬國藝劇社歡迎會上與眾名媛合影。

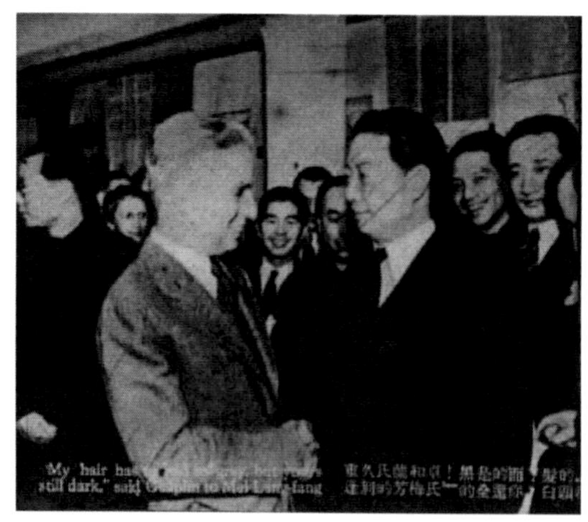

卓別林與梅蘭芳重逢

林看見胡蝶，和她熱烈地握手，誠懇地說：「我不曾看過你主演的片子，將來我再回來上海的時候，我一定先去看看。」席間，他還向胡蝶談了自己的從影經過和拍片心得。卓別林所闡述的生活和藝術的關係，給胡蝶留下了深刻印象。事隔50年後，胡蝶在撰寫回憶錄時，還清晰地記得當時卓別林富有哲理的話題。寒暄過後，便是自由交談和參觀畫展的時間了。此次萬國藝劇社舉行的中國現代名畫展覽會，搜現代名作百餘幅，滬上著名畫家劉海粟、潘玉良等都攜畫參加。卓別林雖從未習畫，但在賞畫時卻表現了自己極強的藝術鑒賞力，有一張仕女圖是留滬多年的德國畫家和爾夫根馬爾氏（Wolfgang Mohr）所繪，該畫家習中國畫有年，作畫多用中國畫筆法，該仕女圖全畫皆用中國畫筆法繪製，還簽上中國式的名字，但是卓氏一看見就立刻說：「我相信這張畫大概是一個外國畫家的作品吧。」其眼光之敏銳可見一斑。

然而卓別林並沒有什麼時間欣賞繪畫，甚至連喝茶的時間也沒有，整個茶會，他一手拿著茶杯，另一手拿著筆一刻不停地給人簽名。簽完名後，則是拍照時間，卓別林主動要求「給我和一些美麗的中國小姐們拍一張吧」，還連連稱讚「中國女孩很可愛，我喜歡中國。」因為接著還有18：30華懋飯店的記者會，卓別林不得不在6時左右匆匆離開。臨走時，他承諾「我回來的時候要在這裏多住幾個星期，我要交結許多的中國朋友。」（翟關亮〈與卓別靈半日遊〉，載1936年4月《良友》115期）晚6時半，卓別林準時舉行記者招待會，大約有60名記者向他紛紛發問，他毫無一點大明星的驕矜架子，有問必答，態度非常誠懇。他幽默地對記者說：「只要我做得到的，我都願意做，總之以使諸位記者先生滿意為止。」卓別林的回答博得了記者們的滿堂喝彩。談話結束後，卓別林應眾人所請，伏在一隻小寫字臺上，手不停息地為眾記者簽名，直至大家都掛著滿意的笑容出門，此次記者見面會才算圓滿告終。

除了參加歡迎會和記者會外，卓別林把自己在上海的大部分時間都奉獻給了中國戲劇。作為一個電影演員，他對具有中國特色的表演方式頗感興趣，早在梅蘭芳1930年赴美國巡演時，卓別林在與他的會面中即盛讚中國古典戲劇不僅給美國人帶去極大藝術享受，也是美國電影界「寶貴的參考品」。在茶會與梅蘭芳再度相遇時，他便詢問對方那天會不會登臺，可惜梅蘭芳那天沒有表演安排，不過恰好當天晚上新光大戲院也有一齣好戲《法門寺》，是由名角馬連良主演的，梅蘭芳推薦卓別林去看一看，他一口答應了。然而，還沒等卓別林去看《法門寺》，他又受到共舞臺老闆張善琨的邀請，先去觀賞連臺本戲《火燒紅蓮寺》的第四集。張善琨這位日後叱吒中國影壇的電影大亨，其時雖還未在影界大展拳腳，卻已開始顯露其不同凡響的商業嗅覺，把曾經熱映一時的電影《火燒紅蓮寺》搬上京劇舞臺就是一大創舉，而在成功邀請卓別林來劇院看戲後，他又不忘在報上大作廣告，稱「嘉賓不遠萬里而來，足見本臺戲劇已聞名海外」（見1936年3月11日《新聞報》），亦是極具煽動性的宣傳。當然，這是後話了，現在先讓我們回過頭，看看那天晚上共舞臺上演的一齣好戲。

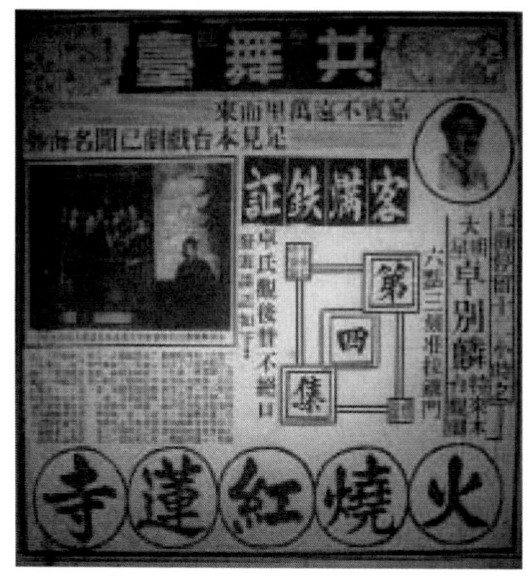

共舞臺登在《新聞報》上有關卓別林做客共舞臺的廣告。

晚10點左右，共舞臺經理室已聚集了不少人，除戲院老闆張善琨外，還有《新聞報》副總經理汪仲韋、大光明戲院經理曾煥堂及新華電影公司導演史東山，演員韓蘭根、劉繼群、許曼麗等。10點40分，卓別林姍姍而來，同行的有高黛小姐、高黛的母親，以及聯美影片公司駐滬經理克雷斯夫婦。大家相互握手言好後，曾煥堂特別向卓別林一行介紹韓蘭根、劉繼群這兩位喜劇明星，說：「他們正是中國的勞萊、哈德。」說罷，三位笑匠很親熱的模樣，各來了一個滑稽的特寫。另一邊，高黛小姐又笑吟吟地打著中國話，向張善琨說「恭喜、恭喜」，原來她已知道這夜共舞臺正告上下客滿。介紹過後，卓別林一行由張善琨領著踏進了右邊的花樓。依次坐定後，臺上恰是武生李鐵英下場，卓別林便首先拍手，喝好三聲，他似乎已有著無限的興趣，還戴上了玳瑁邊眼鏡，準備一看究竟。他問這是什麼戲？還問一本戲可以演多久？曾、張兩位先生便一一告訴了他，這是《火燒紅蓮寺》的第四集。全劇共有十八集。第三集曾演了四十二天……當下卓別林便大表驚訝。花樓上還供著

「Welcome Charlie Chaplin」字樣的花籃以及紅茶、水果等，克雷斯先生特以紅茶勸他一嚐，他喝了以後，又細細品味了一番，此後他同高黛小姐一邊嗑著香瓜子，一邊津津有味地觀賞表演。此時，臺上正在上演全劇最精彩的一幕「十四變」，電炬倏明倏暗，美麗佈景層出不窮，汪仲韋告訴卓別林，這是有二十多個人在臺後專司Dark Change之職，這可使這位笑匠驚歎不已了。接著，臺上又玩起了翻筋斗表演，把卓氏看得目不轉睛、叫好不已。卓別林不僅觀賞得極為認真，對於演員的唱功、做工，也詢問甚詳，又問劇中所奏音樂對於演唱是否處於附屬地位。他聚精會神地靜聽京胡的音調，而且用右手在膝上拍著節奏，聽了一會，他說：「中西音樂，固各有風格，但我始終相信把各種情緒表現出來的力量卻是一樣的！」（參見〈卓別林狂歡之夜〉，載《新聞報》1936年3月11日；〈卓別林興高采烈觀平劇〉，載《娛樂週報》1936年2卷11期；〈卓別林匆匆過滬〉，載《時報》1936年3月10日）卓別林本想等演出結束後讓張善琨陪他們參觀後臺，可是同來的克雷斯先生對他說時間怕不夠，梅蘭芳早已在新光大戲院為他訂好了位子，等著他去觀劇呢，卓別林這才戀戀不捨地離座下樓。這時許多消息靈通者都已聞訊趕來，在門口擠作一團，要一睹巨星真容，還有幾位員警在一邊，確保卓別林的安全。臨走前，卓別林應張善琨的要求，在戲院門口耽擱了幾分鐘，拍了幾張照片，才和主人告別驅車趕赴下一站。

晚十一時多，卓別林一行到達新光大戲院，由於梅蘭芳臨時有事沒有去，負責招待的就只有曾在茶會充當翻譯的翟關亮一人而已。在眾多觀眾的注目中，翟氏領他們到事先預定的位置坐好，靜待馬連良出場。十分鐘後，馬連良開始登臺表演，翟關亮坐在卓別林旁邊，隨時把劇情和唱詞解釋給他聽。又告訴他，中國觀眾對於臺上的精彩演出很少用鼓掌的方式表示讚美，他們慣用「好」字喝

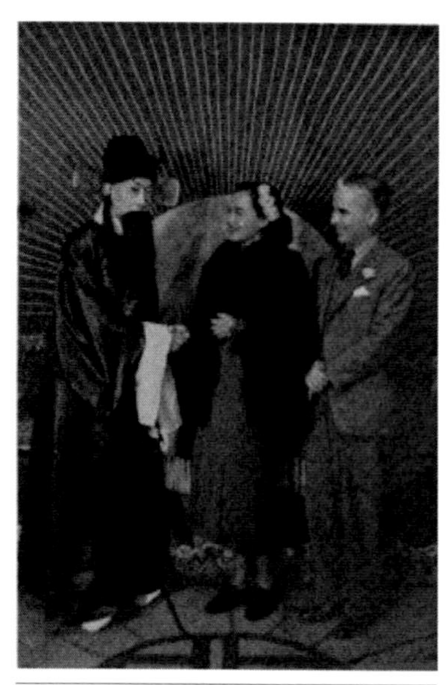

新光：卓別林與高黛在馬連良表演結束時上臺與其合影。

彩，以表讚賞之情。這個方法卓氏立刻便學到，當他靜心領略馬連良的唱功時，時時忍不住和觀眾們一齊叫「好」。讓翟關良感到非常驚訝的是，卓別林對於京劇的欣賞並不像一個門外漢，好像坐下來不久就非常自然地變成了一個內行的客人似的，這種情形他還是第一次看見。翟關良在中國旅行社遊覽部工作，在北平的時候，曾帶過不下百數人的外國朋友去劇院看戲，但他們對於臺上的表演都不能感到什麼趣味，似乎和他們很隔膜。卓別林是他發現的第一個外國人，能這樣津津有味地欣賞中國戲劇，像欣賞他自己本國的戲劇一樣。

也許因為知道有異國知音在場吧，馬連良那天的唱工也特別賣力。卓別林完全沉醉在他那高低抑揚、連綿不斷的音韻裏面，連連讚美京劇中的表演藝術，覺得僅僅用一聳肩，一頓足，或者一睜眼，便能夠把意境表現出來，這些單純而又完滿的方法，是中國戲劇的獨到之處。每當他看見跨步和揚鞭，便會立即反應說：「這是騎馬，這是跨門檻。」對於舞臺的背景，卓別林覺得無甚稀奇，和英國莎士比亞時代的舞臺背景差不多，但對於演員的化妝和服飾他卻覺得很可取，尤其是劉連榮的大花臉化妝他異常讚美。總之，中國的戲劇，連了劇院中的一切，都好像是他熟悉的老朋友一樣。口渴了，他拿起面前的茶，那些中國劇院所特有的茶盅，慢慢地喝著，態度是這樣的隨便，自然，好像他已經在這些環境中生活了很久。

初到戲院的時候，卓別林本意只預備看十五分鐘。可是十五分鐘過去了，二十分鐘過了，三十、四十分鐘都過了，他仍舊不肯走。和他一同來的克雷斯先生催促了他幾次，他都只是聳聳肩頭，唯一的答案是「NO」這一個字。他不僅想要看完這場戲，還想等散場後到後臺和那些演員們談談。十五分鐘結果延長到一個多小時，一直到散場，卓別林才離開座位，立刻要求翟氏帶他們到後臺去。在後臺，卓別林熱切地讚美了馬連良、劉連榮以及其他演員們的表演藝術，馬連良則對戲院後臺設備之簡陋表達了歉意。 隨後卓別林便和馬氏及院中的經理一同拍了幾張照片。等馬連良把臉上的化妝洗淨，換上日常服裝之後，他忍不住叫了出來，「我差不多認不出你了，你竟還是這樣的年青，並且你也沒有像剛才在臺上所見你時這樣的高大！」同時，高黛女士卻在另一旁細看演員們穿的戲服，對於化妝用的長鬢等她也很感興趣。

大概在後臺待了半小時之後，卓別林一行便準備告辭了，翟關良詢問他們下一站還去哪兒時，高黛女士有些茫然地回答：「我不知道，我們像來考察一樣，隨便什麼東西都想看看。」不過，她又補充說道，在離開美國，準備來東方的時候，她曾問不久前來過上海的好萊塢明星范朋克上海有什麼地方好玩的，范朋克告訴她上海有間跳舞場叫百樂門，又有一間叫小總會（翟關亮〈與卓別靈半日遊〉，載1936年4月《良友》115期）。於是，離開新光大戲院後，他們又直奔百樂門跳舞場，一直玩到深夜才收拾行李返回柯立芝總統號，結束了首次上海之行。第二天上午9點，他就乘原輪離開上海往香港去了。

卓別林在遊歷了香港、小呂宋、西貢、曼谷、新加坡等地後，於5月12日再次回到上海。當他聽到4月間上海首映《摩登時代》的盛況時，顯得非常高興。遺憾的是，由於旅途過於勞累，他沒能實現上次許下的「回來時在上海多住幾天」的允諾，只在百樂門飯店留宿一夜，翌晨就乘船轉道日本，返回美國了。

卓別林的藝術屬於世界，也屬於中國；他生活在大洋彼岸，但又和上海很近很近。他的眾多影片，他的喜劇藝術，他的音容笑貌，給上海這座城市留下了太多的故事和豐富的財富，值得我們永遠回味。

20世紀前期好萊塢影片的漢譯傳播

一、簡單的回顧

20世紀前期的中國電影市場，好萊塢影片毫無疑問佔有最大的份額，若以平均每年300部計算，其輸華影片總數很可能達到驚人的萬部左右。這麼龐大的一個電影數量，是通過怎樣的手段樂於讓中國人接受的？漢譯傳播在其中究竟起到了什麼作用？又走過了一段怎樣的路程？在我們嘗試對其作初步探索之前，似乎先有必要對好萊塢影片在華放映的歷史略作一番回顧。

在19世紀末和20世紀初，中國電影業尚處於蠻荒時期，幾乎沒有電影生產，影院放映業是外國影片的一統天下；即使到了20世紀20年代初，由於中國電影製片業剛剛起步，不僅影片數量少，質量也低劣，故基本被排除在電影院正規商業操作之外。因此可以說，在電影發展的最初時期，也即19世紀末到20世紀20年代初的這約三十年間，是外國影片絕對佔有中國電影市場的時期。當時中國電影市場上主要以歐洲影片為主，放映最多的是法國百代公司和高蒙公司所拍攝的電影，美國片只占很少一部分。一次大戰期間，歐洲電影在中國市場上開始走下坡路，取而代之的是美國電影的崛起。最初是大批如《黑衣盜》、《蒙面人》等偵探兇殺類影片的湧入，這些多集連續影片情節曲折，故事性強，銷路頗好。隨後，以卓別林、格里菲斯、劉別謙、范朋克和麗蓮・甘許等人影片為代表的美國好萊塢電影全面進軍中國市場，不但大受歡迎，而且對中國第一代電影人和廣大觀眾產生了深刻影響。從這時起，雖然中國國產電影也有過自己的輝煌時期，但就電影放映市場而言，主力陣營始終是以好萊塢影片為代表的外國電影。有資料顯示，美國出口到中國的電影膠片在1913年時是189，740英尺，而到一次大戰結束時的1918年已增加到323，454英尺。一次大戰以後，好萊塢加大對中國的出口，到1925年達到了5912，656英尺。也就是說，在這段時期，美國對中國的輸出總額從1913年的2100萬美元劇增到1926年的9400萬美元，而從比例上來看，1913年美國對中國的電影出口額僅為美國出口總額的0.04%，而1925年就增加到了0.16%。[註1]

由於市場廣大，利潤豐厚，自20世紀20年代中期起，好萊塢的各大電影公司紛至遝來，在上海和華北地區分別設立辦事機構，處理影片輸出業務。上海是美國影片在華發行的重鎮，米高梅、派拉蒙等八大公司均在滬設有辦事機構，如環球公司駐滬辦事處，1926年8月設立；派拉蒙，1929年12月設立；米高梅，1930年7月設立；福克斯，1931年4月設立；華納兄弟，1932年設立；哥倫比亞，1934年5月設立；雷電華，1935年設立；聯美，1937年8月設立。這些辦事機構均設在外灘附近的市中心區域，其中環球、米高梅、哥倫比亞、雷電華和聯美等五家辦事處設在蘇州路400號或404號，派拉蒙、福克斯、華納兄弟等三家的辦事處則設在博物院路。[註2]

進入30年代以後，美國影片對中國的影響從一些資料上就可以一目了然：1933年，全年攝製國產片89部，而輸入的外國長故事片多達421部，其中美國片就有309部，占全部輸入量的73.4%。1934

年，全國攝製國產片84部，輸入的外國長故事片407部，其中美國片為345部，占84.8%。美國片的輸入量為這兩年國產故事片產量的4倍左右。[註3]1935年，全年開映影片412部，其中美國片為364部，占87%。[註4]1936年，全年開映影片389部，其中美國片為339部，占87%。[註5]

在1937年到1945年的這八年間，由於戰爭原因（爆發了抗日戰爭和太平洋戰爭），美國出口到中國的具體電影數量目前尚難找到可靠而完整的資料，但急劇下降則是可以肯定的，從1942年下半年起，美國片在上海更遭到了禁映。二戰結束後，美國電影捲土重來，迅速恢復進入中國市場，1946年在中國上映的美國影片達到創紀錄的881部，1947年為393部，1948年為272部，1949年為142部。[註6]這些資料中，1946年的超量上映是由於前幾年積壓拷貝的井噴釋放所致；1949年則情況比較特殊，那年電影發行數量的下跌是因為政局動盪的關係。

綜合以上資料，可以大致估算出，20世紀上半期美國在中國平均每年發行電影超出了300部，這個數字占到中國電影放映市場每年總量的80%左右。面對如此龐大的一個外片市場，如何消化肯定是一個嚴峻的問題。當時的中國民眾文化水平普遍較低，絕大多數人不諳英語，根本無法看懂好萊塢原版影片；而且，即使是知識份子，能很好理解原版外語片內容者恐怕也不會多。因此，在進入20世紀以後的幾十年間，中國的外片經理商和美國的電影製片商先後嘗試過多種華語譯配方法，想讓好萊塢影片更好地融入中國社會。本文將嘗試對20世紀前期好萊塢影片漢譯傳播的進行歷程略作探索。

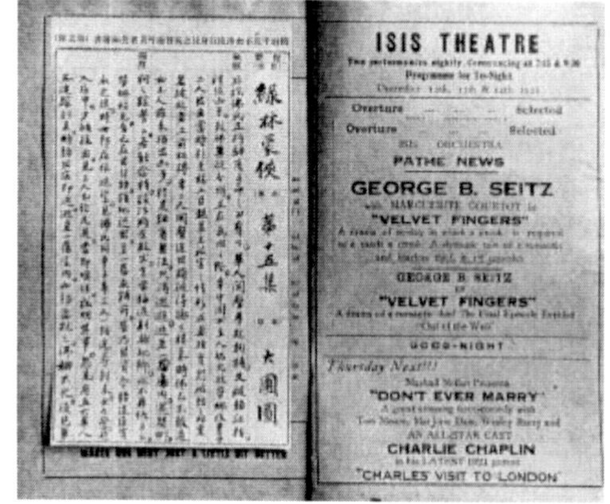

早期的外國影片沒有中文字幕和說明書，這是1921年上海一位影迷的手抄說明書。

二、早期默片時代「活的說明書」

早期上映的外國影片，都是默片，雖然沒有聲音，但在情節曲折，內容複雜這一點上卻絲毫不遜於以後的有聲影片；而且默片都有外文字幕，一部普通故事長片的字幕，通常都在百條以上，關鍵時刻看不懂字幕難免著急上火，於是就有了翻譯的需求。在這方面，我們已知早期比較慣用，且現在還大量存世的是影片說明書，上面登載有劇情說明和演職員表，非常實用。但在1920年前，這種外國影片的中文說明書還較少流行，我們現在還能看到的1920年左右的電影說明書，大量都是外文排印，顯然是為洋人觀眾服務的，而中文劇情一般都是另外印在一種極薄的紙張上，然後再粘貼到相應的外文說明書上，有著非常明顯的「臨時」性質；筆者甚至還收集到一些粘貼在外文版說明書上的中文手抄電影說明書，這就更帶有強烈的個人行為了。

很顯然，這種形式的「中文說明書」的數量不可能很多，對龐大的中國觀眾群來說，「遠水不解近渴」，解決不了大家的需求。於是，一種簡便易行的翻譯方法應運而生，這就是被稱之為「活的說明書」的當場口譯。其實，這種方法很早便已實行，據傳，1905年清朝宮廷內放映外國影片時就由「通判作說明」；[註7]1907年4月，教育家袁希濤等創設通俗教育社，集資購備「電光活動寫真」，放映軍事、衛生、教育與日俄戰爭影片，也是由「講解員」當場解說劇情。[註8]但這些活動都是在很小範圍內的偶然為之，沒有持續性，也不產生社會影響。真正面對大眾，屬於市場行為的電影譯製，大約產生在1910年以後。著名電影雜誌《電聲》的編輯范寄病先生1936年在一篇文章中描述當年譯製電影的具體情形：「新愛倫戲院有一個特點，就是影片放映的時候，戲院裏有人講解劇情，先用粵語，後用國語。假使現在任何電影院裏再有這種『活動說明書』的出現，我相信觀眾即使不感到討厭也要覺得有點兒怪，但是那時候卻也感覺相當需要。因為戲院方面沒有幻燈字幕的設備，如果沒有人解釋劇情，不識英文的便要莫明其妙。」[註9]新愛倫戲院原名愛倫活動影戲院，由英國商人林發於1913年12月興建於上海虹口海寧路江西北路口，1916年改名「新愛倫」，1919年2月又改稱「愛國影戲院」，可見范氏所言之事發生在1916-1919年間。

范寄病先生文中所謂的「活的說明書」，其實即當場口譯。當時採取這種譯製外片方法的遠非「新愛倫」一家，如1914年9月開設在英租界江西路上的大陸活動影戲院，在其開幕廣告上就這樣寫道：「本院不惜鉅資，特向外洋購運五彩活動新奇、偵探、戰爭、歷史、滑稽、愛情、風景等影片數千種，現已到申。至於房屋寬敞，座位清潔，電扇涼爽，空氣流通，無不有美必備，且戲中情，譯成中文說明，尤為特色。」[註10]1915年9月，位於上海華界南市的海蜃樓電光活動影戲園開幕，在其開幕廣告上，該院也強調了「演說劇情」這一特色：「本公司於九畝地建設影戲園，開演各種最新活動影戲，逐日更換戲片，推陳出新，並佐以演說劇情，足使觀眾易於明瞭。」[註11]這些廣告正好能和范寄病先生的回憶互為印證，當是有關外片譯製的最早記載。我們也由此可知，這是當時比較普遍也較受觀眾歡迎的一種譯製外片的方法，這種方法甚至一直到20世紀20年代的中期還在個別地區延續應用。《良友》畫報的編輯梁得所先生1927年在一篇文章中記道：「廣州的影戲院像日本的一樣有人講解的，講解者的口才好，不但能把本事述說清楚，而且能加插好些有意趣的諧話。記得有一次，影到一個肆意橫行的土豪劣紳，鄉黨為之側目，講解者便說：『官來了……官呀，不是人呀。』大概『不是人』三字，一方面可以作『不是尋常人』解，而字面卻明明說不是人。」[註12]

綜上所述，我們可以大致推知：1、當場口譯的方法大致流行於1910-1920年間，個別地區一直使用到20年代中晚期。2、當場口譯者的翻譯並不嚴謹，只是譯介大概意思，省略情節或添詞加語視為尋常。3、隨著20年代大量外國文藝片的引進和正規豪華影院的興建，這種比較率性隨意的當場口譯也勢將被更好的翻譯方法所取代。

三、中文字幕風行一時

1921年以後，中國國產電影事業漸趨發展，對外片經理商形成了不小的衝擊，而且，這時期由於一次大戰結束，外片進口也愈來愈多，如再採取當場口譯的辦法，不但工作量很大，且勢必會影響競爭力。正是在這一背景下，一種新穎的譯配外片的方法取代原有的當場口譯法應運而生，這就是中文字幕的應用與推廣。借助字幕來解釋劇情在歐美影壇是一種常用方法，而將這種方法借鑒到中國來的正是曾在好萊塢學習電影的中國留學生，這方面的先驅是一位叫程樹仁的留美學生。程樹仁是中國最早出洋攻讀電影專業的留學生，他於1919年9月赴美留學，先畢業於哥倫比亞大學，獲教育學碩士學位，以後又入紐約電影專科學校深造。1923年，中國前國務總理周自齊創辦孔雀電影公司，經營外片發行業務，就在這年，程樹仁應周自齊邀請回國擔任翻譯工作。他學習借鑒歐美的經驗，首創在外國影片上列印中文字幕的先例，第一部譯製的影片是美國的《蓮花女》。這是外國影片譯配中文字幕之始，具有開創意義。譯配中文字幕的方法簡便易行，效果也不錯，「孔雀」先例一開，不少影院仿效採用此法，聘請懂外文的華人擔任譯片。1927年出版的《中華影業年鑒》上專門列有「譯片者及其作品」一欄，記載當時有作品問世的譯片者共四人：陳壽蔭、程樹仁、潘毅華和顧肯夫。陳、顧各譯有一部影片，潘毅華譯《歌場魅影》等五部，程樹仁翻譯最多，共計21部，除《蓮花女》外，還有《熱血鴛鴦》、《赴湯蹈火》、《難兄難弟》和《街上英雄》等。也即從1923-1926年間，共有四人翻譯了28部影片[註13]。

為外國影片譯配中文字幕，除了外語人材外，還需要幻燈字幕機等相應設備，也即要有人

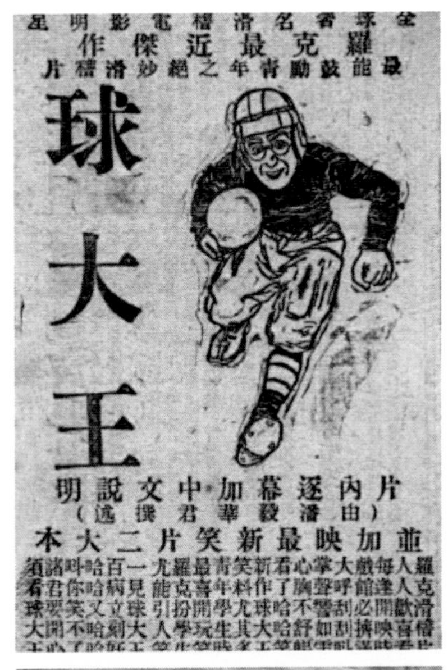

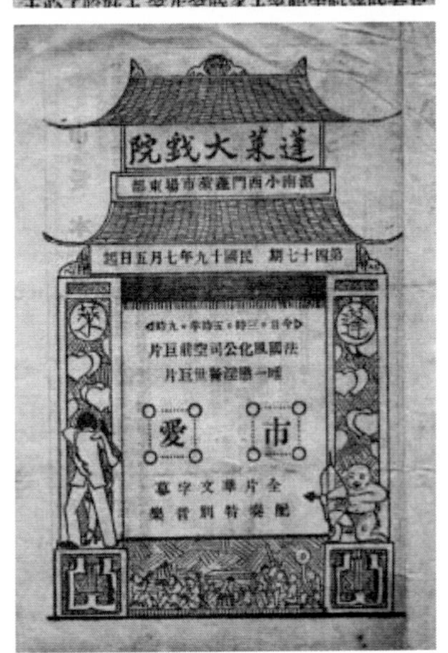

圖上：20年代中期外國影片加注中文字幕的廣告。

圖下：1930年蓬萊大戲院放映影片《市愛》的說明書，特別注明「全片華文字幕」。

力、物力的投入。經過一段時間的觀望和準備，大約到20年代的後期，譯配中文字幕的方法基本成為風尚，我們從當時的報導和影院發行的說明書上，都可以看到中文字幕的大量使用：如1927年中央大戲院放映美國笑星羅克主演的《球大王》，說明書上特地強調：「片內逐幕加中文說明，由潘毅華君撰述。」[註14]1928年，共和大戲院放映美國武俠明星范朋克主演的《綠林翹楚》，也特地申明：「配奏泰西音樂，加譯中文字幕。」[註15]1928年，上海的影院業托辣斯組織中央影戲公司聲明：其下管轄的中央、新中央、恩派亞、卡德、萬國等影院，在放映外國影片時，「片中加印華文說明」[註16]。當時甚至已有人專門撰文探討這一問題，如有一位觀眾在1928年接連看了《羅賓漢》、《亂世孤雛》、《戰地之花》、《孤星淚》等好幾部影片，片上都加印有中文字幕，他「承認中文字幕對於不懂得西文的觀眾得到很多便利」，但他也認為還存在很多問題，如翻譯不夠準確，書法不甚妥當，中文字幕和原有的西文字幕時有衝突等等[註17]。這些都說明，當時已有不少影院在放映外片時加印中文字幕，隨之產生的問題已成為較為普遍的現象，引起觀眾的注意。1935年，上海的麗都大戲院開幕之際，在宣傳上還特地突出了其「中文字幕設備」的先進：「完善的麗都，不惜犧牲特別聘請專門人材，譯述片中的說明和對白，用幻燈映射出來，使觀眾不大明瞭英文的亦能深切地明白。這種中文字幕所佔有的地位不多，對於銀幕的映出，用科學的方法使它沒有絲毫的影響。」[註18]實際上，在1933年春，國民政府電影檢查委員會已下文上海市政府，以「外片放映，應加譯中文字幕以重國體」為由，命上海社會局監督，「令各影業知照遵行」[註19]。因此，到20世紀30年代中期，上海各影院放映外片時已基本配置了中文字幕的設備，程樹仁首創的外片譯配中文字幕的方法，在經過長期實踐推廣後，終於達到了基本普及的程度，這一戰役整整打了十年以上。

我們必須注意的是，上述所提到的中文字幕均由國人所譯，使用的設備基本都是幻燈機，而這眾多的人力、物力所譯配的外國影片，80%以上都是好萊塢電影。那麼，好萊塢方面對這一態勢又是怎麼想的呢？事實上，在有聲電影興起以後，好萊塢也已意識到了這一問題的緊迫性。陶樂賽・鐘斯在他那篇著名的報告《1896-1955年美國銀幕上的中國和印度的演出》中就明確寫道：「二十年代告終時，有聲電影問世了，這給在國外的影片發行方面帶來了很多麻煩。因為在以前，電影的製作商人主要是靠視覺形象來敘述一個故事的，現在，一大堆靠銀幕上表達的東西可以用語言來説明瞭。因此，影片發行到外國去，勢必需要配音或加印各國的文字字幕，才能讓人家懂得。」[註20]有鑒於此，好萊塢的片商們開始考慮實施在拷貝上直接譯配影片輸往國文字的片上字幕方法。根據報導，首先實施這一方法的是「派拉蒙」，以後「米高梅」、「二十

1939年9月巴黎大戲院放映《我若為王》，特別注明「片上特印中文字幕」。

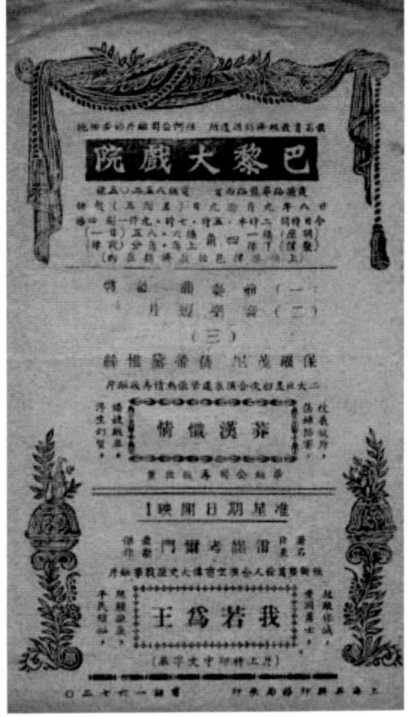

世紀福斯」、「華納兄弟」等都相繼仿效，一時蔚然成風。在中國放映這類片上字幕影片的時間大約在1936年左右，這正是美國片輸往中國的黃金時期。30年代著名影刊《電聲》上有一篇文章談及此事：「自從影片改成有聲後，外國影片在我國開映的，頗受相當影響，因為觀眾中大多是聽不懂外國語對白的。其後上海一般二輪以下影戲院，開映外片時，均在幕下加了幻燈中文字幕，但是一輪戲院依然沒有此種設備。外國片商有鑒於此，遂有在片子上面增加中文字幕之意。首先實行者為派拉蒙公司，這兩年來，該公司的出品均有此種設備。當然此舉對於影片的營業是有相當助力的。現在米高梅公司有鑒於此，也決定實行此辦法矣。最近如《戰地笙歌》及《王道難容》兩片，已首先實行。預料此後其他外片公司亦將相繼仿效矣。」[註21]在筆者收藏的這一時期的電影說明書中，正有不少印證了這一段歷史。如1937年3月14日中央大戲院上映米高梅出品，史本塞・屈塞主演的《借妻》，廣告上注有：「隨片加譯淺白華文字幕。」[註22]1938年4月1日大光明大戲院上映二十世紀福斯出品，秀蘭・鄧波兒主演的《小夏蒂》，廣告特地強調：「片上注有華文字幕。」[註23]1939年10月1日巴黎大戲院公映派拉蒙出品，雷諾・考爾門主演的《我若為王》，廣告也鄭重聲明：「片上特印華文字幕。」[註24]由此可見，片上字幕的方法當時已相當普遍，而這一方法的效果要遠較幻燈字幕優越，因此也更受觀眾歡迎。好萊塢的這一作法以後一直沿續了下去，二戰以後輸華的影片，如《居里夫人》等，都注明「全片自帶中文說明」[註25]，片上字幕也成為二十世紀前期好萊塢影片最為通行也最受歡迎的一種漢譯方法。

四、大受歡迎的「譯意風」

外片譯配中文字幕的方法風行了十餘年，到1939年才開始有了一次較大的改進，這就是「譯意風」的應用。譯意風原名Earphone，最初譯為夷耳風，最後才定名為譯意風。這套設備是美國的生產廠家專為上海最豪華的影院「大光明」特製的，故「大光明」當時曾自豪地宣稱：「大光明大戲院為全世界第一家採用『譯意風』者。」並向觀眾廣而告之：「貴客購戲券時，即可索用『譯意風』，只須出資一角，向售票間購特別票一張，以此票交與招待，當由招待詳告貴客如何將此輕巧舒適之電話聽筒至於耳畔，即能聽得解釋劇情之中國之語。」「大光明」當時為「譯意風」打造的廣告語是：「貢獻給愛看外國片而不懂外國語者；向來只看國產片而現在想看外國片者；欲求完全明瞭外國片劇情者。」[註26]確實可以說是抓住了觀眾喜嘗新鮮的好奇心理。譯意風的工作原理是這樣的：影院的座椅背後安裝有一隻小小的方匣子，裏面有電線連接發音機。當觀眾把一張「譯意風券」交給招待時，他就會遞給你一副可以戴在頭上的聽筒，並把聽筒上的插頭插進方匣子，等「譯意風

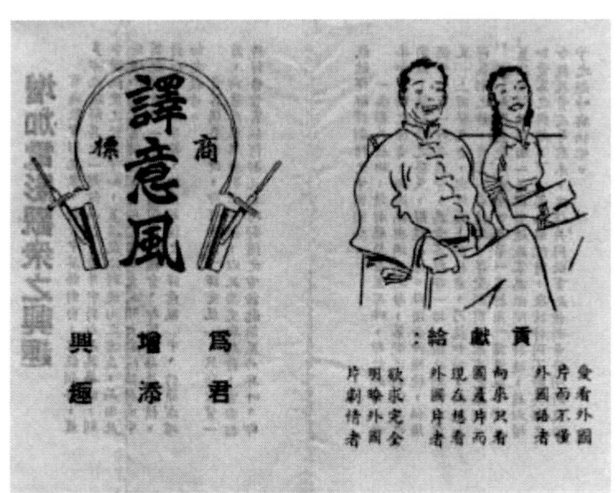

1939年11月大光明電影院首次使用譯意風設備時的廣告。

小姐」開始翻譯時，你耳中聽見的便不是莫名其妙的英語，而是她們清脆悅耳的國語了。1939年11月4日，「大光明」首次應用這套設備，試映華納·裴士德主演的好萊塢影片《江湖奇俠傳》，招待中外新聞界人士。平日十分挑剔的記者們意外地對這套譯意風設備一致唱起了讚歌，一位記者寫道：「戴上聽筒，就有一種輕微清晰的解釋劇情的聲音送入耳鼓，這在不諳英語的人聽來，確要增加不少賞樂的興趣。」[註27]另一位記者將此形容為「像是帶了一位到美國去鍍過金的伴侶，她親切地告訴你這不是硬譯，連對白都念給我聽，有時，還夾著趣味的語調」[註28]。11月9日，譯意風正式對外應用，雖然要另付一角費用，但觀眾還是十分踴躍，成為當時「孤島」影壇的一件盛事。這以後，譯意風一直成為「大光明」的一項特殊服務，受到觀眾的歡迎，擔任翻譯的女士也被影迷們親熱地稱之為「譯意風小姐」。當時招考「譯意風小姐」要求很嚴格，大致有這樣三個條件：1.具有良好的英文基礎，能完全明瞭影片中的對白。2.思路敏捷，口齒伶俐，說得一口標準流利的國語。3.嗓音悅耳清晰，聲調舒服動聽[註29]。應考的多為大學女生，在當時是驕傲稀罕的「白雪公主」，屬於很高的層次，而這份工作的待遇和條件也很誘人。當時影院一般上午休息，下午起映三場，時間分別是二時半、五時半和九時一刻。譯意風小姐一般每天擔任一場電影的翻譯，也即工作兩小時，較諸其他職業婦女要遠為輕鬆，而工作環境則要優越得多，所獲報酬則足以滿足一個大學工讀生的開支所需[註30]。1992年春，美國著名華裔演員盧燕女士回故鄉訪問演出，她曾於1946年在「大光明」擔任過「譯意風小姐」，故報紙刊出的通欄歡迎標題為：「當年的大光明譯意風小姐，今日的美國奧斯卡評委。」盧燕女士對記者津津有味地回憶起當年在「大光明」擔任影片翻譯的情形。當時她在上海交通大學念書，是工讀生，必須自己養活自己。盧燕業餘兼職的這份影院翻譯工作，不但解決了她的生活、讀書問題，而且大大開拓了她的藝術視野：「那個工作三天輪一班，是最開心的，放的影片先看一遍，然後就做同聲翻譯。我非常喜歡，還可以研究表演、鏡頭和剪輯。這是十分享受的工作。」[註31]

「譯意風」最先由「大光明」使用後，緊接著同由亞洲影院公司經營管理的「南京」、「國泰」、「大上海」等也相繼使用這套設備。1942年初，在原夏令配克大戲院遺址上重新建起來的大華大戲院，也宣佈使用同聲翻譯系統，為與「大光明」等的「譯意風」有所區分，「大華」把自己的這套系統稱作「國語風」，翻譯的第一部影片是農曆春節（1942年2月15日）這天上映、由史本塞屈賽和英格麗褒曼主演的好萊塢名片《化身博士》。「大華」當局宣稱：「像這部含義深刻的《化身博士》，得到「國語風」華文説白的陪襯，當然更顯出這戲的偉大與精警。」[註32]至此，上海的所有外片頭輪影院都已安裝了「譯意風」系統，觀看好萊塢影片已掃除了語言障礙。當然，這時太平洋戰爭已經爆發，日本軍隊已經進駐租界，一個多月後，好萊塢電影就在上海淪陷區遭到了日偽禁映，而且這一禁就是整整三年半。二戰勝利以後，從1945年年底開始，新的美國片源源而來，原先積壓下來的好萊塢舊片也被翻出來開映，譯意風重又紅火起來，除了原有的「大光明」、「大華」等一輪影院，新光大戲院是戰後最早裝備譯意風的影院，以後幾家二輪影院也開始陸續裝備。幾年前，譯意風裝備之初要求較低，只是譯其大概，讓觀眾明瞭劇情而已，而譯意風小姐也是這麼做的。1939年11月4日，「大光明」首次用譯意風招待記者，電影映畢，亞洲影院公司的總經理朱博泉對記者坦誠相告：「譯意風只是譯其大概而已，目的只在增加觀眾的興趣罷了。」而記者也委婉表示：「我以為如果那位小姐在解釋劇情時，再加一些『噱頭』進去就更妙了。」[註33]但二戰以後，譯意風的這一原始要求顯然有了提高，從最初的「譯其大概」，平淡表述，發展到了視劇情，分角色演繹人物的喜、怒、哀、樂，甚至講解片中特有的電影語言。1947年，一個譯意風小姐在雜誌上撰文，闡述自己對這份工作的理解：「譯意風是融電影、話劇、演講於一爐，集藝術之大成，極聲色之能事。在『譯意風』中，我儘量地沉浸在每一個角色中，我不單是翻譯對白的意思，而且間接地用戲劇的口吻，使每一句話都說得如劇中人一樣的生動有力。聽眾雖聽不到劇中人聲音，但是我擔任他們中間的媒介。凡是劇中人的喜、怒、哀、樂，我都傳達給聽眾，避免聽眾眼睛注視著一幕幕緊張精彩的好戲，而耳中聽到的是毫不相稱的、平淡的、背書式的獨白。……如果有冗長的過程，或是沒有對白的『蒙太奇』鏡頭等，也要加以說明。」[註34]這並非孤證，1946年同樣擔任這一工作的盧燕女士，在整整六十年後這樣回憶自己當年的工作情形：「我翻譯時盡可能融入角色中，有感情地說話。男的模仿男的說話，女的模仿女的說話，生氣是生氣，甜蜜是甜蜜，這好比是我一個人的獨角戲。慢慢地，觀眾對我的翻譯留下了較為深刻的印象，稱讚我翻譯得好，看電影時點名要看『盧小姐』翻譯的那一場。」[註35]可見，譯意風小姐之間競爭很厲害，觀眾的水平也在提高，他們不再滿足於簡單地瞭解劇情，有了更高層次的希望，對譯意風小姐也有了更進一步的要求，不但英語要好，國語要流利，還要懂一點電影知識，力求為觀眾服務得更好。

譯意風的營業情況和影院所處的地點及放映的影片片種有很大關係，位於市中心（中區）的影院譯意風的租用者就較多，偏僻的西區相對就要少一些；每逢上映劇情複雜、對白含蓄的偵探片、愛情片和文藝片，通常租用譯意風者數量就會劇增，而武俠片、歌舞片等片種以動作為主，譯意風的使用者就急劇下降。但總體而言，譯意風在當時已成為不懂英語的觀眾觀看外片時的首選助手，而且，它不但擔任了中外語言的橋樑，填沒了言語隔閡的鴻溝，還成為了發揚電影藝術和輔助教育的工具，同時，還可以幫助觀眾增強英語的理解力。因此，到1947年，譯意風的使用範圍已不僅僅局限於上海一地，迅速沿上海周邊地區擴展，杭州、蘇州、無錫等地的一流影院，也先後裝備了譯意風。如果不是當時局勢起了很大變化，預計全國的各大城市都會很快出現譯意風的身影。

五、好萊塢的戰後擴張

當歐亞大陸燃起二戰的熊熊戰火時，世界強國美利堅尚嚴守中立。1941年12月7日，日本偷襲美國最重要的海軍基地珍珠港，二戰的歷史從此掀開了新的一頁。美軍開始奔赴戰爭第一線，與其他國家的人民彙成一股巨大的反法西斯洪流，同時，它也進一步加大了對亞洲和中國戰場的關注和支持。在文化方面，它攝製了大量紀錄片、科教片贈送給中國（具體由金陵大學教育電影部等接受），並在重慶、成都等地成立新聞處，用十六毫米有聲放映機在中國廣大的大後方地區放映這些影片，如《中國為何而戰》、《美國海軍飛機轟炸南太平洋日寇船舶》、《聯軍在緬甸前線與日寇作戰》等。[註36]為更好地讓中國民眾瞭解這些影片的內容，美國方面嘗試給這些影片譯配華語說明，負責此項工作的是美國國務院文化處，具體主持此事的是留美華人翁萬戈。當時報導謂：「美國國務院文化處為加強對華文化聯繫起見，特輯製大量華語影片，備在中國流通，特聘由翁興慶君主持其事。」[註37]翁萬戈（興慶）出身顯赫的官宦之家，為光緒帝師翁同龢之玄孫。他1918年生，就讀於上海交通大學，1938年赴美留學，先讀工科，後學美術，時在紐約哈夢基金會任職。翁萬戈第一批完成華語配音的影片共有20部，33本半，包括《美國大觀》、《電力灌溉》、《這條河》、《鋼鐵——人類的僕人》等，另尚有一些是為無聲片譯配中文字幕的，如《兒童的世界》、《我們為中國飛》等。當時，翁萬戈還應金陵大學教育電影部主任孫明經之邀，將「此間編譯之影片說明全文陸續抄奉」，以便中國方面的宣傳之用。[註38]1945年，美國方面又寄贈中國第2批影片共16部，22本，全部為有聲影片中文配音，包括美國國務院出品的《沃野千里》、《山中歲月》，米高梅出品的《雲煙過眼集》、《健身術》，以及長帆影片公司的《美國的織造品》、紐約動物學社的《青空世界》等。[註39]以後，美國方面陸續還有這方面的紀錄片運贈中國，雖然暫時還無法找到以後幾批影片的詳細統計材料，但仍有蛛絲馬跡可尋。如1947年11月出版的《電影與播音》6卷5、6期合刊上發表的〈佳片介紹〉一文，刊出了美國防盲會贊助，愛默生約克公司拍攝的科教紀錄片《眼的衛生》一片的中文腳本，並特地標明：中文版監製講述翁萬戈。顯然，這也是一部中文譯製有聲片。筆者在這裏特抄錄《眼的衛生》一片的片頭語片斷，以便從中探尋當年美片漢譯的點滴狀況：「俗語說：『百聞不如一見』，這很明白的指出了眼睛的重要，可是平常人不大注意眼的衛生——結果出了多少近視、遠視，同有其他眼病的人，這還算小事——設若一個不當心忽然變瞎了又怎麼辦呢？——（黑暗）——請諸位不要驚慌，這影片並沒有出錯，可是如果眼睛出錯了的話，這樣的黑暗便會籠罩一切的事物了。」翁萬戈當時正在美國組織「中國電影企業美國公司」，從事中美之間的文化交流工作，而為美國影片進行中文配音顯然和他的目標是吻合的。值得指出的是，當時在美國參與過華語譯製的絕非僅翁萬戈一人，如著名影星黎莉莉就曾參加過此項工作。關於此事，當時報刊上有這樣的記載：「黎為舊聯華製片公司基本演員，於民國三十三年自渝出國赴美，時為抗戰勝利之前一年太平洋戰事緊張之時。當時美國有多部影片擬攝贈我國，亟需華語配音，正苦無適當人材，後悉黎莉莉為我國著名女星，適蒞美遊歷，遂邀其擔任配音工作。迨至勝利後黎以任務完成，轉往好萊塢。」[註40]黎莉莉當時在美國譯配了哪些影片，今天可能已難以找到詳細的資料，但她當年確曾參與了這項工作則是可以肯定的。

如果說二戰期間美國對中國的電影出口，很大程度上維繫著的是一種戰爭期間的盟國情懷，那麼，戰後好萊塢的對華擴張則明顯更多地帶有功利色彩。1945年8月抗戰勝利後，好萊塢重新登陸中國，不但迅速恢復戰前的市場壟斷地位，而且意欲有更大的擴張。當時，好萊塢的電影公司紛紛制定新的對華計畫，中國成為納入它們視野的重要國家，如環球影片公司準備拍攝《孫中山先生傳》，已派人到上海搜集相關史料；泛美影片公司則想將老舍名著《駱駝祥子》搬上銀幕，特遣著名華裔攝影師黃宗霑來華實地考察，和「中電」等電影界人士有廣泛的接觸；而好萊塢巨頭米高梅更是雄心勃勃，欲在華一展宏圖。它針對中國市場推出了兩項戰後計畫：1.在中國農村小城鎮大力推廣16毫米小型片。2.為輸入中國的影片嘗試配上華語說明。[註41]同時，它還準備在上海市中心跑馬廳旁以每畝15萬美金的高價征地3畝，建造一家總座位達1700餘座的高級影院，專門獻映米高梅出品的影片。[註42]雖然因為上海生活指數太高，米高梅最終放棄了在滬建造影院的打算，[註43]但其兩項戰後計畫還是

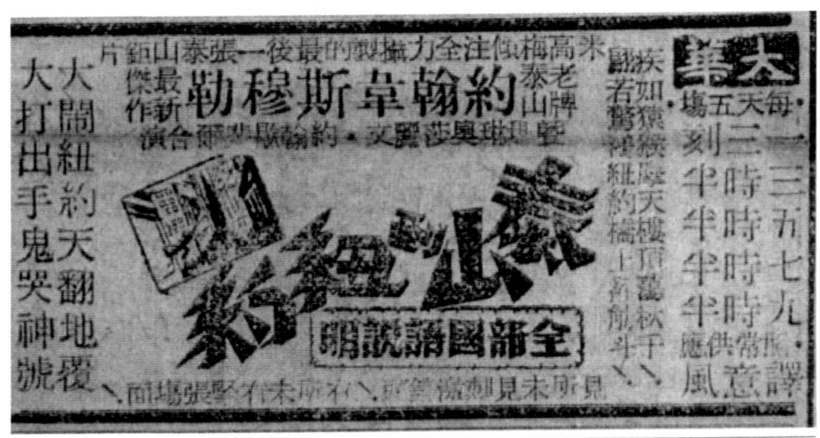

米高梅出品的漢語配音影片《泰山到紐約》廣告，載1946年10月16日《申報》。

穩步推進，得到實施。1946年夏，米高梅出品的一些新聞片已經製成16毫米小型片，深入到中國農村放映，並被配上華語説明。當時報導雲：「怕中國農民不懂英語嗎？好萊塢製片家早考慮到這一點，他們將準備全部給配上國語的説明與對白，加上中文的片頭。這，在最近幾張新聞片中大致已經透露出了些端倪。」[註44]1946年10月16日，米高梅的第一部漢語配音故事片《泰山到紐約》在上海一流影院「大華」正式公映，中國最大的新聞報紙《申報》對此有這樣的報導：「美國電影製片商為爭取遠東市場上不解英語之中國觀眾，繼片上附印中文説明之後，又發明一種新的技術。米高梅影片公司發明在影片上配製國語劇情説明，在影片放映時，聲帶上同時發出國語説明，解釋電影中人物之英語對白，同時並不妨礙全片之原對白及音樂伴奏等音響效果。該公司第一張配製此項國語説明者，為新片《泰山紐約歷險記》。」[註45]「泰山」系列影片在中國曾受到廣泛歡迎，米高梅選擇《泰山到紐約》作為首部嘗試漢語配音的影片，顯然是經過深思熟慮的。當時，米高梅的這項戰後計畫曾引起中國影壇的很大震動，不少電影從業員對好萊塢影業在中國的長驅直入深感憂慮，演員關宏達的一番話可以説代表了當時廣大影人的心聲：「《泰山到紐約》竟進一步配上國語對白了。當這片放映時候，我嚇得不敢去看，時時刻刻為咱們中國電影發愁，萬一繼《泰山到紐約》之後，接二連三運了過來，以他們的人力物力財力，中國電影的觀眾，也許要被他們吸收光。到這地步，我只有打算到鄉下去種田。安分守己做一個以農立國的國民了。」[註46]其實，為故事片配上華語並非始於米高梅，早在十年前，華納兄弟影片公司就在《上海血案》中嘗試過，當然那只是局部配音，當時有報導云：「美國影片公司近來有一種計畫，就是將其出品，加配華語對白，在我國市場推廣銷路。這計畫現在已在華南實行，第一部是華納公司出品《上海血案》，裏面中國大偵探陳查禮一段對白，其中一節便另換聲帶加配粵語，報紙上以『陳查禮用粵語演說』作為號召，果然生意興隆，大受歡迎。」[註47]以後仿效《上海血案》這樣做的，還有《龍子》等片。當然，影片局部配製華語更多的只是表示一種姿態，商業作秀的成分更明顯一些；而像《泰山到紐約》這樣全片配音，鄭重其事進行嘗試的，顯然就是一種比較正式的市場行為了，如果反應理想，類似的影片就會源源不斷地湧來。然而，《泰山到紐約》公映以後，並沒有產生如米高梅預期的那樣反響，當時有一篇影評，對此談了自己的一些看法：「在泰山片的技巧方面說，這是上乘的一部，如象隊等場景都不曾與以前雷同，高杆鐵橋跳水一景極佳。加國語對白說明，不敢予以贊成，至少在已有很久西片歷史的上海，恐不會受大部分人的歡迎。」[註48]這可以說代表了相當一部分文化人的心理。如再作一些具體剖析，則《泰山到紐約》的營業不夠理想，與技術上考慮不周到有關，因米高梅的這次華語配音，並非按劇中人物角色分人全部配音，「而僅係用第三者之口吻，將一部分對白之內容以國語述出而已，因此未能與銀幕上角色之嘴部動作配合，情形竟頗似從前的無聲電影，觀眾對此並不表示歡迎」。米高梅駐滬辦事處曾將觀眾的意見反映給美國總公司，認為「此種措施不適宜於上海，因上海觀眾大都具有相當英文程度，且文藝片之精粹全在於對白，若改用國語簡述，則必有失去原意而感索然無味。惟聞總公司方面，對此尚在考慮中，因彼等認為此種改革足以吸引不懂英文之觀眾，而為推廣銷路之途徑」。[註49]米高梅當局以後的確還曾繼續嘗試過，《新大地》、《泰山大破豹人黨》等片也曾使用過華語配音，但反響都不甚理想。以後，隨著中國大陸政治局勢的進一步動盪，這方面的嘗試就停了下來。

好萊塢戰後在中國乃至亞洲市場上的大肆擴張，一方面是資本營業上的需要，另一方面恐怕有著更為深刻的國際背景。二戰結束後，世界兩大陣營間形成冷戰局面，反映在文化上，也是彼此針

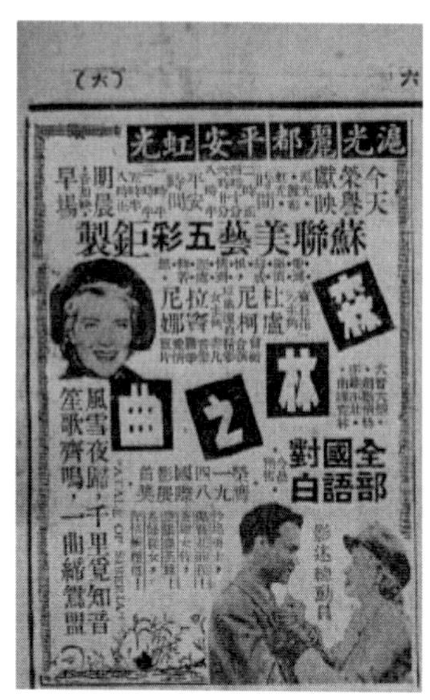

漢語配音影片《森林之曲》廣告，載1949年2月26日《申報》

鋒相對，互不退讓。1946年9月20日-10月6日在法國戛納舉行的電影節是戰後第一次國際影展，蘇聯影片《寶石花》、《偉大的轉捩點》等在影展上異軍突起，榮獲8項大獎，成為最大的贏家，給美國以強烈刺激。同時，蘇聯影片也大肆進軍亞洲市場，尤其是中國市場。為了爭奪不懂俄語的觀眾，他們除了傳統的字幕方法，還率先使用了中文配音。從時間上來說，第一部採用華語配音的蘇聯影片是1946年春在上海試映的《索雅傳》（亦名《巾幗英雄》）。這是一部展現蘇聯女英雄索雅英勇事蹟的人物傳記片，「為了適合中國觀眾起見，所有對白，完全採用國語，雖則銀幕上的人物，完全是蘇聯人，但配合得相當好，似乎比譯意風更進一籌」。註50緊接著公映的華文配音片就是在戛納影展上榮獲最佳彩色片大獎的蘇聯神話題材片《寶石花》，時間是1946年11月，正好是米高梅《泰山到紐約》首映的一月以後。當然，華語配音當時尚屬新鮮事物，蘇聯方面的嘗試也存在著不少問題，報上有人批評《寶石花》「配音未能儘量運用，有時靜止無聲，沒有幫助情緒」，[註51]出現的毛病幾乎和米高梅的《泰山到紐約》一樣。以後還有《森林之曲》、《紅場大檢閱》等蘇聯片也採用了中文配音。戰後，美蘇兩國都將電影視作為一項有力的武器，他們當時互相爭攝中文配音影片，這與兩大強國之間競相文化擴張應該有很大關係。

好萊塢影片是20世紀前期中國電影市場上最大的一般勢力，但其在華發行歷史和具體活動則一直缺乏深入的研究，至於其漢譯傳播的歷程更是一個冷門課題，既缺少文獻積累，也很少有人關注。本文只是初步探索，期望有更多同道參與攻關！

>>> 注釋

註1：沃倫・科恩《美國回應中國：中美關係史》，轉引自蕭志偉、尹鴻《1897-1950年：好萊塢在中國》，刊楊遠嬰主編《中國電影專業史研究·電影文化卷》第14章，中國電影出版社2006年1月。

註2：《上海電影志》，《上海電影志》編纂委員會編，上海社會科學院出版社1999年10月。

註3：蕭志偉、尹鴻《1897-1950年：好萊塢在中國》，刊楊遠嬰主編《中國電影專業史研究·電影文化卷》第14章，中國電影出版社2006年1月。

註4：〈二十四年度外國影片進口總額〉載1936年5月1日《電聲》第5卷第17期。

註5：〈1936年外片進口數，截止11月底止〉，載1937年1月1日《電聲》第6卷第1期；〈民國念五年度（十二月份）上海公映外片一覽〉，載1937年1月8日《電聲》第6卷第2期。

註6：蕭志偉、尹鴻《1897-1950年：好萊塢在中國》，刊楊遠嬰主編《中國電影專業史研究·電影文化卷》第14章，中國電影出版社2006年1月。

註7：呂曉明《1949-1976：對上海譯製片的一種考察》，載楊遠嬰主編《中國電影專業史研究·電影文化卷》，中國電影出版社2006年1月。

註8：湯志鈞主編《近代上海大事記》，上海辭書出版社1989年5月。

註9：〈觀影雜話〉，載1936年11月25日《時代電影》第2卷第11期。

註10：載1914年9月4日《申報》第3張第9版。

註11：載1915年9月10日《申報》第3張第9版。

註12：〈「入」、「八」與「人」〉，載1927年9月1日《銀星》第12期。

註13：程樹仁主編：《中華影業年鑒》，1927年1月1日出版。

註14：見《球大王》說明書。

註15：見《綠林翹楚》說明書。

註16：見中央影戲公司說明書。

註17：勃靈〈中文字幕問題〉，載1928年9月1日《中國電影雜誌》第14期。

註18：1935年《麗都開幕特刊》。

註19：參見〈影片添加華文字幕〉，載1939年7月18日《青青電影》第4年第16期。

註20：〔美〕陶樂賓•鐘斯《美國銀幕上的中國和中國人》，中國電影出版社1963年12月。

註21：〈繼了派拉蒙之後，米高梅加華文字幕〉，載1938年6月3日《電聲》第7卷第15期。

註22：見《借妻》說明書。

註23：見《小夏蒂》說明書。

註24：見《我若為王》說明書。

註25：見《居里夫人》說明書。

註26：以上引文均見筆者收藏的「大光明」當時為「譯意風」散發的廣告宣傳單。

註27：陌〈試聽「譯意風」記〉，載1939年11月5日《大晚報・剪影》。

註28：苦瓜〈「譯意風」初試新聲〉，載1939年11月6日《大晚報・剪影》。

註29：瑪利〈好萊塢駐華代言人——我做譯意風播音員〉，載1947年12月《家》雜誌第23期。

註30：盧燕〈起步〉，載2006年3月21日《文匯報》

註31：〈盧燕：故鄉舞臺上道不盡的感覺〉，載1992年5月22日《上海文化藝術報》。

註32：〈編輯室〉，栽1942年2月27日《大華影訊》第3卷第7期。

註33：陌〈試聽「譯意風」記〉，載1939年11月5日《大晚報・剪影》。

註34：瑪利〈好萊塢駐華代言人——我做譯意風播音員〉，載1947年12月《家》雜誌第23期。

註35：盧燕〈起步〉，載2006年3月21日《文匯報》。

註36：〈成都美國新聞處開展放映工作〉，載1944年10月《電影與播音》第3卷第7、8期合刊。

註37：〈美國國務院大量輯製華語影片〉，載1943年12月《電影與播音》第2卷第10期。

註38：〈海外通訊：華盛頓美國國務院電影部翁萬戈先生致本刊主編函〉，載1944年10月《電影與播音》第3卷第7、8期合刊。

註39：〈美國國務院選贈金大電影部十六毫米影片第二批目錄〉，載1945年5月《電影與播音》第4卷第4期。

註40：〈黎莉莉在美國〉，載1947年7月25日《電影》第10期。

註41：〈色情歌舞片已成過去，好萊塢轉變作風〉，載1946年11月7日《申報》。

註42：〈跑馬廳將建電影院，米高梅公司新計畫〉，載1946年8月31日《中外影訊》第7年第25期。

註43：〈米高梅停建上海影院〉，載1947年2月20日《中南電影》第2期。

註44：蔭槐：〈美國影片在上海〉，載1946年8月3日《申報》）。

註45：〈米高梅新片國語配音說明〉，載1946年10月15日《申報》。

註46：〈不是滑稽語〉，載1946年《鶯飛人間》影片特刊。

註47：〈美片配華語開始實行，陳查禮片在粵初映，其中一段配華語〉，載1937年4月16日《電聲》第6卷第15期。

註48：祝西〈一周電影短評〉，載1946年10月27日《申報·電影與戲劇》。

註49：〈好萊塢轉變作風，加插方言對白未受歡迎〉，載1946年11月7日《申報》。

註50：〈《索雅傳》，一部採用國語對白的蘇聯影片〉，載1946年5月1日《影訊》第3期。

註51：馬博良〈新片雜談《寶石花》〉，載1946年11月17日《申報·電影與戲劇》。

跋

首先必須說明，《談影小集》之「影」指的是電影，重點在民國電影史和中外電影交流。在我的寫作生涯中，涉筆之初寫的就是電影，著墨較多的領域可能也是電影，屈指算來，「傍影光陰」已二十餘年，相關文章也寫了不少。這本《談影小集》就是這方面的一個選本，按文章內容大致分為四輯，依次是影人、影片、影事和中外交流。其中有些是近一、二年新寫，部分舊作也大都經過調整修改。我一直比較重視圖像文獻的研究，二十年前作文時就常有意識地選配圖片。在電影領域，由於早期影片的拷貝大都不存，圖片的文獻佐證價值就更顯其重要。這本小書的每篇文章，不論長短皆配有圖片，它們均經過精心挑選，被視為文章的有機組成部分，非僅烘托氣氛而已，倘蒙法眼垂注，則幸焉。是為跋。

2009年3月26日，晚

世紀映像叢書

1. 百年記憶－中國近現代文人心靈的探尋
   蔡登山・著
2. 青山有史－台灣史人物新論
   謝金蓉・著
3. 雪泥鴻爪－近代史工作者的回憶
   陶英惠・著
4. 大師的零玉－陳寅恪，胡適和林語堂的一些瑰寶遺珍
   劉廣定・著

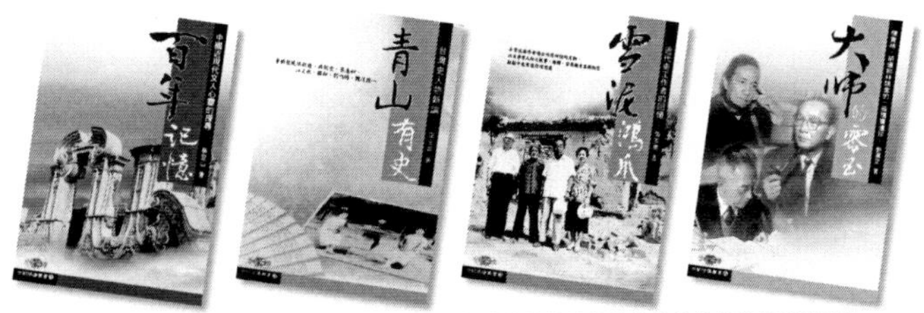

5. 玫瑰，在她如此盛開的時候－探索女性文學的綺麗世界
   朱嘉雯・著
6. 錢鍾書與書的世界
   林耀椿・著
7. 徐志摩與劍橋大學
   劉洪濤・著
8. 魯迅愛過的人
   蔡登山・著

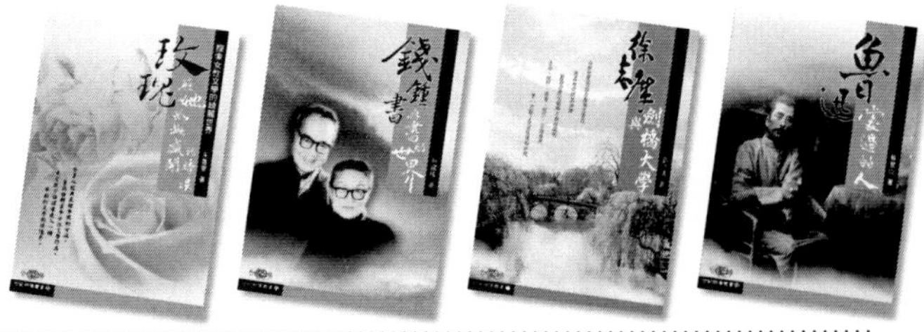

世紀映像叢書

9. 數風流人物－梁啟超、徐志摩、陳獨秀、雷震
   吳銘能・著
10. 文學風華－戰後初期13著名女作家
   應鳳凰・著
11. 李長之和他的朋友們
   于天池、李書・合著
12. 丁文江圖傳
   宋廣波・著

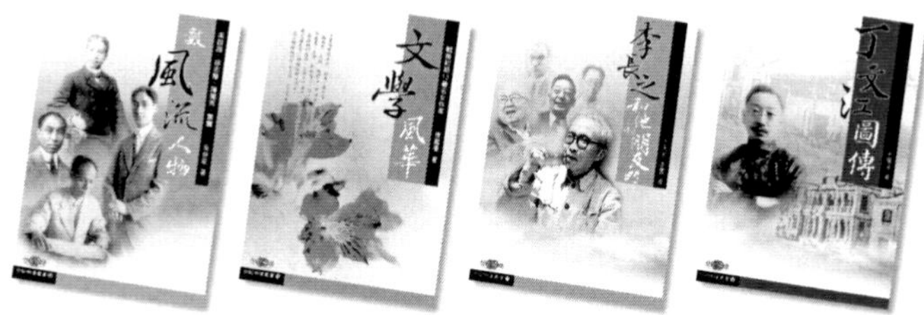

13. 走過的歲月－一個治史者的心路歷程
   陳三井・著
14. 一代漂泊文人
   姚錫佩・著
15. 另眼看作家
   蔡登山・著
16. 情多處處有戲－賈馨園談戲曲
   賈馨園・著

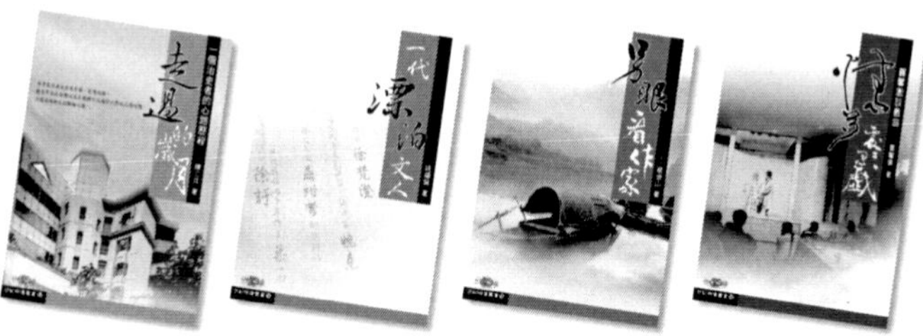

世紀映像叢書

17. 跨界劇場・人
    林乃文・著
18. 青史留痕——個台灣學者的大陸之旅
    陳三井・著
19. 林黛玉的異想世界－紅樓夢論集
    朱嘉雯・著
20. 打開塵封的書箱－新文學版本雜話
    朱金順・著

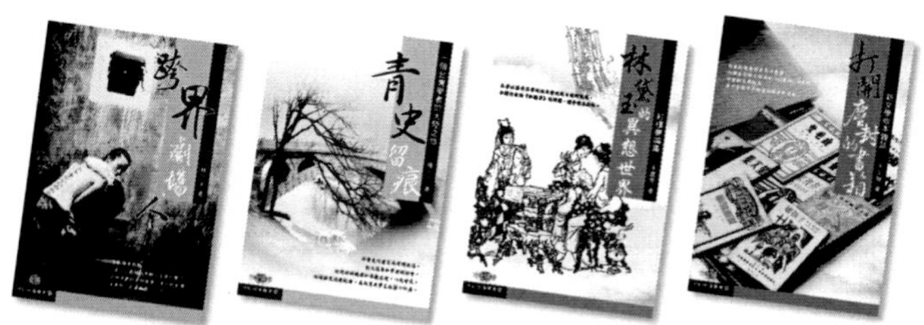

21. 狂飆的年代－近代台灣社會菁英群像
    林柏維・著
22. 典型在夙昔－追懷中央研究院六位已故院長（上）
    陶英惠・著
23. 典型在夙昔－追懷中央研究院六位已故院長（下）
    陶英惠・著
24. 摩登・上海・新感覺－劉吶鷗
    許秦蓁・著

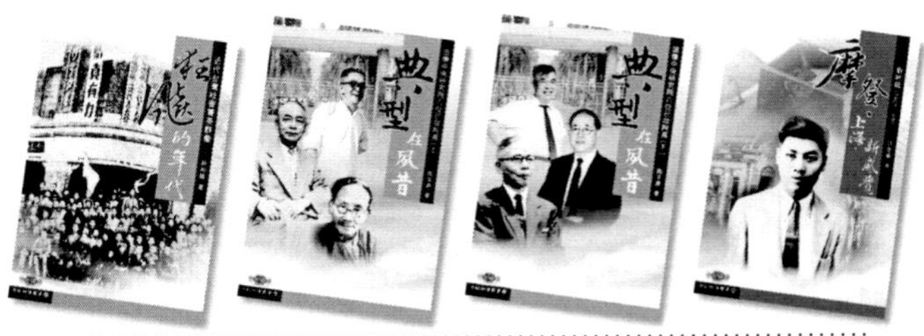

世紀映像叢書

25. 張靜江、張石銘家族（上）
    張南琛、宋路霞・著
26. 張靜江、張石銘家族（下）
    張南琛、宋路霞・著
27. 何故亂翻書－謝泳閱讀筆記
    謝泳・著
28. 北大教授－政學兩界的人和事
    張耀杰・著

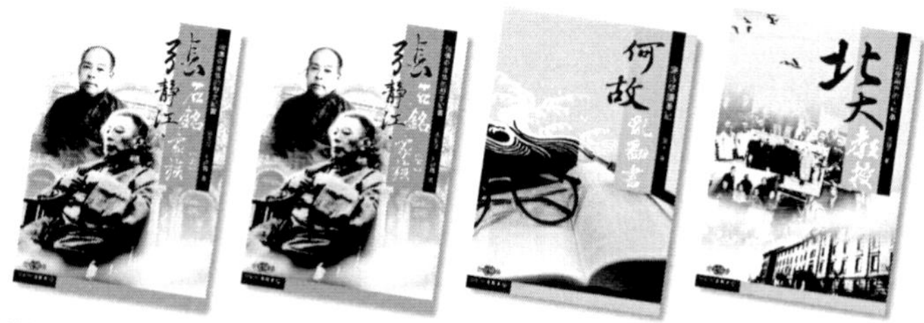

29. 素描－中國現當代作家印象
    陳子善・著
30. 魯迅與周作人
    張耀杰・著
31. 精神的流浪－丁東自述
    丁東・著
32. 人文肖像－在朝內166號與前輩魂靈相遇
    王培元・著

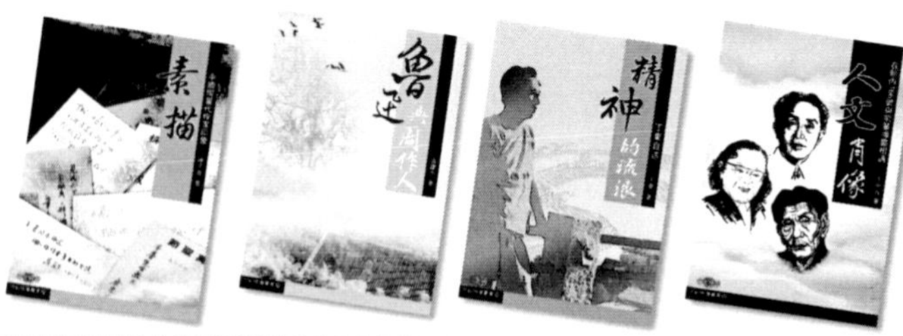

世紀映像叢書

33. 法蘭西驚艷
    陳三井・著
34. 河流裡的月印－郭松棻與李渝小說總論
    黃啟峰・著
35. 上海灘名門閨秀
    宋路霞・著
36. 現代文壇繽紛錄（一）－作家剪影
    秦賢次・著

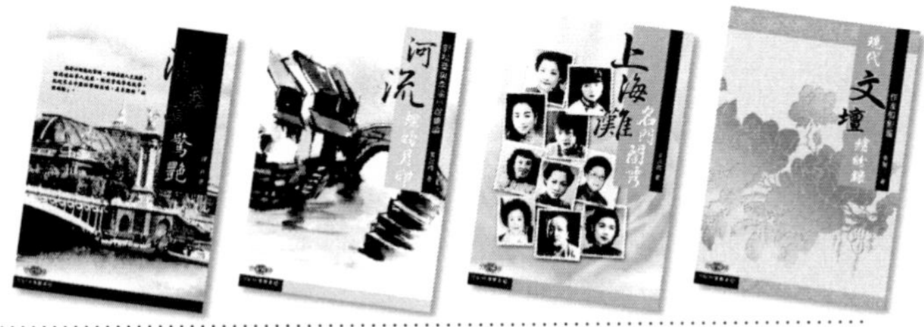

37. 曾經輝煌－被遺忘的文人往事
    蔡登山・著
38. 「天方夜譚」－現代學術社群史話
    潘光哲・著
39. 曾經風雅－文化名人的背影
    張昌華・著
40. 故紙風雪－文化名人的背影
    張昌華・著

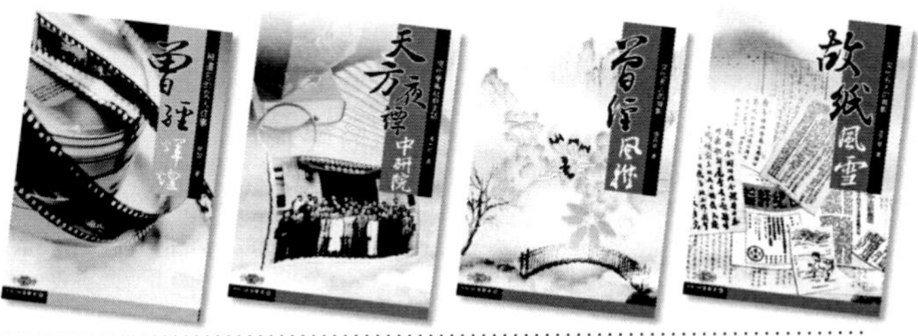

世紀映像叢書

41. 思想的風景－近代思想史另類閱讀
    向繼東・著
42. 醒獅精神－青年黨人物群像
    陳正茂・著
43. 昨夜星光燦爛（上）－民國影壇的28位巨星
    張偉・著
44. 昨夜星光燦爛（下）－民國影壇的28位巨星
    張偉・著

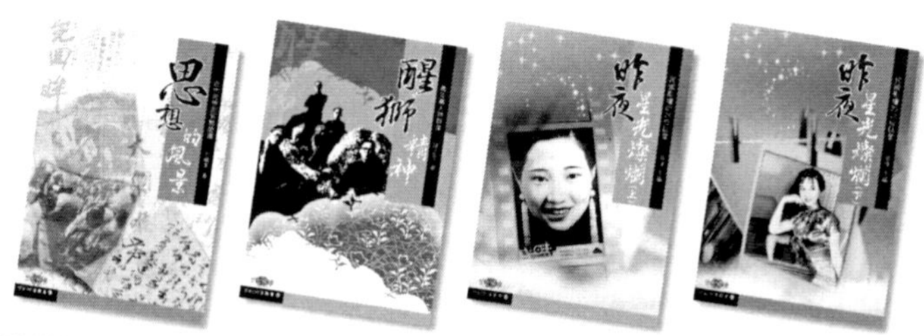

45. 上海的美麗時光
    陳子善・著
46. 追尋，漂泊的靈魂－女作家的離散文學
    朱嘉雯・著
47. 紙韻悠長－人與書的往事
    張偉・著
48. 各擅風騷－民國人和事
    陳正茂・著

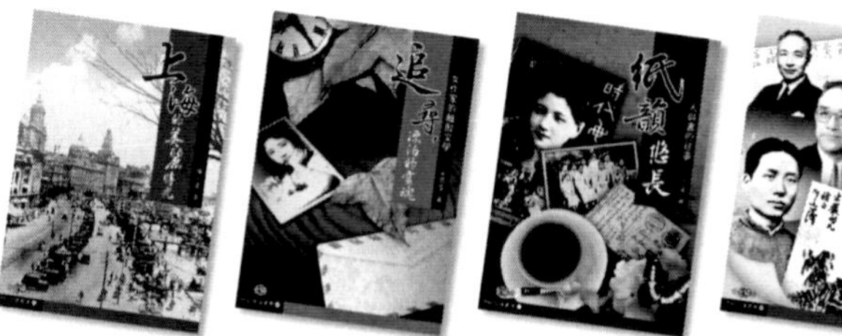

世紀映像叢書

49. 關於廢名
    眉睫・著
50. 蠹魚篇
    謝其章・著
51. 絕代風流－西南聯大生活實錄
    劉宜慶・著
52. 先生之風－西南聯大教授群像
    劉宜慶・著

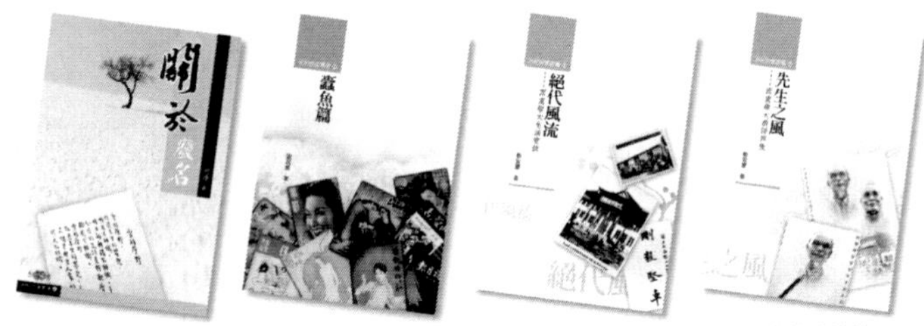

國家圖書館出版品預行編目

談影小集：中國現代影壇的塵封一隅 / 張偉作
. -- 一版. -- 臺北市：秀威資訊科技,
2009.11
面；　公分. --（美學藝術類；PH0017）
BOD版
參考書目：面
ISBN 978-986-221-308-7（平裝）

1.電影片　2.影評　3.中國

987.92　　　　98017610

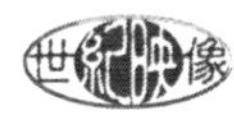

美學藝術　PH0017

談影小集——中國現代影壇的塵封一隅

作　　　者 / 張　偉
主　　　編 / 蔡登山
發　行　人 / 宋政坤
執 行 編 輯 / 胡珮蘭
圖 文 排 版 / 蘇書蓉
封 面 設 計 / 蕭玉蘋
數 位 轉 譯 / 徐真玉、沈裕閔
圖 書 銷 售 / 林怡君
法 律 顧 問 / 毛國樑　律師
出 版 印 製 / 秀威資訊科技股份有限公司
台北市內湖區瑞光路583巷25號1樓
電話：02-2657-9211　傳真：02-2657-9106
E-mail：service@showwe.com.tw
經　銷　商 / 紅螞蟻圖書有限公司
台北市內湖區舊宗路二段121巷28、32號4樓
電話：02-2795-3656　傳真：02-2795-4100
http://www.e-redant.com

2009 年 11 月　BOD 一版
定價：380 元

讀　者　回　函　卡

感謝您購買本書，為提升服務品質，煩請填寫以下問卷，收到您的寶貴意見後，我們會仔細收藏記錄並回贈紀念品，謝謝！

1.您購買的書名：______________________________

2.您從何得知本書的消息？

☐網路書店　☐部落格　☐資料庫搜尋　☐書訊　☐電子報　☐書店

☐平面媒體　☐ 朋友推薦　☐網站推薦　☐其他__________

3.您對本書的評價：(請填代號　1.非常滿意 2.滿意 3.尚可 4.再改進)

封面設計____　版面編排____　內容____　文/譯筆____　價格____

4.讀完書後您覺得：

☐很有收獲　☐有收獲　☐收獲不多　☐沒收獲

5.您會推薦本書給朋友嗎？

☐會　☐不會，為什麼？______________________________

6.其他寶貴的意見：______________________________

____

____

____

讀者基本資料

姓名：____________________　年齡：______　性別：☐女　☐男

聯絡電話：________________　E-mail：____________________

地址：____

學歷：☐高中(含)以下　☐高中　☐專科學校　☐大學

☐研究所(含)以上　☐其他________________

職業：☐製造業　☐金融業　☐資訊業　☐軍警　☐傳播業　☐自由業

☐服務業　☐公務員　☐教職　☐學生　☐其他__________

請貼
郵票

To：114

台北市內湖區瑞光路 583 巷 25 號 1 樓

秀威資訊科技股份有限公司　　收

寄件人姓名：

寄件人地址：□□□

(請沿線對摺寄回,謝謝!)

秀威與 BOD

BOD（Books On Demand）是數位出版的大趨勢，秀威資訊率先運用 POD 數位印刷設備來生產書籍，並提供作者全程數位出版服務，致使書籍產銷零庫存，知識傳承不絕版，目前已開闢以下書系：

一、BOD 學術著作—專業論述的閱讀延伸
二、BOD 個人著作—分享生命的心路歷程
三、BOD 旅遊著作—個人深度旅遊文學創作
四、BOD 大陸學者—大陸專業學者學術出版
五、POD 獨家經銷—數位產製的代發行書籍

BOD 秀威網路書店：www.showwe.com.tw
政府出版品網路書店：www.*gov*books.com.tw

永不絕版的故事・自己寫・永不休止的音符・自己唱